2011年度教育部人文社会科学研究规划基金项目：
《政绩工程的形成机理与治理对策：基于中国地方政府治理的实证研究》
项目编号：11YJA630133

政绩工程
的形成机理与治理对策

▶ 王希坤 著

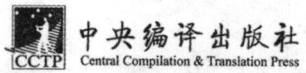

图书在版编目(CIP)数据

政绩工程的形成机理与治理对策 / 王希坤著. —北京：中央编译出版社，2015.6
ISBN 978－7－5117－2662－9

Ⅰ. ①政… Ⅱ. ①王… Ⅲ. ①地方政府－行政管理－研究－中国 Ⅳ. ①D625

中国版本图书馆 CIP 数据核字(2015)第 101200 号

政绩工程的形成机理与治理对策

出 版 人：	刘明清
出版统筹：	董　巍
责任编辑：	曲建文
责任印制：	尹　珺
出版发行：	中央编译出版社
地　　址：	北京市西城区车公庄大街乙 5 号鸿儒大厦 B 座(100044)
电　　话：	(010)52612345(总编室)　(010)52612363(编辑室) (010)52612316(发行部)　(010)52612315(网络销售) (010)52612346(馆配部)　(010)66509618(读者服务部)
传　　真：	(010)66515838
经　　销：	全国新华书店
印　　刷：	北京振兴源印务有限公司
开　　本：	710 毫米×1000 毫米　1/16
字　　数：	252 千字
印　　张：	14.75
版　　次：	2015 年 6 月第 1 版第 1 次印刷
定　　价：	45.00 元
网　　址：	www.cctphome.com　邮　箱：cctp@cctphome.com
新浪微博：	中央编译出版社　　微　信：中央编译出版社(ID：cctphome)
淘宝店铺：	中央编译出版社直销店(http://shop108367160.taobao.com)

本社常年法律顾问：北京市吴栾赵阎律师事务所律师　闫军　梁勤
凡有印装质量问题，本社负责调换。电话：010－66509618

内容摘要

"政绩工程"是当代中国市场化和政府转型过程中出现的一种有愈演愈烈之势的奇特现象。一方面劳民伤财，深受老百姓的唾弃。党的第十七届四中全会报告为此而特别强调：坚决制止搞劳民伤财的"形象工程"和沽名钓誉的"政绩工程"；2009年政府工作报告提出，绝不能搞劳民伤财的"形象工程"和脱离实际的"政绩工程"；习近平同志在《关键在于落实》指出，部分领导干部追求表面政绩，搞华而不实、劳民伤财的"形象工程"，这种行为严重损害党和政府威信、脱离了人民群众，亟待纠正。十八届三中全会指出，改革政绩考核机制，着力解决"形象工程"、"政绩工程"以及不作为、乱作为等问题。另一方面，各级地方党委、政府与主要官员却对此情有独钟，不顾一切地追求，甚至变成了一种治理模式。深入挖掘"政绩工程"现象背后隐藏的内在学术机理，是一项亟待推进的重大理论与实践课题。本研究以政绩工程为研究对象，力图从体制层面深入挖掘政绩工程的形成机制，并提出有效的治理对策。

首先，界定政绩工程的内涵，并提出政绩工程的判别依据。界定政绩工程要区分政绩与政绩工程，所谓政绩，即是指政府在积极履行公共管理职能和承担公共责任的过程中，所作出的去除施政成本后且满足人民需求的输出结果。政绩工程则是地方官员为了自身效用最大化，利用公权力耗费地方资源，为向上显示政绩，打着为民众的旗号，向民众提供的低效甚或无效的公共产品，在形式上表现为大工程、大马路、大广场等，在功能上则是对政府官员升迁有利、对百姓有危害,在后果上危害严重:政府合法性流失、经济秩序混乱、行政风气恶化、民众福祉降低等。按照公共经济学的理论和方法,可以提出三种判定判定政绩工程的原则:成本—效益判定法则、民众效用判定法则、民众价值判定法则。

其次,地方政府自主性和自利性是政绩工程形成的主体制度机制。地方政府自主性是指在中央"放权让利"改革中,地方政府形成了独立的利益结构和自主的行为能力,能够超越上级政府和地方各种社会力量,按照自己的意志参与市场竞争和资源配置。地方政府自主性激发了地方政府的自利性,自利性形成了地方政府追求自身利益的内在动机,自主性构成了地方政府追求自身效用最大化的能力,二者相互激发,成为政绩工程形成的主体性机制。

再次,政府间的博弈与竞争是政绩工程形成的体制度性机制。为调动地方政府推动地方发展的积极性、创造性、主动性,中央政府以"行政放权"和"财政分权"激励地方政府,并以压力型体制的政绩考核机制控制地方政府,地方政府为了政绩指标而竞争,打造政绩工程成为地方政府提高政绩竞争的手段。同时,地方政府官员为晋升而进行政绩竞争,在地方政府间形成了政治晋升锦标赛体制,进一步强化了地方政府政绩的重要性。压力型体制和政治晋升锦标赛是政绩工程形成的制度性动力。

最后,探讨治理政绩工程的对策。鉴于政绩工程形成原因的复杂性,治理政绩工程必须采用体系化的对策,可以从三个方面入手进行治理,一是规范地方政府的自主性行为,主要是规范、完善地方政府的自主决策行为和财政自主行为;二是建立激励与约束均衡的地方政府自利性机制,一方面适当满足地方政府的合理自利性,另一方面,严格约束地方政府自利性的扩张;三是加强制度创新,完善地方政府治理模式,主要是完善政绩考核制度、干部管理制度、推动地方政府向服务型政府转变、建立多中心协同治理的地方治理结构。

目 录

绪 论 ·· 1
第一节 政绩工程的问题提出 ··· 1
第二节 政绩工程的研究意义 ··· 3
　　一、理论意义 ··· 3
　　二、实践意义 ··· 6
第三节 政绩工程的研究现状 ·· 10
　　一、国外研究现状 ··· 10
　　二、国内研究现状 ··· 13
第四节 政绩工程的研究方法 ·· 36
　　一、制度—行为研究方法 ··· 37
　　二、案例研究方法 ··· 38
　　三、价值研究方法 ··· 38
第五节 政绩工程的研究内容 ·· 38
　　一、研究的基本思路 ··· 38
　　二、研究的基本内容 ··· 39

第一章 政绩工程及其相关问题的界定 …… 41

第一节 政绩工程的界定与判别法则 …… 41
一、政绩的内涵 …… 42
二、政绩工程的界定 …… 45
三、政绩工程的判别法则 …… 49

第二节 政绩工程的分类、表现及其特征 …… 52
一、政绩工程的分类及表现 …… 53
二、政绩工程的特征 …… 54

第三节 政绩工程的危害 …… 56
一、政治危害 …… 56
二、经济危害 …… 60

第二章 地方政府自主性与自利性：政绩工程的主体性动力机制 …… 66

第一节 地方政府自主性：政绩工程形成的主体能力 …… 66
一、地方政府自主性的内涵与研究现状 …… 66
二、地方政府自主性的现实扩张 …… 80
三、地方政府自主性扩张中的政绩工程导向 …… 88

第二节 地方政府自利性：政绩工程形成的主体动机 …… 94
一、地方政府自利性的内涵及其表现 …… 95
二、地方政府自主性对其自利性的激活 …… 105
三、地方政府自利性的政绩工程动机 …… 110

第三章 政府间的博弈与竞争：政绩工程的体制性动力机制 …… 115

第一节 纵向政府间博弈：政绩工程的纵向体制性动力 …… 115
一、纵向政府间关系：理论与现实变迁 …… 115
二、压力型体制催生政绩发展型政府 …… 125

三、政绩发展型政府的政绩工程诉求 ………………… 136
　第二节　横向政府间竞争：政绩工程的横向体制性动力 ……… 144
　　一、地方政府竞争：理论与现实状况 …………………… 144
　　二、我国地方政府间竞争形成的政治锦标赛 …………… 154
　　三、政治锦标赛对政绩工程的催生效应 ………………… 159

第四章　政绩工程的治理对策 ………………………………… 164
　第一节　规范地方政府自主性行为 ……………………………… 164
　　一、规范并完善地方政府自主决策行为 ………………… 164
　　二、规范并完善地方政府财政自主行为 ………………… 170
　第二节　建立激励与约束均衡的地方政府自利性机制 ………… 176
　　一、完善地方政府自利性的激励机制 …………………… 177
　　二、完善地方政府自利性的约束机制 …………………… 180
　第三节　加强制度创新，完善地方政府治理模式 ……………… 183
　　一、完善政绩考核机制 …………………………………… 183
　　二、完善干部管理制度 …………………………………… 188
　　三、完善地方政府治理模式 ……………………………… 191

参考文献 ………………………………………………………… 195
后　　记 ………………………………………………………… 226

绪 论

第一节 政绩工程的问题提出

改革开放以来，随着我国经济发展方式由计划经济向市场经济转型，政府职能也相应发生转型，政府转型的根本问题是如何确立与市场体系发育水平相适应的政府职能定位，并形成有效的运转机制和角色模式。为此，中央政府调整了计划经济时代与地方政府的关系，逐步下放了一些权力给予地方政府，使地方政府有更大的自主空间，以便地方政府能够根据地方发展的实际情况，因地制宜地推动地方经济发展，并由此推动地方政府与市场经济发展相适应。中央的这些措施逐步确立了地方政府自主性的地位。[①]

地方政府自主性的扩张极大地激发了地方政府推动地方经济发展的热情，"在过去的30年间，中国地方政府在地区经济增长中扮演了一个非常重要的角色，地方官员寻求一切可能的投资来源、推动地方发展的热情在世界范围内可能都是罕见的"[②]。然而，正如马克思指出："人们奋斗所争

[①] "地方政府自主性"是何显明提出的，认为拥有相对独立的利益结构的地方政府，超越上级政府和地方各种具有影响力的社会力量，按照自己的意志实现其行政目标的可能性，以及由此表现出来的区别于上级政府和地方公众意愿的行为逻辑。参见何显明：《市场化进程中的地方政府行为逻辑》，人民出版社，2008年12月版，第97页。

[②] 周黎安：《转型中的地方政府：官员激励与治理》，世纪出版集团，2008年11月版，第2页。

取的一切，都同他们的利益有关。"① 就理性而言，公共性应该是政府行为的唯一属性，但在现实层面上，任何政府都无法完全消除政府自利性的一面。政府的自利性就是指政府在公共利益之外追求自身的特殊利益，而政府一旦追求自身利益就会形成不同于上级政府和地方公众期待的效用目标，转而追求自身效用的最大化。政绩工程现象就集中反映了地方政府在自主性背景下对自身效用最大化的追求。

20 世纪 80 年代以来，在中国地方政府治理过程中出现了一种奇特的病态治理现象：地方政府官员为了追求所谓的"政绩"，脱离地方发展实际，打着地方发展的旗号，利用公共资源大力发展"政绩工程"。根据官方研究机构发布的信息，全国 1/5 的城市和建制镇存在政绩工程，近 1/3 的城市提出的城市经营计划脱离实际，难怪我国的经济学家甚至政府官员也惊呼"中国政绩工程比比皆是"②。足见政绩工程的泛滥程度。除了泛滥程度令人咂舌之外，政绩工程的危害更是让人震惊：危害人民利益、降低政府投资效率、增加地方政府债务、损害政府形象……鉴于政绩工程的泛滥和危害，2002 年，朱镕基在《政府工作报告中》首次提出"政绩工程"一词，由此立刻引起了学术界及社会对该问题的广泛关注。

"政绩工程"是当代中国市场化和政府转型过程中出现的一种有愈演愈烈之势的奇特现象，一方面劳民伤财，深受老百姓的唾弃，党的第十七届四中全会报告为此而特别强调：坚决制止搞劳民伤财的"形象工程"和沽名钓誉的"政绩工程"；2009 年政府工作报告也提出，绝不能搞劳民伤财的"形象工程"和脱离实际的"政绩工程"；习近平同志在《关键在于落实》指出，部分领导干部追求表面政绩，搞华而不实、劳民伤财的"形象工程"，这种行为严重损害党和政府威信、脱离人民群众，亟待纠正。十八届三中全会指出，改革政绩考核机制，着力解决"形象工程"、"政绩

---

① 《马克思恩格斯全集》第 1 卷，人民出版社，1961 年版，第 82 页。
② 刘寿明：《政绩工程的原因探析与治理对策——委托代理理论的视角》，中山大学博士论文 2008 年，第 2 页，中国知网。

工程"以及不作为、乱作为等问题。另一方面，各级地方党委、政府与主要官员却对此情有独钟，不顾一切地追求，甚至变成了一种治理模式。深入挖掘"政绩工程"现象背后隐藏的内在学术机理，是一项亟待推进的重大理论与实践课题。

第二节 政绩工程的研究意义

一、理论意义

1. 深化"政绩工程"的理论研究

自 20 世纪 80 年代政绩工程现象出现以来，学界就开始对政绩工程现象进行研究。在理论研究的文章中，就研究内容而言，学者们探讨了政绩工程的定义、危害、形成原因及治理对策。就研究方法而言，学者们分别采用了描述性研究方法、价值性研究方法、规范性研究方法和理论性研究方法，其中理论性研究方法主要是应用制度经济学、行为经济学和公共管理学的相关理论对政绩工程进行研究。[①]

虽然学界在政绩工程研究方面已取得了一定的成果，但在理论研究上尚有许多需要深化的地方。就研究内容而言，学者们大多研究成果仍然停留在对政绩工程观察和价值判断的层面上，运用理论进行深入探讨的文章较少。目前在期刊网上，虽然以"政绩工程"为题的文章较多，但从了理论的高度和角度进行研究的仅有王振艳、王伊礼的《文化政绩工程的发生机理与治理之道—委托代理理论的解读》、闫相国的《"政绩工程"及其治理》、马玮的《"形象工程""政绩工程"的成因及治理对策》、逯进的《论

[①] 学界关于政绩工程的具体研究内容、研究方法、研究成果参见本研究的研究现状部分。

公共品政治性诱致的供给效应——"形象工程"的一个制度分析框架》，董芃、刘晋东的《我国地方政府官员利己行为的经济学思考》等几篇为数不多的文章。进行系统而深入研究的更少，目前只有刘寿明的博士论文《政绩工程的原因探析与治理对策——委托代理理论的视角》，饶岩生的硕士论文《乡镇政绩工程的成因及治理》，郭峰的硕士论文《"政绩工程"：一个政府行为的组织分析》、饶岩生的硕士论文《乡镇政绩工程的成因及治理》，李强的《关于我国地方政府"形象工程"问题研究》等对政绩工程进行了系统而深入的探讨。就研究方法而言，学界目前的研究方法相对来说比较单一，表现在力图运用某一个理论对政绩工程进行有效分析。显然，政绩工程现象本身是一个复杂的系统，仅就涉及的利益主体而言，就有政党、政府、社会民众、开发商等，涉及的利益客体包括土地、资金、项目本身等。对于这样一个复杂的系统进行研究，仅用某一个理论进行研究很难做到深刻而准确。

就政绩工程现象而言，由于法治的进步、民众监督的完善，政绩工程也在变换其存在方式，由最初的抓大项目、建大广场、修大马路等看得见的"硬政绩工程"转换为能产生轰动效应的"典型经验"的"软政绩工程"[①]，还有软硬结合的"文化政绩工程"等。由此对政绩工程不能简单地做静态研究，要依据政绩工程在现实中的变化不断作出新的理论探讨，以把握政绩工程的动态规律，为解决政绩工程问题提供理论依据。

由此可见，政绩工程问题尚有深入探讨的理论空间。本研究将在继承原有研究成果的基础上，综合运用多学科理论，结合政绩工程在现实发展的新的实践样态，对其进行系统而深入的研究。

2. 为完善地方政府治理提供理论依据

当前，我国市场化在深入发展，尤其是加入世贸组织之后，政府面对

[①] 沈泉涌：《"软政绩工程"要不得》，《当代广西》，2004年第15期。

的外部市场化环境发生重大变迁。一方面,市场化的深层次发展不断对地方政府提出新的任务和要求,敦促地方政府不断调适;另一方面,地方政府为了推动和适应市场化的深入发展,不断重构政府职能、政府角色,力图确立与市场体系发育水平相适应的政府职能定位,并形成有效的运转机制和角色模式。

重构地方政府的职能和角色既是一个实践问题又是一个理论问题。在实践上,20世纪80年代以来,为了推动地方政府与不断发展的市场化相适应,几乎每隔几年中国就进行一次旨在精简机构和裁减人员的机构改革,但几乎每一次改革最终都难以走出"精简—膨胀—再精简—再膨胀"的怪圈。同时,中央政府通过自身的结构和职能转变引导、推动地方政府的结构和职能转型,"许多地方政府早已从过去的全能型政府,演变成了不折不扣的市场化政府或企业型政府。"[①] 但地方政府的这种转型并不完全符合市场化的要求和社会的期待,必须在实践上进一步推动地方政府从经济建设型政府向公共服务型政府转变,这是最艰难的政府职能和角色转变。

在理论上,20世纪90年代以来国内学术界有关地方政府职能与角色问题研究取得重要进展。一是借鉴西方国家政府职能演变的历史经验,以及成熟的市场经济和法治社会条件下的政府角色规范和有限政府理论,对地方政府的职能和角色重新作出规范性的理论界定,并以此为依据,揭示和总结转型期地方政府职能履行过程中存在的角色错位现象;二是借鉴西方新公共管理的理论和实践,就地方政府职能转变的可能性空间和路径进行政府分析;三是立足于改革开放以来地方政府职能转变的经验教训,在战略性反思的基础上,从理论上提出地方政府职能转变目标模式的构想,具体包括引导型政府、服务型政府、责任型政府、治理型政府等目标模式。[②]

中央政府和学术界为地方政府转型作了大量努力,其目标是希望地方

[①] 何显明:《市场化进程中的地方政府行为逻辑》,人民出版社,2008年12月版,第49页。
[②] 何显明:《市场化进程中的地方政府行为逻辑》,人民出版社,2008年12月版,第5—8页。

政府沿着适应市场化和满足民众需求的理性路径转型。但多年的地方政府治理实践表明，这只是人们对地方政府的良好心愿而已，地方政府治理远没有人们想象的那样完善，政绩工程就是地方政府失灵的一个集中反映。

政绩工程已在空间上呈现为不同区域普遍存在的共性问题，在时间上呈现为持续性、重复性，由特殊性上升到普遍性充分说明政绩工程必然存在某种必然性的逻辑，一种规律性的生成机制和强化机制。而这些又集中反映了我国地方政府治理中需要修复和完善的地方。显然，对政绩工程现象仅仅作一些价值判断，批判地方政府政绩观念滞后，地方政府角色错位、越位、缺位，地方政府有自利性倾向等，这种做法在实践上对治理政绩工程现象并无实际意义，在理论上也毫无价值。因此通过政绩工程的研究，发现地方政府转型中的错误路径，揭示地方政府在转型中的内在机制和规律，为完善地方政府治理、构建有效政府提供现实的理论依据。

二、实践意义

1. 有助于消除或减少"政绩工程"现象

政绩工程已发展为地方政府治理中的一种普遍现象，在发展区域上，不仅在城市大行其道，而且有向农村转移的趋势[①]；在表现形式上，不仅有物质性政绩工程，如兴建开发区、修建豪华办公楼堂；非物质类"形象工程"，如文字、数字游戏、典型经验、"民情日记"，"市长热线"等，而且还有物质性与非物质性结合的文化政绩工程，如建造黄帝、炎帝陵，大型文化城等[②]；在危害程度上，由最初的地方财政赤字、间接伤害民众，发展到强拆强迁、直接危害民众，到最终损害党和政府在人民心中的现象，以至于威胁到党和政府的合法性。

---

① 李俭：《谨防"政绩工程"移向农村》，《人民论坛》，2006年第7期，第48页。
② 李强：《关于我国地方政府"形象工程"问题研究》，山东大学硕士论文2010年，第14—17页，中国知网。

鉴于政绩工程发展的泛滥、对社会破坏之深，民众对之怒目相向，学者则称之为"社会之癌"①，中央政府对地方的"形象工程"、"政绩工程"等早已三令五申，要求采取措施端正思想，严厉禁止，"但是一些地区不顾中央的政策号召，搞'形象工程'，'政绩工程'的势头并未得到有效遏制，个别地区甚至愈演愈烈"②。由此可见，消除乃至减少政绩工程都不是轻而易举之事，必须在把握政绩工程本质的基础上，对症下药，才能真正解决问题。

有鉴于此，本研究力图全面分析地方政府治理中"政绩工程"的表现形式、形成机理、危害及规避对策，在把握政绩工程本质基础上，寻求治理政绩工程现象的内在逻辑，为消除或减少政绩工程现象提供有效政策支持。

2. 有助于地方政府树立科学的发展观和正确的政绩观

在中国的经济转型和高速发展中，地方政府始终承担着重要的角色，甚至可以说地方政府在一定意义上决定了中国的发展模式、发展质量等发展的诸多方面，而地方政府的发展观是区域发展的重要的地方意识形态力量，对地方发展和政府转型具有重大作用。在目前中国地方政府转型中，各种与转型相配套的软硬约束条件尚不完善，地方政府的发展观益发显得重要。地方政府如何树立科学的发展观，并以科学的发展观引导地方发展成为地方政府转型中的重大课题。

发展观又与政绩观精密相连，"科学的发展观引导着正确的政绩观，正确的政绩观实践着科学的发展观。落实科学发展观，必须树立正确的政绩观。树立正确的政绩观，是落实科学发展观的难点和关键……缺乏正确的政绩观，往往会在实践中偏离科学的发展观"③。在地方政府转型中各种约束条件不完善的情况下，地方政府的自利性得以凸显，不顾地方发展实

---

① 童大焕：《"政绩工程"乃社会之癌》，《南方都市报》，2002年8月27日。
② 参见胡锦涛十六届三中全会上的讲话。
③ 林永柏：《树立正确的政绩观》，《高校教育研究》，2008年第1期，第52页。

际情况,追求只对官员升迁有利而对民众有害的所谓"政绩"成为普遍现象,"政绩"异化为"政绩工程"。有研究表明,在20世纪80年代中国地方工业化进程中,中国的地方政府是自利的主体,他们的行为所追求的是自己收益最大化。① 尽管中央一再强调要树立树立科学的发展观和正确的政绩观,但政绩工程现象反映了地方政府发展观和政绩观的偏差。

这种偏差如果简单地归结为地方政府官员的素质、从政道德以及地方政府的自利性,对问题的处理就显得过于简单。理性的路径是从从政绩工程入手,深入分析地方政府发展观、政绩观异化的内在机制和外部制度环境因素。以理论为指导,为地方政府树立科学的发展观和正确的政绩观营造良好的体制环境,纠正地方政府发展观、政绩观异化的体制逻辑和主体逻辑。

3. 有助于地方政府治理转型和地方政府制度创新

中国从计划经济向市场经济转型中,由于长期的计划经济的运行模式和思维范式,中国政府从转型之始就陷入了一个悖论式的尴尬角色:一方面,从市场自由性特征的内在要求看,政府要远离市场;另一方面,经济发展的现实条件又要求政府必须充当推动经济发展和维护经济秩序稳定的双重角色。依据中国的发展现实,中国政府主动承担了推动市场经济发展的责任和义务,走向了"发展型政府"②的道路,即政府主导经济发展的道路。

地方政府以发展型政府的角色推动地方经济发展的同时,引发了大量的发展中的问题,政绩工程现象的普遍化集中说明了发展型政府的弊端。有学者认为,发展型政府并不能作为我国采取政府主导型发展战略理论依

---

① Song, L & H. Du. *The Role of Township in Rural Industrialization*[M] // China's Rural Industry:Structure, Development, Reform. Oxford:Oxford university press,1990:59—60.

② 发展型政府由发展型国家推论而来,查默斯·约翰逊把政府计划与自由市场有机结合起来解释日本的经济奇迹,提出了"发展型国家"的概念,以区别于苏联的中央计划型模式和美国的自由市场模式,发展型政府是其核心。夏能礼认为发展型政府指实现并贯彻发展型国家发展意志的一系列政府组织机构、体制及其人员活动所组成的政府组织综合体;郁建兴认为发展型政府是指发展中国家在向现代工业社会转变的过程中,以推动经济发展为主要目标,以长期担当经济发展的主体力量为主要方式,以经济增长作为政治合法性主要来源的政府模式。

据,因为这个威权体制为了实现它所设定的发展目标通常是以牺牲公民的正当权利、压制公民的各种合理诉求为代价而单纯一味地追求经济的增长,这种体制长期实施的后果最终会酿成严重的社会公平和社会民主问题,这些问题的出现反过来又会对既有的国家政治经济体系的稳定造成巨大的威胁。①发展型政府必须向公共服务型转型,如何转型,不同的学者提出了相应的路径和目标。有学者提出,随着我国市场经济的完善,我国政府要经过三个角色转变期,第一个阶段是政府替代市场、驾驭市场的角色,第二个阶段是政府退出市场、替代社会的角色,第三阶段是培育社会中介组织并进一步退出市场活动的角色②,也有学者指出政府转型的目标是由发展型政府向公共服务型政府转变③。

地方政府转型必须直面地方政府当前存在的问题,从解决政府自身出现的问题如政绩工程等问题入手,创新地方政府制度,完善地方政府治理,以推动地方政府转型,从推动经济发展转变成为经济发展创造条件。随着可支配的资源越来越少,国家要更多地关注"掌舵"而不是"划桨"。④从这个意义上看,研究政绩工程将有利于地方政府治理转型和地方政府制度创新。

---

① 夏能礼:《"发展型政府"的理论批判:基于东亚历史的经验》,《理论探讨》,2012年第2期,第165页。
② 孙沛东、徐建牛:《从奇迹到危机:发展型政府理论及其超越》,《广东社会科学》,2009年第2期,第173—178页。
③ 郁建兴、徐越倩:《从发展型政府到公共服务型政府——以浙江省为个案》,《马克思主义与现实》,2004年第5期,第65—74页。
④ [美]戴维·奥斯本、特德·盖布勒著:《改革政府:企业精神如何改革着公营部门》,上海译文出版社,1996年版。

第三节 政绩工程的研究现状

一、国外研究现状

由于国外的政绩工程现象并不严重,尚未形成一个社会问题,因此国外尚无政绩工程方面研究的专门文献。但国外有大量关于地方政府绩效评估、完善地方政府治理等方面的文献,对中国转型中的地方政府也多有研究,其中很多研究涉及政绩工程问题。

1.国外学者关于国外政绩工程的研究

由于西方国家现代化发展时间久、法制完善,政绩工程现象较少但不是没有。例如,丹麦的一个市长为博取名声,掏空财政打造政绩工程,为市民提供远远超越基本公共服务的服务项目,在离任后被判刑 2 年。美国的阿拉斯加地方政府建造一座为只为 50 人提供方便的大桥,耗费 2.2 亿美元,却一直无法通车。英国伦敦市为迎接新千年的到来,耗费 10 亿英镑,在泰晤士河畔建造了被人称为"千年巨蛋"的庞大纪念物,由于财务持续亏损,全国一片反对声,不得不于 2000 年底关门。

由于政绩工程现象在国外较少,国外并无关于政绩工程方面研究的专门文献,但有大量关于完善地方政府治理、防治政府失灵、提升政府绩效、公共服务质量,加强制度建设,强化地方政府服务职能等方面的探索。

在政府绩效方面,强调对政府绩效进行评估,依据评估结果对政府绩效改造。如美国的卡普兰(Kaplan)、诺顿(Norton)提出应用"平衡计分卡"对政府业绩绩效衡量和驱动的新方法,通过财务、客户、内部流程、学习与发展四个方面指标相互驱动实现科学的政府绩效考核。英国学者哈特(Hartzell)提出了政府绩效评估的三个标准即有效性、效率和工作量。[①]

---

① 范柏乃:《政府绩效评估与管理》,复旦大学出版社,2007 年版,第 35 页。

在政府职能上,强调政府的公共服务职能,尤其是公共服务的质量。如罗伯兹·坎普斯(lopez camps)和加狄亚(Cadea)将公共行政质量指标细分为:过程质量指标、服务质量指标、满意指标。① 同时,强调政府与市场的界限,政府提供公共服务时,必须在尊重市场功能的基础上发挥有效配置资源的作用,政府管理的范围和领域要适当缩小,只管理市场不能发挥作用的公共物品供给,以弥补市场自身的垄断性、自利性和外部性等缺陷。② 在政府监督方面,强调政府责任、法律制度、公民参与政策制定和监督。

2. 国外学者关于中国政绩工程的研究

中国的市场化转型引发了地方政府的重大转型,地方政府的自主性不断增强,地方利益凸显,地方政府为追求自身利益而打造政绩工程的现象愈演愈烈。中国地方政府为适应市场化而转型的各种行为引起了国外学者的极大关注,国外学者从不同学科对转型中的中国地方政府行为进行研究。如果把政绩工程理解为地方政府偏离公共服务而追求自身利益的行为,则国外学者在中国地方政府的相关研究中,已涉及到政绩工程的原因、行为模式、后果等方面的研究,国外学者的以下几个相关理论研究中就窥见一斑。

地方法团主义理论。法团主义(Coporatism)理论最初源于西方政治学界对拉丁美洲及南欧权威主义国家的国家与社会关系研究,其研究的重点是强权政府与大的社会利益集团之间相互依赖的关系,以及对社会经济生活的影响。该理论被西方学者用来分析中国放权和分权改革中,中国地方政府与市场主体、民间组织的关系。关于地方政府在区域市场转型过程中扮演的角色,沃尔德在1995年提出了"政府即厂商"的论点③,认为中国在市

---

① [美]阿里·哈拉契米:《政府业绩预算与质量测评——问题与经验研究》,中山大学出版社,2003年版,第3页。
② Jan-Erik Lane:《公共部门——概念、模式和方法》,孙晓莉、张秀琴译,国家行政学院出版社,2003年版,第206页。
③ 边燕杰主编:《市场转型与社会分层——美国社会学者分析中国》,生活·读书·新知三联书店,2002年版,第27—28页。

政绩工程的形成机理与治理对策

场化转型过程中,地方政府就象一个庞大的工业组织,深深地嵌入市场经济之中,成为经济市场发展的主导力量。政府不但通过法规培育、管理市场,而且直接参与市场活动,影响市场的发展。参与市场活动不但成为政府发挥权力作用的机会,而且政府机构和政府官员也直接从中获得经济回报。戴慕珍提出"地方性国家法团主义"(local state corporatism)的概念,用以概括政府单位、集体企业、工人与社区团体之间的复杂关系,以及它们互相讨价还价和合作的内在机制。① 她认为,在中国乡镇经济发展过程中,地方政府协调辖区内各经济事业单位,似乎是一个从事多种经营的实业公司,地方政府角色及其与企业的关系由此发生了重要变化,地方官员把辖区的企业当作一个市场取向的公司来管理,地方官员则成为市场取向的代理人和行动者,政府与企业的关系演变为类似工厂或公司内部的结构关系。② 总之,地方法团主义理论表明地方政府已偏离公共性而追求政府利益,并寻求与地方利益集团的结合。

政府间竞争理论。德国学者何梦笔拓展了布雷顿的政府竞争的内涵,他认为政府竞争存在纵向与横向两个层面,任何一个政府机构都与上级机构在资源和控制权的分配上处于互相竞争的状况,同时,这个政府机构又与类似机构在横向的层面上展开竞争。对于中国政府间的竞争,他认为由于中国规模超大,地区差异巨大,不同的地方政府对全国统一的经济转型政策的反应不同,各地逐渐形成不同的转型路径。③ 在财税体制的改革之后,地方政府成为相对独立的利益主体,政府间竞争更加激烈,而且这种竞争机制成为中国经济发展重要动力。美国学者 Edin Mria 认为,在中国的市场化过程中,集体企业发达的地区地方官员是实际上的经济操纵者,

---

① Jean OI,1995,The Role of the State in China's Transitional Eeonomy,*The China Quarterly*,PP1332—1349.

② Oi, Jean, 1992, Fiscal Reformand the Eeonomie Foundation of Local State Corporatism in China. *World Politics* 45(1),PP118—122.

③ 何梦笔:《政府竞争:大国体制转型理论的分析范式》,《天则内部文稿系列》,2001年第1期。

其角色堪比企业经理。形成这种地方政府新角色的原因，除了经济方面的激励外，政治激励起到了十分重要的作用。国家在经济上赋予地方自主权的同时，中共借鉴企业责任体系建立的干部责任体系，地方官员必须同上级签订绩效合同，并对绩效负责。通过岗位目标责任制，党委控制着官员的任命、提升，并根据后者对自己下达的任务的忠诚和绩效决定他们的任用，从而在地方官员之间引入了有效的竞争机制。[①] 财政激励导致地方政府对上负责，而不是对地方民众负责的行为。

委托—代理理论。该理论认为地方政府是地方民众的代理人，应该为民众服务。但在中国的经济改革中，地方政府代理行为发生变异，主要表现为：地方政府行为为政府自身甚至为政府主要官员谋取利益，其行为丧失了政府的公共性。西蒙·范和格罗斯曼认为，在经济体制改革中，中国地方官员已从没有产出的政治家演变"有产出的经营者、企业家"，政府官员在对地方经济负责的同时，往往通过违反法律和其他形式的规定来追求私人利益。[②]

二、国内研究现状

面对20世纪90年代之后，国内政绩工程现象数量不断增加、形式不断翻新、领域不断扩大的状况，学者们开始关注并研究这类现象。国内学者关于政绩工程的研究集中在两个方面：一是涉及政绩工程的理论研究；二是关于政绩工程的直接研究。

1. 国内关于政绩工程的理论研究

国内学者在对转型期地方政府行为的深入研究中，除了应用西方理论

---

① Edin, Maria. 2000, *Market Forces and Communist Power: Local Political Institutions and Economic development in China Sweden*. P142. DePartment of Govemment UPPsala University.
② [美]西蒙·范、格罗斯曼：《中国经济体制改革中的激励和腐败》，载胡鞍钢主编：《中国：挑战腐败》，浙江人民出版社，2000年版，第149—163页.

如委托—代理理论、逆向选择等理论外研究,还在总结政府行为的基础上,形成了关于地方政府行为的相关理论,主要有地方政府自主性、地方政府自利性、地方发展型政府、压力型体制、政治晋升锦标赛体制等。如果把政绩工程看作是地方政府为自身利益,而不顾及地方民众利益的行为,这些理论都可以看作是对政绩工程原因的解释。

地方政府自主性由何显明提出,其主要观点认为,在中国的市场化转型过程中,由于市场机制不完善、与市场化相配套的民主、法制等机制尚在发展中,地方政府在中央政府"分权让利"改革中获得极大的行为自主空间,在履行职能和执行政策时存在着一种"选择性"机制,可以超越上级政府和地方民主而实现政府自身效用最大化,其中包括为追求政绩最大化而打造政绩工程的行为。① 从现实看,地方政府自主性实际上赋予了地方政府为追求自身利益而打造政绩工程的客观条件和主观努力,为理解政绩工程现象提供了重要的理论范式和研究视角。

关于地方政府自利性的相关结论,国内学者尚存许多争议,但地方政府自利性的存在却是不争的事实,兴建"文化标志城"、发展土地财政等"政绩工程"都表明地方政府自利性是真实存在的。地方政府自利性的核心是地方政府行为偏离公共性轨道,追求政府自身效用最大化。② 地方政府自利性是政绩工程形成的内在主体动机,成为解释政绩工程现象的重要理论范式之一。

地方发展型政府理论,该理论是由郁建兴提出的,是指发展中国家在向现代工业社会转变的过程中,以推动经济发展为主要目标,以长期担当经济发展的主体力量为主要方式,以经济增长作为政治合法性主要来源的

---

① 何显明:《市场化进程中的地方政府行为逻辑》,人民出版社,2008年版。
② 关于地方政府自利性,参见齐明山:《转变观念界定关系——关于中国政府机构改革的几点思考》,《新视野》,1999年第1期;金太军:《政府的自利性及其控制》,《江海学刊》,2002年第2期;涂晓芳:《政府利益对政府行为的影响》,《中国行政管理》,2002年第10期;高庆年:《政府的自利性及其法律调控》,《探索》,2000年第1期;董国斌:《转型期的政府公共性问题:审视、反思、求解》,《河西学院学报》,2009年第6期;张爱民:《政府自利性膨胀的破解与规制》,《甘肃理论学刊》,2012年第1期等。

政府模式。该理论是为了探讨地方政府为何不能转变为公共服务型政府，甚至地方政府会利用中央的社会发展政策推动地方经济发展，而不是推进社会福利的增进。①地方发展型政府理论指出了地方政府追求财政最大化和政府自身利益，选择性执行中央政策，在缺乏硬约束的条件下忽视民众利益。该理论在一定程度上也揭示了政绩工程的形成原因。

锦标赛理论（Tournament Theory）由 Lazear 和 Rosen 共同提出，开始是运用于企业。该理论认为，与既定晋升相联系的工资增长幅度，会影响到位于该工作等级以下的员工的积极性；只要晋升的结果尚未明晰，员工就有动力为获得晋升而努力工作。锦标赛模式是一种重要的激励机制，指在一些候选人中通过竞争选拔优胜者，相对次序决定胜负。②周黎安以锦标赛理论分析中国地方治理与中国经济发展，认为晋升锦标赛已作为一种行政治理的模式，其内涵是指上级政府对多个下级政府部门的行政长官设计的一种晋升竞赛，竞赛优胜者将获得晋升，而竞赛标准由上级政府决定，它可以是 GDP 增长率，也可以是其他可度量的指标。③晋升锦标赛指标竞争的结果是重复建设、过度招商引资等，这些只对官员有利而对地方民众少利或无利。该理论从官员自身的角度揭示了政绩工程的个体根源。

压力型体由荣敬本等人提出，是指"一级政治组织（县、乡）为了实现经济赶超，完成上级下达的各项指标而采取的数量化任务分解的管理方式和物质化的评价体系"④。为了完成经济赶超任务，各级政治组织（以党委和政府为核心）向下级组织和个人层层分解任务指标，责令其在规定时间内完成，并配之以相应的行政和经济方面的奖惩措施。各级组织就是在

---

① 郁建兴、高翔：《地方发展型政府的行为逻辑及制度基础》，《中国社会科学》，2012 年第 5 期。
② LAZEAR E P, ROSEN S. Rank—Order Tournaments as Optimum Labor Contracts [J]. *The Journal of Political Economy*，1981，89（5）：841—864.
③ 周黎安：《中国地方官员的晋升锦标赛模式研究》，《经济研究》，2007 年第 7 期。
④ 荣敬本等：《从压力型体制向民主合作体制的转变：县乡两级政治体制改革》，中央编译出版社，1998 年版，第 1 页。

这种评价体系的压力下运行的。压力型体制说明了地方政府对上负责而不对下负责的体制性根源,揭示了政绩工程的制度性原因。

2. 国内关于政绩工程的内容研究

到目前为止,尚未有关于政绩工程的专著,比较系统和深入的研究有刘寿明的博士论文《政绩工程的原因探析与治理对策——委托代理理论的视角》(2008年),饶岩生的硕士论文《乡镇政绩工程的成因及治理》(2006年),郭峰的硕士论文《"政绩工程":一个政府行为的组织分析》(2006年),李强的《关于我国地方政府"形象工程"问题研究》(2010年)。在中国知网上,直接以"政绩工程"为论题共有110多篇文章,直接以"形象工程"为论题共有400多篇文章,以"政绩"为论题共有2500多篇文章。这些文章进行价值研究的居多,在理论研究的文章中,初步探讨了政绩工程的定义、危害、形成原因及治理对策。

(1) 政绩工程的内涵界定

"政绩工程"一词源自民间,又有形象工程、首长工程、面子工程、条子项目等称谓,尽管称谓不同,但本质上却是相同的,都是指地方政府治理中出现的一种不正常的现象。正如谷谏指出:"何谓'政绩工程'?《辞海》中当然查不到,常人也不易领悟,就连发明这个词儿的老百姓也'拎勿清',不过他们心中却有一本账。"[①] 为了准确把握政绩工程的内涵,学者们根据自己对政绩工程的理解,从不同的角度对政绩工程进行了定义。

从政绩工程所表现出的事实加以定义,叶燕认为,"政绩工程"大概就是一些领导干部、政府官员,为在任期间有所建树而不切实际地实施的一些项目。[②] 谷谏则认为:所谓"政绩工程"其实就是领导者不顾地方实际,不顾老百姓死活,而为自己脸上贴金,为自己升迁而创造条件的所谓

---

① 谷谏:《"政绩工程"当休》,《民主与科学》,1995年第4期,第48页。
② 叶燕:《谨防"政绩工程"泛滥》,《党建与人才》,2000年第9期,第42页。

"实事"、"大事"①；晓理认为：所谓政绩工程，是一些领导干部为在任期间有所建树实施的颇见成效的"宏伟工程"②；龙明姬认为："政绩工程"则与政绩相反，它是一些领导干部为获得个人晋升的政治资本，严重脱离本地、本部门的实际，不惜损害人民群众的利益而"制造"出来的虚假政绩，其价值取向是与广大人民群众的根本利益背道而驰的。③饶岩生认为："政绩工程"是在政绩里掺进了个人的虚荣心和政治的功利性成分，是个别领导出于个人利益考虑，不顾客观实际和群众需求，以貌似政绩的形式出现，并以之向组织显示个人行政能力并以谋取个人政治利益的某种政府行为④；李强认为：一些地方政府官员为了突出政绩、升官发财、明哲保身、显示权威等而对百姓疾苦、群众困难漠不关心，弄虚作假，摆花架子，乱上项目等现象。他们不按照现实客观条件办事，而是依据个人主观意识滥用职权，借着发展地方经济、改善地方政府和地区形象的幌子，动用大量人力、物力、财力和时间精力搞一些违背客观规律、华而不实、徒有其表、劳民伤财的建设项目及活动。⑤段华洽、王荣科认为：所谓"政绩工程"，主要是指在公共行政领域内，少数领导人为了追求和体现"政绩"，未经过科学论证，自行决定立项，动用社会资源并组织实施，但社会经济效益都很低下，给国家、社会和人民群众的利益带来损失的各种社会经济建设项目。⑥王雯娜认为：所谓政绩，就是领导干部施政的成绩。而"政绩工程"，是指不顾发展的可持续性，竭泽而渔，拼凑出一个地方发展的某些项目、工程等，这些项目和工程多数是劳民伤财，大多数公众

---

① 谷谏：《"政绩工程"当休》，《民主与科学》，1995年第4期，第48页。
② 晓理：《"也说政绩工程"》，《支部建设》，2000年第10期，第39页。
③ 龙明姬：《"政绩工程"的体制性根源及其治理》，《组织与人事管理》，2004年第5期，第16页。
④ 饶岩生：《乡镇政绩工程的成因及治理》，《中国期刊网》，硕士论文，第2页。
⑤ 李强：《关于我国地方政府"形象工程"问题研究》，山东大学硕士论文2010年，第12页，中国知网。
⑥ 段华洽、王荣科：《论政绩工程的综合治理》，《安徽电气工程职业技术学院学报》，2006年6月。

没有得到实惠，只是让少数领导干部急功近利，获取诸如嘉奖、立功、荣誉称号等政治荣誉以及各种利益，以达到个人升迁或沽名钓誉的目的。本文探讨我国"政绩工程"不绝的内在原因以及提出相应的对策。①

从政绩工程危害的角度进行定义，旅外华人学者丁学良把这种政绩工程、形象工程、首长工程专门归纳为"腐败型投资"，这种投资基本不顾及投入产出的经济效益问题，基本不管国有资产的浪费和民生问题。所有投资都只围绕着一个目标来进行——为官僚个人或某个官僚小集团的个人利益和集团利益服务。而这种利益主要表现为两种——政治利益和经济利益。政治利益是官场得道仕途升迁，经济利益则是从工程中获取腐败收益，如工程回扣、土地批租等过程中的权力寻租等。②童大焕将政绩工程界定为腐败型投资，就是利用公共资源为官僚个人或小集团谋私利，为了个人升迁或捞取私利。这种投资往往极其慷慨，动辄让地方百姓和地方财政背上几十年债务而在所不惜，烂摊子留给后人，自己却异地升官发财。这就是我们通常说的"形象工程"、"政绩工程"。③所谓"政绩工程"，是指不顾发展的可持续性，竭泽而渔，拼凑出一个地方发展的某些项目、工程等。这些项目和工程多数是劳民伤财，老百姓没有得到实惠，只是让少数领导干部急功近利，获取诸如嘉奖、立功、荣誉称号等政治荣誉以及各种利益，以达到个人升迁或沽名钓誉的目的。④秦晖指出："政绩工程"是"完全彻底地以公权谋私利的行为"，是"腐败型投资"。丁学良认为这种投资根本不顾及投入产出的经济效益问题，根本不管国有资产的浪费和民生问题。这种投资只围绕一个目标来进行——为官僚个人或某个官僚小集团的个人利益和集团利益服务，而这种利益主要表现为两种——政治利益和经济利益：政治利益是官场得道、仕途升迁；经济利益则是从工程中获

---

① 王雯娜：《浅析"政绩工程"屡禁不绝的原因与对策》，《群文天地》，2011年第9期。
② 童大焕：《"政绩工程，乃社会之癌"》，载《南方都市报》，2002年8月27日。
③ 童大焕：《腐败的境界》，未发表，http://www.tccn.cn/data/detail.php?id—8786。
④ 《不准以"政绩工程"、"形象工程"骗取荣誉》，《北京支部生活》，2010年第4期。

取腐败收益，如工程回扣、土地批租等过程中的权力寻租。腐败型投资，最终得利的永远是个别人，而这一切的成本，却最终要由国家和当地的整个社会来承担，甚至要由几代人来承担。①

从公共管理的角度进行定义，刘寿明运用公共管理的委托代理理论定义政绩工程，认为政绩工程是我国转型时期公共行政领域特有的一种公共管理问题，它是公共行政权力代理人从理性自利的目标出发，以牺牲公共行政权力委托人的利益为成本，经营公共项目积累政治绩效，以赚取自己政治上升迁这一收益为首要目标的机会主义行为。它是当事人在现行有缺陷的委托代理机制下进行理性博弈的结果和行为选择，它的实质是公共行政权力代理人的逆向选择问题——晋升前的机会主义行为。②郭峰则从公共物品的角度定义政绩工程，认为"政绩工程"是一种地方政府官员为了追求自身益，在不考虑民众实际需求和当地经济承受能力的情况之下，人为和主观地制造一些损害民众利益的工程、项目和政策，但是这些工程、项目和政策却给制造者，即地方政府官员带来了利益和好处，如职位升迁和谋取腐败等。如果从经济的角度看，"政绩工程"就是地方政府官员为民众提供的一种对自身有好处，但是民众没有好处的"公害物品"（public bads），它相对于对民众有好处的"公益物品"（public goods）而言。③

(2) 政绩工程的表现样态

政绩工程作为来自现实的地方政府治理问题，在现实中必有其表现样态，寻求其现实表现样态，并对其进行分类，是探求政绩工程内在规律的重要途径和方法。为此，学者们在对政绩工程的表现样态进行描述的基础上对政绩工程进行了分类。

---

① 童大焕：《一人腾达万骨枯："政绩工程"乃是社会之癌》，《南方都市报》，2002年8月28日。

② 刘寿明：《政绩工程的原因探析与治理对策——委托代理理论的视角》，中山大学博士论文2008年，中国知网。

③ 郭峰：《"政绩工程"：一个政府行为的组织分析》，山西大学硕士论文2009年，第4页。

李强根据政绩工程是否是建筑类工程项目把"形象工程"分为物质类"形象工程"、非物质类"形象工程"和二者结合的"政绩工程"。认为物质类"形象工程"是指地方政府为了突出政绩，维护自身各方面利益等而花费大量人力、物力、财力实施的一些建筑类工程项目建设。主要有：1. 盲目决策，兴建开发区；2. 贪大求洋，修建豪华办公楼堂；3. 掩盖遮丑，建造"遮羞墙"；4. 抄袭剽窃，乱建标志建筑标识搞"形象"。非物质类"形象工程"主要是指：1. 文字、数字游戏；2. 会议。3. 变相学习；4. 典型经验，轰动效应，由"硬"变"软"，比如，有些地方开展的"民情日记"、"市长热线"等等。二者结合的政绩工程主要是文化政绩工程，如建造黄帝、炎帝陵，文化庙宇、大型文化城等。①

沈泉涌把政绩工程划分为硬政绩工程和软政绩工程，认为抓大项目、建大广场、修大马路等是看得见的"硬政绩工程"，能产生轰动效应的"典型经验"是"软政绩工程"。②

依据沈泉涌的划分，软政绩工程主要表现在推广和落实制度中，诸如"县长热线"、"书记接待群众来访日"、"领导干部与群众结对帮扶"等制度，逐步从"为民办事"蜕变"为己造势"，捞取政治资本、为个人升迁打基础。③ 张千帆认为，由于教育部门追求"政绩"工程，掌握着各种"工程"、"项目"、"课题"、奖项及其所附带的大量经费，决定着教师晋升和大学排位，多数学者难免把大量时间精力浪费在各类无意义的"填表"和权谋上。耗费了本可以用来改善大学待遇的正常投入，造成了大学行政化。④ 张千帆所说的政绩工程就是一种软政绩工程。

硬政绩工程主要表现为各种具体的建设工程中，程延认为政绩工程主要有4种表现：一是开发区扩张无度。有资料显示：全国现有各级各类开

---

① 李强：《关于我国地方政府"形象工程"问题研究》，山东大学硕士论文 2010 年，第 14－17 页，中国知网。
② 沈泉涌：《"软政绩工程"要不得》，《当代广西》，2004 年第 15 期。
③ 沈泉涌：《"软政绩工程"要不得》，《当代广西》，2004 年第 15 期。
④ 张千帆：《不见官僚，才有"大学"》，《南方周末》，2012 年 3 月 29 日。

发区 6015 个，其中经国务院和省政府批准的只有 1818 个，占 30.2%，其余 4197 个均为省级以下开发区。1997 年至今，开发区规划用地从 1.2 万平方公里扩张到 3.6 万平方公里，6 年激增 2 倍，已超过了现有全国城镇建设用地面积的总和。二是大学城囤积居奇。据了解，全国各地不下 50 个大大小小的"大学城"，这些大学城圈地动辄数百亩乃至数千亩，河南"郑州大学城"等大学城占地均达到 50 平方公里，有的甚至以"中国最大"、"亚洲第一"自居。三是工业园随地开花。据国土资源部对部分省市的调查公布：上海市清理出园区 157 个、山东 642 个、江西 137 个、黑龙江 77 个、内蒙古 101 个。在全国省级以上 900 多家开发区中，国家批准规划了近 3000 万亩土地，已经开发的仅占规划面积的 13.51%，有近 2000 万亩土地闲置荒芜。省级以下的工业园荒芜的土地简直无法统计。四是小城镇"喜新厌旧"。一些地方政府不管现实需求，也不顾城市规划，今天建个小城镇，明天建个大广场。不在旧城改造、节地挖潜上下功夫，而是大量圈地，转手卖个好价钱。还有一些地方政府"喜新厌旧"，将县或乡城镇整体搬迁，择地再建，结果，新城建筑拔地而起，大批良田被占，而旧城依"旧"。建纪认为，"政绩工程"、"形象工程"在当前，突出地表现在城市建设中。一是有的城市脱离当地实际，大规模投资建设行政中心、中央商务区、会展（博览）中心、步行街、大草坪、大广场、宽马路等项目。二是一些地方为吸引投资，随意设置开发区，圈占大量土地。[①] 房建、房成认为，政绩的表现形式主要有以下几种：一是浮夸"政绩"。浮夸虚报、吹牛造假。二是泡沫"政绩"。急功近利、短期行为。三是罪过"政绩"。为了快出政绩加官进爵而不择手段。四是瘸腿"政绩"。以牺牲社会主义精神文明来换取看得见，摸得着的物质文明。五是猫腻"政绩"。为谋私利就得"拉大旗做虎皮"干出"政绩"，以"政绩"掩盖"恶迹"（腐败）。[②] 马玮认为"政绩工程"突出表现在：一是贪大求洋，不顾当地经济

---

① 建纪：《"政绩工程"、"形象工程"问题透视》，《中国监察》，2004 年第 7 期，第 17 页。
② 房建、房成：《浅析"政绩"》，《宿州教育学院学报》，第 5 卷第 4 期。

实际状况，大搞面子工程。如大规模地投资建设大广场、宽马路、大草坪，修建世界最大公园等项目。二是急功近利，为了追求近期效果，不顾长远利益，随意设置开发区，圈占大量土地。三是弄虚作假，搞虚假政绩，摆花架子。①

近年来，文化政绩工程是硬政绩工程的一种新型样态，王振艳、王伊礼认为，在社会公众深恶痛绝、中央政府极力抵制的情况下，传统的政绩工程如开发区、工业园、大学城等治理未遂，新的政绩工程又粉墨登场。比如，甘肃省永靖县拟投资3000万元兴建"黄河三峡孔子大殿"，华亭县拟投资3480万元实施"秦皇祭天广场"三期工程，临洮县拟投资8000万元打造"老子文化园"，三个项目总投资规模超过1.4亿元；陕西省两次整修黄帝陵，投资2.8亿元；河南省郑州市和新郑市计划投入3.5亿元，对黄帝故里景区进行改扩建；浙江省绍兴市累计投资2亿多元，新建了祭禹广场、水上祭台、守陵村和夏禹文化园；山东省济宁市则计划投资300亿元建设中华文化标志城。这些政策和项目，都是借助文化的内核（当地独特的文化资源），打造文化的外衣（文化工程和设施），以弘扬传统文化之名谋求当地政府和官员的利益，可谓"文化政绩工程"。②

依据"政绩工程"的功能和结果，纪颖把政绩工程划分为三种类型：第一、好大喜功型。所谓"全省首创"、"中国第一"、"世界之最"似乎不冠以有气势的称号不足以显示其影响和规模，动辄就是"大手笔"——一个比一个气派；轻易就要"超常规"——一个比一个离谱；随便就敢"跨跃式"——一个比一个惊险。第二、盲目决策型。目前有些地方的决策根本谈不上科学化、民主化，全凭书记和行政首长的意愿。第三、投机取巧型。某些领导既无雄才大略，又无踏实作风，工作中什么抢眼就干什么，

---

① 马玮：《"形象工程"、"政绩工程"的成因及治理对策》，《徐州教育学院学报》，2004年第3期。

② 王振艳、干伊礼：《文化政绩工程的发生机理与治理之道——委托代理理论的解读》，《石家庄学院学报》，2009年7月版。

什么能上电视就干什么，什么工作容易出"政绩"就干什么。①

夏书章认为，政绩工程在于某些当官的使"政绩"离谱、变样、变味、变质，不是为了福国利民，而是为自己沽名钓誉、树碑立传，有的还假公济私、借机捞取自己以为可以捞到的"政治资本"。②

（3）政绩工程的形成原因

关于政绩工程的形成原因，学者们分别从不同的角度进行了分析，概括起来主要有以下几个角度。

一是从官员的角度进行分析，认为政绩工程是由于一些领导干部未树立科学的发展观和正确的政绩观。

闫相国认为由于一些领导干部未树立科学的发展观，有的把"以经济建设为中心"错误地理解为"以GDP为中心"，把"发展是硬道理"错误地理解为"经济增长率是硬道理"，不顾经济和社会效益能否提高，不顾人民生活水平能否提高，片面地追求经济增长速度，片面的发展观又导致了错误的政绩观。③

吕绳振则指出，实践证明，一个缺乏正确的政绩观的干部，往往同时也缺乏科学发展观。无论是热衷于上项目、铺摊子，还是搞华而不实、劳民伤财的"形象工程"、"政绩工程"，很重要的一个原因就是由于没有坚持科学发展观和正确的政绩观造成的。④

有学者认为，政绩工程与领导干部的官僚主义作风有关，谷谏认为"政绩工程"泛滥最主要的原因，是有些手中持有权柄的人背离了对上级负责和对人民负责相一致的原则，只顾对上负责，而对上负责的潜台词则是对自己的名利升迁负责。不难看出，所谓"政绩工程"的泛滥，实际是

---

① 纪颖：《"政绩工程"浅析》，《学术研究》，2006年第3期。
② 夏书章：《政绩工程》，《中国行政管理》，2008年第6期。
③ 闫相国：《"政绩工程"及其治理》，《理论探索》，2005年第4期，第62、65页。
④ 吕绳振：《树立正确的政绩观是提高执政能力的前提》，《求是》，2004年第19期，第44—45页。

政风、官风不正的反映。①

　　杨群红也认为,"政绩工程"与一些上级部门的官僚主义作风有关。因为搞"政绩工程"欺上容易,瞒下难,搞"政绩工程"者从来就不是为了糊弄群众,而是专门为了糊弄有官僚主义作风的上级领导。似乎有这样的"逻辑":谁开的工程多,谁做的事情就多,谁的政绩就突出,谁就应该得到提拔和重用。②

　　马玮指出,一些领导干部"总开关"上出问题,没有树立正确的权力观。有些领导干部把自己的全部精力心思都用在"仕途升迁"上。没有解决好权为谁所用、情为谁所系、利为谁所谋的问题。因此,不可能把广大人民群众的利益作为自己工作的出发点。仕途顺利时,脑子就更加发热。仕途不顺时,情绪就愈加急躁。总之,处在一个心浮气躁的工作状态中,也必然产生急功近利、脱离实际、劳民伤财的所谓"形象工程"、"政绩工程"。③

　　二是从制度上进行分析,认为干部选拔制度存在缺陷。

　　首先是官方的干部考核标准不合理。张铁网认为,一些领导干部在政绩观上存在的某种偏差,与现行的领导干部政绩考核评价标准和体系有着直接的关系。简单地把政绩与几个经济指标划等号,片面强调经济增长速度,由此导致一些地方的领导干部不切实际,不顾民力,不计长远,乱铺摊子,乱上项目,单纯追求增长速度,不重视质量和效益,不重视经济和社会的协调发展,不重视人与自然的和谐相处。更有甚者,为了追求高指标而不惜弄虚作假。"官出数字,数字出官",在某种程度上已成为一些领导干部的政绩观。④

　　马玮认为,政绩导向出现偏差,干部政绩考核体系不够科学。在干部

---

①　谷谦:《"政绩工程"当休》,《民主与科学》,1995年第4期,第48页。
②　杨群红:《政绩工程的症结与处方》,《决策探索》,2004年第4期,第40页。
③　马玮:《"形象工程"、"政绩工程"的成因及治理对策》,《徐州教育学院学报》,2004年第3期。
④　张铁网:《建立科学的干部评价体系》,《求是》,2004年第12期,第26、27页。

考核任用上,一些地方在考核政绩任免干部时,片面理解"政绩",有的把引进投资、上大型项目的多少作为考核的重要指标。这样就引导出领导干部的不正确的政绩观。催生出了形形色色的"形象工程"和"政绩工程"。①余为将政绩工程滋生的原因之一归结为考察干部"政绩"的误导。由于对干部政绩考核的方法不够科学,片面地以数字定优劣,未能把量的计算和质的考察有机地统一起来,客观上助长了那些好大喜功者去搞"形象工程"。②李倩分析认为,政绩工程为什么能够成为从政者晋升的砝码,其根本原因在于干部政绩考核标准的导向偏差。20世纪80年代初以来,地方官员的选拔和提升标准由过去的纯政治指标转变为经济绩效指标。地方官员晋升的一个关键因素就是他的政绩,这就极易导致官员为了升迁,热衷于"政绩工程"、"形象工程"。③

杨群红认为,由于现在对干部的考核任用方面,往往重显性政绩,轻隐性政绩,正是这种传统的干部考核任用机制诱导"政绩工程"。房建、房成认为,由于片面理解"凭政绩用干部"原则,认为政绩就是发展经济的成绩,因而强调"能人"经济、"强人"效应,只看实绩和能力,关注才能和魄力,忽略了思想道德品质,忽视政治素质的考核,检验政绩标准失当产生误导政绩工程。④闫相国认为,评价政绩的标准不科学,标准比较单一,没有形成一个较为全面科学的指标体系,往往重经济指标,轻社会发展指标、人文指标和环境指标,经济指标一般又以GDP增长为核心,这容易导致政绩工程的泛滥。⑤

首先,对领导干部政绩的考核评价往往只是由上级组织和上级领导说了算,缺乏群众公认。结果是一些领导干部片面追求个人政绩,工作的出

---

① 马玮:《"形象工程"、"政绩工程"的成因及治理对策》,《徐州教育学院学报》,2004年第3期。
② 余为:《"形象工程"败坏形象》,《理论与实践》,2001年第3期,第41页。
③ 李倩:《"政绩工程"与干部晋升之路》,《党政干部学刊》,2004年第10期,第41页。
④ 房建、房成:《浅析"政绩"》,《宿州教育学院学报》,2004年第5期。
⑤ 闫相国:《"政绩工程"及其治理》,《理论探索》,2005年第4期。

发点和落脚点不是更多地为群众办实事、谋实利，而是考虑个人得失，热衷于摆花架子、好大喜功，搞形象工程，以此为自己邀功请赏。这样的"政绩"，往往是树立了领导干部个人的"丰碑"，却严重损害了党和人民的利益。

其次是领导干部政绩的考核缺乏群众参与。张铁网认为，对领导干部政绩的考核评价往往只是由上级组织和上级领导说了算，缺乏群众公认。结果是一些领导干部片面追求个人政绩，工作的出发点和落脚点不是更多地为群众办实事、谋实利，而是考虑个人得失，热衷于摆花架子、好大喜功，搞形象工程，以此为自己邀功请赏。①

闫相国指出，政绩工程产生的根源之一，是当前社会政绩评价主体严重错位，政绩的评价者仅仅局限于上级部门和上级领导，人民群众并没有真正成为评价政绩的主体。②再次是地方官员的任期过短。从地方官员的任期来看，一般都在3年左右，特别是县、乡一把手的频繁调动是产生政策短期行为的重要原因。新官上任第一年是摸清情况，初见成效，第二年是再上一个台阶，第三年则大见成效，升官走人。而初见成效、大见成效的"政绩"莫过于拓街修路、起楼架桥，大搞城市化建设。把城市化设作为"政绩工程"而邀功求升，必然会违背客观经济规律，导致拔苗助长短期行为的发生。③

杨群红也认为，基层干部任期时间短、频繁调动是造成"政绩工程"的短期行为的原因之一。自20世纪90年代以来，市、县、乡三级党委、政府的任期虽然规定为5年，但是主要领导很少在一个地方干完一个任期的，短的一年变动一次，长的二三年变动一次。要在短时间内做出突出成绩是不容易的，而上级领导总希望看到最快的发展形势。在这种情况下，

---

① 张铁网：《建立科学的干部评价体系》，《求是》，2004年第12期，第26—27页。
② 闫相国：《"政绩工程"及其治理》，《理论探索》，2005年第4期，第62—65页。
③ 程忻儒：《小城镇建设要走出"政绩工程"的误区》，《农村经济》，2002年第8期，第48—49页。

搞"政绩工程"骗取政绩就成了一些人最现实的选择。①

其次，有学者认为决策、监督机制不完善。

马玮认为，一些领导干部在上大项目时，不能按照本地实际，遵循客观规律，积极征求多方意见，进行科学论证。在机制方面，目前还存在着制度不健全、程序不够严密等问题。几千万甚至上亿元的项目，仅凭一些领导干部主观意愿就拍板决策了。在决策、项目执行的过程中，缺乏有效的监督、制约机制。人大以及一些主管部门具有监督的职能，但没有明确的监督责任和监督措施，作用不能得到充分的发挥。加上一些监督制度不健全，这样，"形象工程"、"政绩工程"中出现的违规行为就难以得到有效的制止和约束。②

李倩分析认为，公共政策从制定、执行到调控和评估是一个长期过程。在我国，这个过程中怎样防止和纠正错误的机制一直缺乏。政策虽然是某个领导意志的体现，但都是以集体名义决策出现的，因此一旦决策错误，没有人对其承担责任。没有防止错误决策发生的机制，而且，一旦政策出台，就具有惯性，因此即使错误决策在执行过程中发现了问题也很难阻止其实施，除非决策者良心发现中止错误或者是上级发现错误进行查处，否则只有在出了大问题后才能使政策的错误暴露出来。③由于对制造政绩腐败的决策过程没有事前的监督制约，对因制造政绩腐败造成重大损失的干部没有严格的责任追究制度，使不少干部把搞"政绩工程"等视为"当官的的艺术"，想干什么，什么抢眼干什么，什么容易干什么，反正决策时没有人敢反对，出了问题自己又不需要付出任何代价。④

三是认为政绩工程形成是一个综合原因，

王家金认为，绝对的权力造就"政绩工程"、不合理的干部选拔机制

---

① 杨群红：《政绩工程的症结与处方》，《决策探索》，2004年第4期，第40页。
② 马玮：《"形象工程""政绩工程"的成因及治理对策》，《徐州教育学院学报》，2004年第3期。
③ 李倩：《"政绩工程"与干部晋升之路》，《党政干部学刊》，2004年第10期。
④ 闫相国：《"政绩工程"及其治理》，《理论探索》，2005年第4期，第62－65页。

催生"政绩工程"、政府职能错位促成"政绩工程"。①

郭峰从行政组织分析的角度进行了分析,指出"政绩工程"产生的微观原因和宏观原因,在微观方面,晋升机制和评价机制迫使官员追求"政绩工程"以获得职位、荣誉和利益;在宏观方面,自上而下的约束机制缺乏,自下而上的约束机制不足,官员问责机制不健全,使得官员不用承担"政绩工程"所带来的后果。②

王礼则从运用政府绩效管理的"逆向选择"理论进行分析,指出政绩工程现象是政府绩效管理中"逆向选择"的突出表现方式:"政绩工程"现象肇源于政府绩效管理中错误的政绩信号传导,诱导于政府绩效管理中"劣官驱逐良官",是政府绩效管理中"逆向选择"的必然结果。③

刘寿明则运用委托—代理理论进行分析,认为我国目前行政管理中,代理人受到的激励过多而约束不力的委托代理状态下,必然导致代理人采取机会主义行为,从中选择能够最大化地实现自己目标函数的行动策略,从而造成政绩工程泛滥。④

李强认为,我国地方政府"形象工程"产生的原因主要有政治利益、经济利益等为驱动的内在动机,政府绩效考核不科学,干部人事、监督制度等不完善的政府管理体制与机制原因,以及传统历史政治文化、社会舆论等客观因素。⑤

(4) 政绩工程的危害

陈清泰认为,政绩工程形成权贵经济,造成资金大量浪费。⑥

---

① 王家金:《"政绩工程"是这样产生的》,《领导科学》,2006年第1期。
② 郭峰:《"政绩工程":一个政府行为的组织分析》,山西大学硕士论文2009年,第17—30页。
③ 王礼:《政府绩效管理中的"逆向选择"及规避对策》,湘潭大学硕士论文2007年,第14—22页,中国知网。
④ 刘寿明:《政绩工程的原因探析与治理对策—委托代理理论的视角》,中山大学博士论文2008年,第75—130页,中国知网。
⑤ 李强:《关于我国地方政府"形象工程"问题研究》,山东大学硕士论文2010年,第22—30页,中国知网。
⑥ 陈清泰:《陈清泰:政绩工程正成权贵经济,资金浪费严重》,《发展》,2006年第6期。

绪 论

关于政绩工程的危害，刘寿明认为，政绩工程具有目标的欺骗性、手段的恶劣性、行为的短期性、结果的无效性、本质的违约性等危害。① 综合学者们对政绩工程危害的分析主要从政府层面、社会民众层面和社会资源层面三个方面进行分析。

从政府层面看，政绩工程导致政府的短期行为，引发政府的诚信与信用问题，严重损害政府形象。导致片面追求 GDP 增长的短期行为。片面追求 GDP 的短期增长，势必引发经济过热，造成经济与环境，经济与社会发展不协调。

王岳平指出，近两年投资增长的源头在很大程度上受到地方政府投资过度扩张的影响：各地政府对加快经济增长有着强烈的冲动，不少地方政府将招商引资作为政绩考核目标，竞相优惠，以各种手段拉投资。有些地方脱离自身能力，寅吃卯粮，随意借债、欠账，搞一些华而不实的"形象工程"、"政绩工程"。② 20 世纪 80 年代开始，随着改革开放的推进，中央政府逐步将权力下放，这无疑调动了地方政府的积极性。一些地方政府官员为了政绩的需要，向银行贷款，向百姓集资，大搞政绩工程。由于债务负担超过了当地财政的承受能力，不但无力偿还银行贷款（有的地方政府根本无意偿还），而且无力偿还向老百姓的集资。此外，在上世纪八九十年代，乡政府或镇政府向农民打"白条"的现象非常普遍，而且"白条"的兑现遥遥无期。政府失信不但严重损害了政府在老百姓心目中的形象，而且极大地冲击了"诚实守信"的社会风气。③ 同时，一些文章认为，政绩工程严重影响了整个社会信用体系的建设。曹桂华、刘锡寿在《以诚实守信为准则努力建设信用政府》一文中指出，长期以来我国一些地方政府

---

① 刘寿明：《政绩工程的原因探析与治理对策——委托代理理论的视角》，中山大学博士论文 2008 年，第 59—63 页，中国知网。
② 王岳平：《从钢铁行业的产业关联特征看当前经济形势》，《宏观经济管理》，2004 年第 6 期。
③ 段科锋、杨武的：《从文化视角探析中国信用缺失的成因》，《中国金融》，2004 年第 16 期，第 63—64 页；李夏：《中国市场经济的通道——构筑信用体系》，《求实》，2004 年第 6 期，第 188—190 页。

和职能部门在制定政策时，基本上是暗箱操作，工作缺乏公开性，透明度不高，并且还存在严重违背经济规律，以行政长官的意志代替科学论证，甚至搞"形象工程"、"政绩工程"以及政策因人因地而异，朝令夕改，一届政府一套政策等弊端。这些现象，一方面严重挫伤了人民与政府之间的感情，降低了政府行为的公信度，损害了政府诚信形象；另一方面政策的不公开性、不确定性，使人们无所知晓、无所适从，对未来缺乏稳定的预期，容易只追求眼前利益而不注意建立自身的长期信誉，严重影响了整个社会信用体系的建设①。

从社会民众层面看，政绩工程给地方财政和老百姓的经济造成沉重的负担。

郭峰从社会成本的角度指出"政绩工程"所造成的社会危害，认为政绩工程造成社会成本的直接损失和间接损失，直接损失是公共资源、民众资源的流失和政府债务的增加；间接损失包括在经济上扰乱市场秩序、阻碍经济发展；在政治上造成官员之间恶性竞争；在政府形象上造成信任和道德方面的损失，一方面表现在民众对于政府信任下降，也表现在官员自身的道德素质下降。②

齐庆民在《贪官落马，谁是赢家》一文中指出，王怀忠倒了，可阜阳市因为大搞形象工程造成负债十几个亿，下属几个县欠工资 4 亿多元，投资几亿元建的机场则成了农民的晒谷场。河南省卢氏县委原书记杜保乾，在这个贫困县里大搞形象工程，挪用几千万的扶贫款把县城改造得花团锦簇，留下的是卢氏干部群众难以吞咽的苦果。③

冯小俊从地方财政风险论及政绩工程危害，认为地方财政风险因素主要有举债建设等几个方面。举债建设主要表现为：地方政府举债搞水、电、

---

① 曾桂华、刘锡寿在：《以诚实守信为准则努力建设信用政府》，《中国行政管理》，2004 年第 9 期。
② 郭峰：《"政绩工程"：一个政府行为的组织分析》，山西大学硕士论文 2009 年，第 10—16 页。
③ 齐庆民：《贪官落马，谁是赢家》，《领导科学》，2004 年第 15 期。第 50—51 页。

路、通讯等基础设施建设，城市形象工程，"面子工程"等。有的地方政府在资金投入时不考虑财政的承受能力，仅从本届政府的"政绩"出发，行政行为明显短期化，造成当地政府负债累累。① 中国社会科学院财贸所研究员夏杰长认为，近些年有些地方政府出于短期行为超越自己的经济实力热衷于搞开发区、房地产、旅游区等"形象工程"，致使背上债务包袱。②

程怀儒从小城镇建设论及政绩工程危害，认为地方官员把城市化建设作为"政绩工程"而邀功求升，必然会违背客观经济规律，导致拔苗助长短期行为的发生。而上级在考察干部时，往往把"政绩"作为升迁的主要依据。这在很大程度上加速了地方官员进行"政绩投资"的步伐。而城市建设需要巨额的资金投入，在较为落后的中西部地区，这些资金的来源一是靠银行贷款，二是靠向广大农民和城市工商户摊派、募集。这种做法加重了城乡居民的负担，损害了党的形象。③

从社会资源角度看，政绩工程造成银行不良贷款、重复建设、诸侯经济、大量土地资源闲置浪费。

周忠明从城建贷款经营管理论及政绩工程的危害，认为少数地方为了"政绩工程"、"形象工程"，容易产生超前或超负荷进行城市建设的冲动，在财政性资金不能够满足需要时，容易产生利用贷款过度扩大城市建设的冲动，由此导致巨额不良贷款形成。④

王建兵分析缘何会生成"诸侯经济"这一市场"怪胎"的原因时，认为是"实乃招商引资变成了地方政府最大的政绩工程所致"。⑤

张桂文、刘太忠撰文指出，地方政府大搞"政绩工程"、"形象工程"，

---

① 冯小俊：《地方财政风险及其防范》，《财会月刊》，2004第B3期，第50—51页。
② 孙坷：《地方政府负债三大诱因》，《新西部》，2004年第10期。类似分析还可以参阅张旋、金鑫、徐雪英：《探析我国政府或有负债问题》，《农场经济管理》，2004年第5期等。
③ 程怀儒：《小城镇建设要走出"政绩工程"的误区》，《农村经济》，2002年第8期，第48—49页。
④ 周忠明：《城建贷款经营管理中存在的问题及对策》，《银行业监管》，2004年第15期，第45—47页。
⑤ 王建兵：《反对"诸侯经济"》，《经营与管理》，2004年第7期，第7页。

大量征用农民集体耕地,开发区建设遍地开花,导致大量土地资源闲置浪费,国家和农民利益受损。据不完全统计,全国各类开发区规划面积达3.6万平方公里,已超过全国现有城镇建设用地总量。全国共有各类园区和开发区3837家,平均每个省(包括自治区和直辖市)有100多家。而在这3837家中,经国务院批准的只有232家,仅占6%。①

(5) 政绩工程的治理对策

从政府项目建设的角度提出对策。

李强认为对于政府项目工程,一是要发挥市场机制,减少政府不合理干预;二是要依法严把财政、土地大关,斩断"形象工程"的资本链,地方政府"形象工程"之所以能搞起来,资金、土地是两个不可或缺的因素。如果能从源头上切断地方政府的资本来源,或使其对资本在阳光下使用,可以有效减少各种"形象工程的产生,具体措施包括立法建立政府财政预算硬约束制度、严把政府项目立项关、严管项目工程中资金的动向、完善土地使用制;三是要健全工程项目建设的咨询顾问、听证制度,保证决策科学化、民主化。②

也有学者直接从政绩工程的资金角度提出对策,认为政绩工程的治理要斩断"政绩工程"的资金链,而要想真正切断"政绩工程"的全部资金来源,至少还得从以下几个方面同步着手,包括:一是遏制住许多城市的"卖地财政"。有"卖地财政"支撑着,许多地方在不动用预算内财政资金、不依赖银行贷款的条件下,照样不愁"政绩工程"缺少资金保障。二是要堵死地方政府以"出卖"项目经营期权为诱饵,与民营投资者、外商联手打造"政绩工程"的"政策通道"。此"通道"堵不死,许多"政绩工程"就不必虑及没有资金来源。三是要封

---

① 张桂文、刘太忠:《近年来我国物价走势特点看经济结构调整》,《中国物价》,2004年第6期。

② 李强:《关于我国地方政府"形象工程"问题研究》,山东大学硕士论文2010年,第34—37页,中国知网。

死地方政府采取"调包"之术变相获取"政绩工程"项目资金的把戏。四是要禁绝地方政府以"人民城市人民建"的名义拉"赞助"、向辖区企业与个人摊派建设"捐款"的惯常做法,还要禁止地方政府随意向社会征缴各种名目的专项政府基金挪用于建设"政绩工程"的做法①。张伟认为,杜绝政绩工程之毒瘤,断绝这类"工程"的资金来源,就必须釜底抽薪,给其经济上"断奶"。②

从官员的角度提出对策。

一是认为政绩工程的治理需要上级官员转变工作作风,克服官僚主义,杨群红认为,要解决基层干部"政绩透支"问题,关键是上级领导机关转变作风,大力开展调查研究,扎下去,沉下去,切实了解最基层的真实情况。对那些重实际、说实话、办实事、脚踏实地和埋头苦干的干部,要大力表扬,具备提拔条件的,要提拔重用;对那些工作不讲实效、不计后果、好大喜功和虚报浮夸的干部要严肃批评,直到做出组织处理。③马玮认为,治理政绩工程必须首先大兴求真务实之风,切实转变工作作风。一方面,要不断深入探索认识客观规律,正确认识基本国情,准确把握所在地的实际情况。进而实事求是,量力而行,尽力而为,不搞不顾民力的乱铺摊子,决不能造成"一代人的政绩,几代人的包袱"。另一方面,要把工作的立足点放在真抓实干上,坚持办实事、求实效,坚决反对形式主义、弄虚作假,把功夫用在抓落实上,一步一个脚印地干出一番利国利民、实实在在的政绩。④

二是认为完善责任机制,加强官员的伦理和道德修养。地方政府官员自身道德素质的提高,可以形成某种"内部约束",使得地方政府官员自觉和主动地向民众提供他们所需要的物品,而不是损害他们的福利。不

---

① 鲁宁:《斩断"政绩工程"的资金链》,《发展》,2003 年第 7 期,第 53 页。
② 张伟:《政绩工程现象的法理思考》,《人大研究》,2006 年第 2 期,第 41 页。
③ 杨群红:《政绩工程的症结与处方》,《决策探索》,2004 年第 4 期,第 40 页。
④ 马玮:《"形象工程"、"政绩工程"的成因及治理对策》,《徐州教育学院学报》,2004 年第 7 期。

过,官员道德素质的提高,需要良好的责任机制,通过责任机制使得官员自觉地形成某种道德自律。①

三是认为政绩工程的治理要求官员要树立科学的发展观和正确的政绩观,马玮认为,"形象工程"、"政绩工程"现象的出现,原因是多方面的,但其中一个重要的因素,是一些领导人的头脑和行动中,存在着种种"误区"所致,片面的发展观导致了片面的政绩观。因此采取多种教育形式纠正领导干部的错误观念,引导其走出"误区",树立科学的发展观和正确的政绩观,是源头治理的一个重要方面。②

从制度层面提出治理对策。

一是认为政绩工程的治理要建立科学的政绩考核标准。史文清认为,解决 GDP 偏向与正确政绩观关系中存在的问题,要从实际出发,坚持两手抓:一方面应改变"GDP 至上"的发展观和政绩观,研究设计新的评价发展和政绩的指标体系;另一方面不能把树立正确政绩观简单地、全部地寄托于一套新的立即可用的绿色 GDP 核算体系。当务之急是先从那些最有害的"政绩工程"入手,从识别和反思有损于可持续发展的"口号经济"入手,从坚决纠正不科学的政绩评价体系入手,着力克服和解决树立正确政绩观中存在的问题,使正确政绩观建立在科学发展观之上,以求真务实的精神把正确政绩观落实到全面建设小康社会的伟大实践中。③

二是完善干部人事制度。杜钢建认为政府官员频调,走马观花,有的没有任何理由就职位调动,是一种不折不扣的违反政府组织法规现象。这种不正之风严重败坏党和政府的形象,需要彻底深化改革现行的干部人事制度。通过改革,使人事工作从思想观念、工作方法到管理体制和运行机制得到全面创新。④

---

① 郭峰:《"政绩工程":一个政府行为的组织分析》,山西大学硕士论文 2009 年,第 31 页。
② 马玮:《"形象工程"、"政绩工程"的成因及治理对策》,《徐州教育学院学报》,2004 年第 7 期。
③ 史文清:《树立正确政绩观应注意克服三种偏向》,《中国党政干部论坛》,2004 年第 8 期。
④ 杜钢建:《政府职能转变攻坚》,中国水利水电出版社,2005 年版,第 119 页。

三是有学者们认为政绩工程的治理要建立责任追究制,制造"政绩工程"造成重大损失的干部进行责任追究。最重要的是加快立法步伐,运用法律手段来惩治"政绩工程"上的腐败,从而加大热衷于搞"政绩工程"者自身的成本投入使其不敢腐败。①

四是要建立完善的监督制度。赋予民众监督政府的权力,"政绩工程"现象最终的直接受损者是民众,民众需要为"政绩工程"承担全部后果和代价,因此,保护民众的产权,赋予他们监督政府的权力是避免"政绩工程"现象非常重要的制度保障。②要强化官员异体问责,完善人大审议和责任追究,加强非执政党的问责,规范和加强媒体问责机制,保障和维护人民群众问责。加强和完善党的监督;政府工程项目建设的信息公开,保障公民知情权。③

从公共管理理论角度提出治理对策。

王礼在借鉴心智模型、分离均衡模型、信息传导模型等理论模型的基础上,提出了三个层面的规避政绩工程的对策:从价值层面塑造正确政绩观,从制度层面实现政府绩效管理中的"分离均衡"和从技术层面强化政府绩效管理中的"信号传导"。④

刘寿明通过建立趋丁均衡的代理人约束与激励机制,提高代理人的博弈成本、降低其博弈收益,精于算计的代理人自然会理性地放弃这一机会主义行为。⑤

郭峰则提出采取一下措施治理政绩工程:保护产权,赋予民众监督政府的权力;限制政府权力,加快地方政府职能转变;完善绩效评价机制,

---

① 闫相国:《"政绩工程"及其治理》,载《理论探索》2005年第4期,第65页。
② 郭峰:《"政绩工程":一个政府行为的组织分析》,山西大学硕士论文2009年,第31页。
③ 李强:《关于我国地方政府"形象工程"问题研究》,山东大学硕士论文2010年,第40—43页,中国知网。
④ 王礼:《政府绩效管理中的"逆向选择"及规避对策》,湘潭大学硕士论文2007年,第26—39页,中国知网。
⑤ 刘寿明:《地方行政领导决策中的机会主义行为探析——以政绩工程为例》,《中山大学学报论丛》,2006年第3期,第40—45页。

正确引导官员的政绩观；完善责任机制，加强官员的伦理和道德修养等。[①]

第四节 政绩工程的研究方法

从已有的研究成果看，学者们在研究政绩工程现象时，应用了经济学、制度经济学、行为经济学和公共管理学的方法，对政绩工程现象进行了实证分析和规范分析。肖雁（2005）运用行为经济学的理论和方法进行分析，提出了创新引导理性政绩观的执政传导机制、建立鼓励理性政绩观的行政升迁制度。[②] 饶田帧（2008）从公共选择理论分析了政府失灵的原因及对我国政府改革的启示。[③] 王礼（2007）从"逆向选择"理论分析了政绩工程现象，并从价值层面、制度层面、技术层面提出了解决对策。[④] 逯凡（2005）从经济学的角度主要是应用经济学的分析方法分析地方官员的利己行为，逐进从制度经济学的角度进行分析，提出了遏止政绩工程的制度设计。[⑤] 还有学者采用西方公共管理理论进行研究，如委托—代理理论、逆向选择理论等，也有学者创新研究方法，提出自己的研究方法如制度—行为研究方法[⑥]。

正如有学者在论及行政管理学的方法时指出："行政管理学是一门'借用'的学科。"[⑦] 这表明行政学在研究上是要针对具体问题借用其他学

[①] 郭峰：《"政绩工程"：一个政府行为的组织分析》，山西大学硕士论文2009年，第31页。
[②] 肖雁：《内生约束与外生机制共同构建理性的政绩观》，《学术探索》，2005年第1期。
[③] 饶田帧：《公共选择理论的政府失灵论及对我国政府改革的启示》，《内蒙古科技与经济》，2008年第12期。
[④] 王礼：《政府绩效管理中的"逆向选择"及规避对策》，湘潭大学硕士论文2007年。
[⑤] 逯凡：《论公共品供给的政治性诱致与政府行为——"形象工程"的微观分析框架》，《宁夏社会科学》，2005年第1期。
[⑥] 制度—行为研究方法由何显明提出，是一种广泛借鉴行为主义、理性选择理论，特别是新制度主义的分析方法。参见何显明：《市场化进程中的地方政府行为逻辑》，人民出版社，2008年版，第54—74页。
[⑦] 张国庆：《行政管理学概论（第二版）》，北京大学出版社，2000年版，第3页。

科的研究方法。本研究拟采用制度—行为研究方法、案例研究方法、价值研究方法和系统科学的研究方法。

一、制度—行为研究方法

制度—行为研究方法是由何显明提出,其本质是围绕制度与行为的互动关系,在广泛借鉴行为主义、理性选择理论和新制度主义理论成果的基础,尝试性地建立起一种理论分析框架,并借助于转型期地方政府行为的实证考察,对地方政府的行为选择的内在逻辑,以及地方政府行为模式演变的轨迹,作出合理的解释。①

二战以来,西方政治学的理论模式经历了行为主义、理性选择主义和新制度主义"三次革命"。② 这三次理论范式的革命实质是政治学研究视角的三次重大转变,行为主义重在研究政治活动的主体,特别是政治心理、政治动机及其外在行为表现,并高度重视政治现象的定量化研究,力图利用政治主体的行为来解释政治现象。理性选择主义以"经济人"作为理论的基本假设,强调任何行为都是理性选择的结果,行为主体在行为目标的驱使下,追求既定约束条件下的效用最大化。新制度主义把制度在政治生活中的作用和政治行为两者结合起来,既关注制度在政治生活中的作用,又吸收了行为主义的动态、过程、定量化的研究方法。③

制度—行为研究方法综合应用上述三种研究方法,可以更彻底地揭示出政治行为的规律。就政绩工程而言,中央政策、地方政府主体行为等都处于动态的互动中,政绩工程是如何在这个互动中形成的、地方政府是如何与制度进行博弈的等问题,只有采用综合多学科的方法才能真正揭示其规律性。

---

① 何显明:《市场化进程中的地方政府行为逻辑》,人民出版社,2008年版,第70页。
② Robert E. ooodin, Hans—dieter Klingemann, 1996. *A New Handbook or Political seience*. oxford university Press, P. 50.
③ 朱德米:《新制度主义政治学的兴起》,《复旦学报》,2001年第3期。

二、案例研究方法

改革开放之后,特别是 20 世纪 90 年代之后,地方政府政绩工程愈演愈烈,如王怀忠在阜阳制造的"国际化大都市"、"国际化机场";"铁本事件"等等大型政绩工程,这些都是政绩工程的典型案例,都是研究政绩工程的鲜活材料。通过对这些案例的分析研究,寻求共同规律,挖掘政绩工程的深层机理。

三、价值研究方法

从主体上看,政绩工程反映了政府官员的价值异化,因此利用价值的研究方法对政绩工程现象进行研究,探明政绩工程的价值原因,为官员树立正确的价值观、理性的政绩观寻求理论支持。

第五节 政绩工程的研究内容

政绩工程的危害已有目共睹,政绩工程必须得到有效治理已成共识。政绩工程的研究又可以概括为三个基本问题,一是政绩工程到底是什么;二是政绩工程产生的原因;三是如何有效治理政绩工程。围绕这三个问题,本研究将综合利用制度—行为研究方法、案例研究方法及价值研究方法,从制度的角度研究政绩工程形成的逻辑,并提出有效的治理对策。

一、研究的基本思路

首先提出"政绩工程"问题,通过国内外相关问题研究综述,运用地方竞争理论、压力型体制理论、政治锦标赛模式、组织行为理论、委托—代理等理论以及公共经济学的方法,分析政绩工程的内涵界定、主要特征及其表现形式;然后通过对地方政府治理模式的分析,探求政绩工程形成的地方政府治理动力,包括地方政府的主体性动力、政府间的制度性动力以及治理中的社会性动力；最后应用政府绩效评估理论、地方政府治理等理论，得出地方政府转型和制度创新是消除政绩工程的根本措施，并以此推出具体的防治策略。

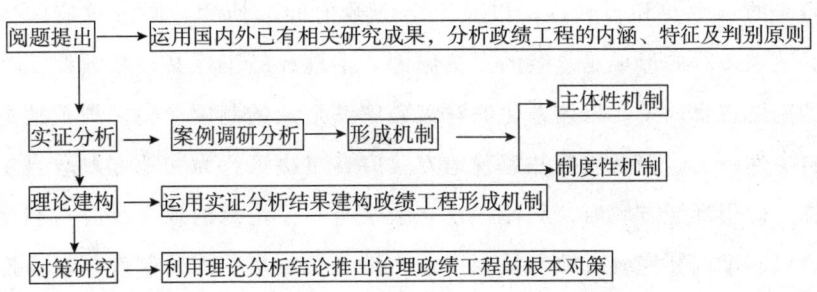

二、研究的基本内容

本研究尝试以政绩工程为问题导向，以地方政府治理转型为旨归，通过分析政绩工程形成的制度，建构完整的政绩工程理论分析范式，力图在政绩工程治理方面提出一些新的认识和对策建议。本研究的章节内容安排如下。

第一章：政绩工程的相关问题界定及其研究的理论背景。探讨政绩工程的内涵、主要特征、表现形式；建构鉴别政绩工程的指标体系；提出可行的政绩工程多维度甄别方法；给出政绩工程研究的相关理论。

第二章：地方政府自主性与自利性：政绩工程形成的主体性制度逻辑。探讨地方政府自主性的产生、扩张及其如何成为政绩工程的客观性原因；探讨地方政府自利性本质、现实表现及其如何成为政绩工程的主观性原因。地方政府自主性与自利性如何形成政绩工程的主体性制度逻辑。

第三章：政府间的博弈与竞争：政绩工程的体制性动力机制分析。探讨上下级政府间形成压力型体制的形成，压力型体制的政绩考核机制促使地方政府通过政绩最大化实现自身效用最大化，打造政绩工程成为追求政绩最大化的手段；而地方政府间的竞争形成的政治晋升锦标赛，进一步强化了政绩在干部晋升中的重要性，是地方政府围绕政绩而竞争，政绩工程又变成竞争的手段。压力型体制和政治晋升锦标赛成为政绩工程形成的制度机制。

第四章：政绩工程的治理对策。 政绩工程形成的制度原因在于地方政府自身的自主性和自利性，以及上下级政府间的博弈、同级政府间的竞争。政绩工程的形成是复杂的系统原因，治理政绩工程必须从政绩工程形成的制度逻辑入手，以体系化的对策破解其形成的制度逻辑。规范地方政府自主性行为，包括规范并完善地方政府自主决策行为和地方财政自主行为；正确引导地方政府自利性，建立激励与约束均衡的地方政府自利性机制；以制度创新完善政绩考核制度、干部任免制度；加强制度创新，推动地方政府向服务型政府转型；完善地方政府治理结构，建立多中心协同治理的地方治理结构。

第一章　政绩工程及其相关问题的界定

"政绩"作为一个行政问题产生于改革开放之后，为了让地方政府的工作重心转移到经济建设上来，中央政府实施了"放权让利"政策，培育地方政府推动地方发展的主体地位，以行政放权和财政分权赋予地方政府自主权，以政绩考核衡量地方发展状况，又以政绩作为干部选拔的必备条件。于是，"政绩"问题便成为地方政府公共事务中的核心问题之一。为了在政绩竞赛中获胜并由此获得升迁，地方政府不遗余力地发展政绩，"政绩工程"披着"政绩"的外衣出现了。"政绩工程"一词源自民间，在政府工作报告中最早出现是2002年，政绩工程的危害有目共睹，党中央和中央政府多次强调坚决制止政绩工程。要治理政绩工程，必须厘清政绩和政绩工程的区别，并提出政绩工程的判定原则。鉴于政绩工程产生的时间短，尽管学界对其作了大量的研究，但对政绩工程的许多问题尚未形成统一的认识，一些基本问题尚未进入范式的研究，鉴于此，本研究将对政绩工程的基本问题作相应的界定。

第一节　政绩工程的界定与判别法则

政绩工程的研究在目前尚未形成科学的、统一的理论范式。所谓范式，依据科学哲学家托马斯·库恩的说法，是一个学科何以可能的"学科基质"（disciplinary matrix）、"一个专门学科的工作者所共有的财产"[①]。

[①]　[美]库恩：《科学革命的结构》，金吾伦、胡新和译，北京大学出版社，2003年版，第163页。

政绩工程的形成机理与治理对策

库恩虽然主要在自然科学语境中进行范式研究,但他的研究对人文科学仍然具有一定的启发意义。从本质上看,范式是人们研究问题的根本立足点、出发点、前理解,并具体展现于人们所使用的概念、范畴、原理、理论等具体的叙事方式、话语方式之中。在研究向度、研究目的、研究层次等的具体历史统一中,人文科学的研究范式虽然多种多样,但至少有这样三种本质性范式:"理想范式"、"问题范式"、"规律范式"。依据人文学科的本质范式衡量发展伦理学,则发展伦理学的真正繁荣需要"理想范式"、"问题范式"与"规律范式"的协调与统一。"理想范式"的特点在于根据具体研究领域阐述人文目的、规范行为目标。"问题范式"的特点在于揭示研究对象的问题及其本质。"规律范式"的特点在于揭示研究对象的历史转换趋势。[①]就政绩工程的研究而言,首先要确定政绩工程的问题范式,即政绩工程到底"是什么",如何判定。

一、政绩的内涵

何为政绩?《现代汉语词典》解释为"官吏在职期间办事的成绩"[②],自从政绩作为一个公共问题凸显之后,学界从不同的角度对政绩作了界定。

从公共权力角度界定,认为政绩是公共权力的运行结果,是从政者在进行政务活动、履行政治职责中所取得的工作成绩[③];从公共政策角度界定,认为政绩是在政策制定和执行过程中所创造的业绩[④];从现阶段公共管理角度界定,认为政绩是为官从政的成绩,就现阶段而言,就是在宪法和法律框架内,以科学发展观为指导,充分运用党和国家制定的政策,从

---

① 陈忠:《发展伦理学的范式研究》,《中国社会科学》,2006年第4期。
② 中国社会科学院语言研究所词典编辑室编:《现代汉语词典》,商务印书馆,1980年版,第1463页。
③ 张良训:《关于政绩的政治学思考》,《中国青年政治学院学报》,2005年第3期,第56—61页。
④ 于学强:《关于建立政绩评判制度的理性思考》,《理论探讨》,2005年第3期,第14页。

实际出发，充分调动人民群众的积极性，推动社会发展所取得的成绩①。从政绩的特性界定，认为政绩是领导干部德才素质在公共行政实践中的综合体现，是执政党及其政府获得合法性的基础。政绩是公共性和可控性相的统一，公共性是由政绩生产的主体——公共部门的职能和性质所决定的，政绩必须经得起人们群众、实践和历史的检验；政绩的可控性意味着政党或政府对官员政绩具有约束和管理能力。②从政绩的公共产品本质加以界定，认为政绩是政府统治获得合法性的根据，是政府用以购买社会认可的一般等价物，政绩本质上是公民购买的政府提供的"消费品"。政绩包含四个层次的内容，1. 施政思想和理念；2. 政府施政行为；3. 公共产品；4. 社会满意度。这四个层次的内容又是有机联系的：施政思想和理念是政绩内容体系的基础，其他内容在它的指导下生产和供给；施政行为是政绩内容的结构，它将施政思想和理念贯彻于现实并生产出公共产品；公共产品是政府政绩的主体，它是政府行为的结果，也是满足社会需要的内容；社会满意度是政绩内容的核心，是前三个层次内容生产和供给换取到的社会认可，它处于政绩内容体系的最高层。③

　　以上的观点主要是把政府的业绩等同于政绩，但是否只要是官员做出的成绩都是政绩呢？有学者提出不同观点，一种观点认为，业绩与政绩不能等同，业绩是政绩的核心内容，但不是政绩的全部。政绩可以分为广义政绩和狭义政绩。广义政绩是指一定的政党和政府在履行公共职能的过程中获得的绩效，包括党和政府在履行公共职能过程中取得的实际业绩，而且包括工作的成本、内部管理的质量和水平等方面。狭义政绩即政府绩效，是指政府在积极履行公共管理职能和承担公共责任的过程中的有效输

---

① 饶岩生：《乡镇政绩工程的成因及治理》，硕士学位论文，第2页，中国期刊网。
② 袁方：《政绩的多维视角及其矫正》，《上海城市管理职业技术学院学报》，2005年第3期。
③ 赵春雷：《论地方政府政绩的过度有形化及纠治——基于公共选择理论视角的分析》，《五邑大学学报》（社会科学版），2011年8月，63—67页。

出。① 另一种观点认为，政绩作为一种公共产品，是官员生产出来以满足消费者（公众）需求的产品，考察官员的政绩必须考虑政绩中的成本因素。官员施政创造政绩，必须投入一定数量的政治、经济和意识形态资源。如果产出的绩效明显大于投入，而且国家、集体、群众确实都得到了实惠，这才是政绩。反之，产出的绩效明显等于或小于投入，即使结果看起来挺显赫，也不是政绩。② 有学者则直接从经济学角度出发界定政绩，认为政绩应相当于企业利润，利润＝销售额－成本；与此相对应，政绩的公式应当是：政绩＝施政成效－施政成本。③

为了区分政绩与业绩的关系，有学者从词源的层面进一步区分了政绩与实绩、政绩与真绩的关系。刘景阳认为，实绩有狭义和广义之分。狭义的实绩，是指人们在本职工作范围以内取得的成绩；广义的实绩，则泛指人们在学习、工作（包括非本职工作）和生活中所取得的各种各样的成绩。通常说的实绩是就狭义而言。就实绩与政绩而言，实绩是个大概念，它包括了政绩在里面。就主体而言，实绩是针对所有人来说的，而政绩是专门针对领导干部说的。在领导干部的一切实绩中，也只有他在从政活动中所取得的实绩，才是政绩。在选拔领导干部时，以看政绩为主，综合实绩统一考虑。④ 曹向新认为，政绩有真假之别，真正的政绩是"为官一任，造福一方"的实绩，是经得起历史检验的实绩。而虚假政绩，则是一些干部搞形式主义，投机取巧、欺上瞒下、急功近利、不顾实际所做的"形象工程"、"政绩工程"，是纯粹的欺骗性"政绩"。⑤

学者们从学理和实践的双重层面、不同的角度，力图回答政绩的本质。学者们关于政绩的共同认识可以概括为这样几点：1. 政绩是政府官

---

① 彭国甫、谭建员、刘佛强：《政绩合法性与政府绩效评估创新》，《湘潭大学学报》（哲学社会科学版），2008年第1期，第10页。

② 李伟：《正确政绩观的成本理论分析》，《上海党史与党建》，2004年10月，第21—24页。

③ 廖逊：《政绩考核的成本》，《决策咨询》，2002年第12期，第33—34页。

④ 刘景阳：《实绩与政绩辩析》，《中国人才》，1989年第1期，第7页。

⑤ 曹向新：《政绩与真绩》，《农村工作通讯》，2007年第11期，第39页。

员利用公共权力施政的结果；2. 官员施政的结果并不都是真正的政绩，真正的政绩必须是去除施政成本后的施政结果；3. 仅有真正的政绩还不能称为政绩，政绩还必须符合人民的需求，满足人民的愿望。综合已有的研究成果，对政绩可以作如下界定：

政绩的政是施政，表明政绩的来源是政府的公共管理行为；绩是绩效，表明政绩的效益，即政绩产生的有效性和政绩的受益性，而并非仅指政绩的表现形态。所谓政绩，即是指政府在积极履行公共管理职能和承担公共责任的过程中，所作出的去除施政成本后且满足人民需求的输出结果。

为明确起见，可采用图示加以说明。

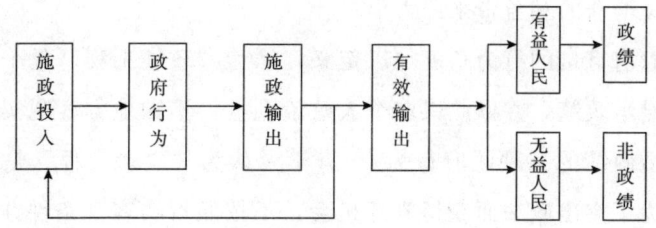

二、政绩工程的界定

"政绩"的内涵界定之后，就可以进一步界定"政绩工程"的内涵。"政绩工程"一词是由"政绩"和"工程"复合而成的，工程的含义通常是指土木建筑或其他生产、制造部门用比较大而复杂的设备来进行的工作，如土木工程、机械工程、化学工程、采矿工程、航空工程。[①] 现代也引申为具有一定复杂性的社会建设项目，如民生工程、教育工程、希望工程等。显然，工程前面的定语表明工程的对象或内容，工程则是表明对象的性质或属性，依据语境的不同，工程一词的含义也会发生变化，或褒义，或贬义。就"政绩工程"而言，政绩是工程的对象，而工程是对政绩

---

① 中国社会科学院语言研究所词典编辑室编：《现代汉语词典》，商务印书馆，1980年版，第373页。

属性的表述,该词来源于民间,是民间对政府追求政绩过程中出现的不正常现象的表述。目前,学界对政绩工程的界定主要从以下几个角度。

从政绩工程所表现出的"工程"事实加以定义,有学者认为"政绩工程"就是指地方政府不顾发展的可持续性,以竭泽而渔的方式拼凑出的一些地方发展项目、工程等。其结果是劳民伤财,大多数公众没有得到实惠,只有少数领导干部获取了包括职务升迁等各种政治荣誉以及各种利益。① 也有学者认为,所谓"政绩工程",主要是指少数领导人在公共行政领域内,动用社会公共资源并组织实施的各种社会经济建设项目。其目的是领导者为了追求和体现"政绩",由于此类项目都是领导者自行决定立项,未经过科学论证,无论社会效益,还是经济效益都很低下,给国家、社会和人民群众的利益带来巨大损失。②

从政府官员的行为角度加以定义,认为"政绩工程"是个别领导为了向上级显示政绩,并以此谋取个人政治利益,不顾地方客观实际和群众需求而创造政绩的某种政府行为。③ 有学者认为"政绩工程"是一些地方政府官员为了突出政绩而获得升迁机会,不按照现实客观条件办事,而是凭借主观意识滥用职权,打着发展地方经济、改善地方政府和地区形象的幌子,耗费大量地方公共资源搞一些违背客观规律、劳民伤财的建设项目及活动。④

从政绩的角度加以定义,认为"政绩工程"与政绩相反,是一些领导干部"制造"出来的虚假政绩,目的是为了获得个人晋升的政治资本。由于从领导个人价值出发,意味着这种虚假政绩是严重脱离本地实际,与广

---

① 王雯娜:《浅析"政绩工程"屡禁不绝的原因与对策》,《群文天地》,2011年第9期。
② 段华洽、王荣科:《论政绩工程的综合治理》,《安徽电气工程职业技术学院学报》,2006年6月。
③ 饶岩生:《乡镇政绩工程的成因及治理》,硕士学位论文,第2页,中国期刊网。
④ 李强:《关于我国地方政府"形象工程"问题研究》,山东大学硕士论文2010年,第12页,中国知网。

大人民群众的根本利益向背离，对人民群众的利益是一种损害。①

从政绩工程危害的角度进行定义，旅外华人学者丁学良认为"政绩工程"是"腐败型投资"，其特点是不顾及投入产出的经济效益问题，更不考虑国有资产的浪费和民生问题。所有投资都只有一个目标：官僚个人的利益或某个官僚小集团的利益。而在利益形式上表现为政治利益和经济利益两种，政治利益是官员的升迁，经济利益则是官员从工程中获取腐败收益，如工程回扣，土地批租等过程中的权力寻租等。②秦晖亦认为"政绩工程"是"完全彻底地以公权谋私利的行为"。③

从公共管理理论的角度进行定义，刘寿明运用公共管理的委托－代理理论定义政绩工程，认为政绩工程是我国转型时期公共行政领域特有的一种公共管理问题，是公共行政权力代理人从理性自利的目标出发，牺牲公共行政权力委托人的利益为成本，经营公共项目积累自身的政治绩效，以赚取自己政治升迁的收益为首要目标的机会主义行为。其实质是代理人在现行部完善的委托－代理机制下进行理性博弈的结果和行为选择，是公共行政权力代理人晋升前的机会主义行为。④郭峰则从公共物品的角度定义政绩工程，认为"政绩工程"是一种地方政府官员为了追求自身益利，不考虑当地经济承受能力和民众实际需求，主观地制造一些损害地方民众利益的工程、项目和政策。从结果看，这些工程、项目和政策给制造者——地方政府官员带来了利益，如职位升迁等。从公共产品供给的角度看，"政绩工程"是地方政府官员为民众提供的一种对官员自身有益处，而对民众没有益处的"公害物品"（public bads）。⑤

以上从不同角度对政绩工程的界定为确定政绩工程的内涵提供了基

---

① 龙明姬：《"政绩工程"的体制性根源及其治理》，《组织与人事管理》，2004年第5期，第16页。
② 童大焕：《"政绩工程，乃社会之癌"》，《南方都市报》，2002年8月27日。
③ 童大焕：《"政绩工程，乃社会之癌"》，《南方都市报》，2002年8月27日。
④ 刘寿明：《政绩工程的原因探析与治理对策——委托代理理论的视角》，中山大学博士论文2008年，中国知网。
⑤ 郭峰：《"政绩工程"：一个政府行为的组织分析》，山西大学硕士论文2009年，第4页。

础，却存在一些值得商榷的地方。从事实界定政绩工程容易把政绩工程现象当成政绩工程本身，内涵是对现象的抽象，源于现象，高于现象；从危害的角度界定政绩工程，只说明了政绩工程的后果，未涉及政绩工程的核心本质；从公共管理理论的角度加以界定，抽象程度很高，但只说明了"应该是什么"而没有说明政绩工程"本身是什么"。上述虽然只是从某一角度界定，但每一个角度都为认识政绩工程的内涵提供了重要的视角。概括以上的界定，学者们对政绩工程有以下一些共性认识，主要包括：

1. 政绩工程是政府提供的公共产品——政绩的一种异化表现形式，是一种低效甚或无效的政绩；

2. 政绩工程是官员利用公权力耗费地方资源实现的；

3. 政绩工程对政府官员升迁有利，对百姓无益甚至有危害；

4. 政绩工程必须被制止。

为此，对政绩工程可以作如下界定：政绩工程则是地方官员为了自身效用最大化，利用公权力耗费地方资源，为向上显示政绩，打着为民众的旗号，向民众提供的低效甚或无效的公共产品，在形式上表现为大工程、大马路、大广场等；在功能上则是对政府官员升迁有利、对百姓有危害；在后果上危害严重：政府合法性流失、经济秩序混乱、行政风气恶化、民众福祉降低等。

不难看出，政绩和政绩工程的区别非常明显，为了更加清楚地说明二者的区别，特设计如下表格。

	政绩	政绩工程
地方政府	不一定有益	一定有益
地方民众	一定有益	一定没有益

从表格中可以看出，真正的政绩对民众有益，但对官员不一定有益，为什么会这样呢？这与当前的地方政府政绩考评机制有关，当前的地方政府政绩考评是由上级政府设计并实施考评，对民众有益的政绩却不一定在上级的政绩考核指标体系中。因而政绩虽对民众有益，从政府的应然角色

看，地方政府应积极追求，但作为自利的理性人，地方政府会转而追求对自身有益的形式上的"政绩"——政绩工程。由于政绩工程是地方政府依据上级政府的政绩考核需要、甚至以远远高于上级的考核指标而实施，其结果是地方政府因政绩工程而在上级政府考核中获胜，主要官员由此获得升迁，但政绩工程对民众却没有益处或较少益处。

由此可以看出民众创造"政绩工程"一词的寓意，这是民众对地方政府耗费地方公共资源，创造出对官员有益、对民众无益的"政绩"的一种愤慨表达。

三、政绩工程的判别法则

显然，政绩与政绩工程有本质的区别，政绩是民众需要的公共产品，而政绩工程是被民众唾弃的无效的公共产品。政绩工程的社会危害极其严重，老百姓使用这个词意在痛斥这种现象。但如何准确判定政府提供的公共产品是政绩工程产品，普通民众只是凭借自身的感觉对其进行判定，学界对政绩工程判定的研究也相对模糊，并没有给出明确的科学判定依据。致使对政绩工程的研究难于深入。笔者依据政绩、政绩工程的内涵提出两种判定政绩工程的依据：经济学判定原则、价值判定原则。

1. 公共经济学判定原则

所谓公共经济学判定原则就是依据一定的事实、运用公共经济学的理论和方法对政府提供的公共产品作出是否是政绩工程的判定。按照公共经济学的理论和方法，可以提出两种判定原则：成本—效益判定法则、民众效用判定法则。

（1）成本—效益判定法则

政府是公共产品的生产者和提供者，政府提供的任何公共产品都需要一定的公共资源即成本投入，公共产品的成本和效益之间有如下三种关系：

①成本＞效益

②成本＝效益

③成本＜效益

①的情况提供的公共产品很显然属于政绩工程类产品。从公共产品的性质看，人们之所以愿意由政府提供公共产品，是因为政府提供公共产品的成本低于市场交易成本和民间自治组织的管理成本，政府能够有效履行公共服务职能。但是，当成本＞效益时，政府并没有履行好自身的应然角色，提供的公共产品并不是政府用以购买社会认可的一般等价物，只是为了政府特殊利益而造就的政绩工程。

这类政绩工程在现实中案例特多，判定相对简单。如2011年某国家级贫困县请影视明星为白水苹果代言人，此次为宣传苹果。该县共花了1000多万，包括代言费、宣传费及高速户外广告费等。① 从成本—效益的角度看，1000多万是政府提供公共产品的成本，提供的公共产品是苹果宣传，效益应该是两个方面：一是苹果产量增加；二是苹果销量增加。无论如何宣传，苹果产量都不可能增加，事后发现，该县并没有因为此次宣传而使该县苹果销量大幅增加。整个宣传活动中，成本大于效益，甚至成本远远大于效益，因此该县政府提供的旨在提高果农收入的公共产品——苹果宣传活动，其本质是一种政绩工程产品。

对于②和③的情况，政府在运用公共权力、整合公共资源、提供公共产品过程中，已经使公共产品的成本不高于效益，能否判定这两类公共产品就不是政绩工程产品呢？仍然不能作出这种判定，还要看这两种产品的受益者是谁。这是由公共产品的性质决定的，公共产品是公众向政府购买的、能为公众自身带来受益的产品。如果政府提供的公共产品，虽然成本不高于效益，但受益却不是公众，而是政府或私人企业，就不能判断为不是政绩工程产品。因此，对于这两种情况需要引入另一种判断方法：民众

---

① 《陕西贫困县砸1200万宣传苹果》，《钱江晚报》，2011年10月20日，第三版。

效用判定法则。

(2) 民众效用判定法则

当政府提供公共产品的成本不高于效益时,无法用成本—效益方法判定其是否为政绩工程产品,可以从产品的效用角度对该产品作进一步判定。

公共产品是公众为满足自身需求向政府购买的产品,从政府角色的应然层面看,政府在提供公共产品时不应该考虑自身的效用,而应该只考虑民众的效用。但在以政绩作为干部晋升的主要考核指标情况下,官员在自利性的驱使下会追求自身效用最大化,而较少考虑民众的效用。这类案例最典型的是"土地财政",地方政府为了实现GDP增长的高指标,利用土地"经营城市",产出远远大于投入,地方GDP快速增长,受益者是地方政府(财政收入增加)、房地产企业(获得高利润),而高房价、拆迁的许多痛苦等则由民众来承担。在此过程中民众获的效用几乎是可以被忽略的,也就可以判定其为政绩工程。

为此,当地方政府提供的公共产品,在效益大于成本时,就可以通过公共产品对民众的效用进行判定,当政府官员的效用大于地方民众的效用时,就可判定该公共产品为政绩工程产品。

2. 价值判定原则

价值判定原则是根据政府提供的公共产品对民众的价值满足程度来判定其是否是政绩工程产品的一种判定原则。因为民众是公共产品的消费者,政府提供的公共产品是否是政绩工程产品,这不是由政府自身说了算,而是由民众说了算,民众的价值决定了公共产品的有效性。以民众的价值为标准对政府提供的公共产品进行衡量,满足了民众对公共产品的价值需求就不是政绩工程产品;否则就是政绩工程产品。

从价值的角度看,政绩异化为政绩工程实质是政绩的价值主体发生了易位。民众是公共品消费的价值主体,这是应然状态,但在现实中,由于政府官员提供政绩,出于自身利益考虑,在决策过程中自觉或不自觉把个人或小团体作为政绩主体,把公共利益最大化的政绩目标转换成了个人或小团体的利益最大化。民众的价值主体地位被易位了。① 由此,要判断政府提供的公共产品是否是政绩工程类产品,就必须以人民的价值为准,即要求政绩作为公共产品必须符合广大人民群众的根本利益,满足民众的价值需求。

依据公众的价值对某些公共工程进行判定,很容易辨别是否是政绩工程。如,据《重庆晚报》报道,重庆市某镇办公大楼落成后,引发了群众的极大非议。该镇党委和政府建造的办公大楼,竟然完全仿照"天安门"的式样,办公区共有七幢楼组成,"天安门"雄踞中央,两边各有三幢楼房,办公大楼竣工后尚欠建筑费160万元。该镇党委和政府可谓好大喜功,群众的非议已说明了该建筑的政绩工程性质。

总之,民众对政绩的价值消费需求是判定政绩是否是政绩工程的主要判定方法,如在贫困县的苹果宣传活动,对此事,果农表示羊毛出在羊身上,最终还是果农买单;一般干部则认为工资不见涨却花钱干这种事,让工薪阶层心里很不舒服。② 显然,政府提供的公共品不能满足民众对公共品的价值需求,是典型的政绩工程。

第二节 政绩工程的分类、表现及其特征

政绩工程在现实中有许多表象,对这些表象进行分类,能够更深入地探讨各类政绩工程的内在机制,便于通过归纳、总结以概括出政绩工程的特征,为在现实中甄别政绩工程和探求政绩工程的普遍规律提供依据。

---

① 胡晓萍:《政绩、非市场失灵与价值主体易位》,《重庆文理学院学报》(社会科学版),2007年5月。
② 《陕西贫困县砸1200万宣传苹果》,《钱江晚报》,2011年10月20日,第3版。

一、政绩工程的分类及表现

对政绩工程分类的目的是为了寻求政绩工程现场的差异化原因，针对性地提出治理对策。要对政绩工程进行分类，首先要确定分类的标准。从功能上看，所有的政绩工程都是为了获取上级认可的政绩，由此，功能不能作为政绩工程的分类标准。同理，政绩工程的本质亦不能作为分类的标准。综合政绩工程的多种特征，选择政绩工程的外在表现作为分类标准较为合适。根据政绩工程的外在表现形式，可以将政绩工程分为政治类政绩工程、经济类政绩工程和文化类政绩工程。

政治类政绩工程是指采用政治的方式，运用现代媒体等手段，打着"为民"的旗号，看上去轰轰烈烈地在为民办事，实质是采用形式主义捞取晋升的政治资本，即政绩。常见表现有："市长热线"、"县长热线"，宣传地方"典型经验"，花巨资邀约明星、媒体大肆宣传"地方产品"，为迎接上级考察花巨资集中整治地方环境等。政治类政绩工程是以各种形式主义的方式赢得上级青睐，而对地方百姓却并没有带来实质性的的利益。

经济类政绩工程主要是指打着"发展地方经济"的口号，通过各种手段发展地方经济、增加 GDP，然而经济发展出来给地方政府带来政绩之外，并没有给地方百姓带来多少利益，有些地方甚至为了发展经济而不惜损害地方百姓利益。经济类政绩工程的具体表现有：不顾及市场规律和百姓意愿，以政府指令强行推行某种经济发展工程，如千亩棉田、万亩种苗、千村计划等；不顾百姓反对，以地方政府名义招商引资，引进污染重、效益低的项目，增加了地方 GDP，提升了政府考核的政绩，却祸及百姓，甚至引发群体性事件；以地方发展的名义征地拆迁，推动地方土地财政发展，却推高了房价，损害了地方居民住房利益等等。

文化类政绩工程主要是指地方政府打着"发展地方文化"的旗号，不顾地方财力状况和百姓实际需求，竭尽甚至严重透支地方财力打造地方文化品牌，建造各种工程项目，这些项目的特点是依托当地独特的历史文化资源或旅游文化资源，建设各种文化工程，在弘扬传统文化的外衣下谋求当地政府和官员的所谓"政绩"。如陕西省两次整修黄帝陵，投资2.8亿元；河南省郑州市和新郑市计划投入3.5亿元，对黄帝故里景区进行改扩建；浙江省绍兴市累计投资2亿多元，新建了祭禹广场、水上祭台、守陵村和夏禹文化园等。①

二、政绩工程的特征

关于政绩工程的特征，学者们作了如下一些阐述。

饶岩生认为政绩工程具有政治性、普遍性、隐蔽性特点。②

李强认为政绩工程有六大特点，第一，追求政绩。第二，长官意志。第三，追求知名度。第四，违法、违规操作。第五，追求外观、表面形象。第六，重视近期利益，轻视长远利益。③

刘寿明认为政绩工程有内在特征和外在特征，内在特征有五个：一、目标的欺骗性；二、手段的恶劣性；三、行为的短期性；四、结果的无效性；五、本质的违约性。外在特征是种类多、分布广、规模大。政绩工程的种类可分为，一、GDP工程；二、形象工程；三、效应工程；四、达标工程；数量特征是分布广、规模大。④

笔者认为，政绩工程的特征主要表现在三个方面，政绩异化性、权力腐败性和全面危害性。

政绩异化性是指政绩工程是政绩异化的产物，是政绩背离了自身本质的结果。政绩工程的政绩异化性主要表现在三个方面：一是政绩目标的异化性。在应然状态下，地方政府是地方民众的委托—代理人，政绩是地方

---

① 王振艳、王伊礼：《文化政绩工程的发生机理与治理之道——委托代理理论的解读》，《石家庄学院学报》，2009年7月版。
② 饶岩生：《乡镇政绩工程的成因及治理》，硕士学位论文，第5—7页。
③ 李强：《关于我国地方政府"形象工程"问题研究》，山东大学硕士论文2010年，第18页。
④ 刘寿明：《政绩工程的原因探析与治理对策——委托代理理论的视角》，中山大学博士论文2008年，第63—74页。

政府服务地方民众的公共产品，但在政绩工程现象中，政绩异化为地方官员获得晋升机会的工具，民众的利益被搁置，地方政府打造政绩的目标发生异化；二是创造政绩手段的异化性。手段是为目的服务的，由于政绩工程现象中地方政府创造政绩的目标发生异化，创造政绩的手段也必然相应发生变化，这些充分表现在打造政绩工程中不顾及民众利益的各种行为；三是政绩结果的异化性，在应然状态下，政绩作为地方政府服务地方民众的公共产品，地方民众理所当然的是政绩的受益者，然而在政绩工程现象中，受益者异化为地方官员，地方官员因政绩工程而晋升，地方民众却不是真正的受益者，甚至变成受害者而承担政绩工程的后果。

权力腐败性。政绩工程充分体现了地方官员"以权谋私"的腐败性，具体表现为：一是政绩工程决策中的腐败性，地方民众对政绩工程深恶痛绝，但地方官员为了自己的"政绩"一意孤行，不顾下属和民众的反对，以强权制定名目繁多的"政绩工程"的决策；二是政绩工程实施中的权力腐败，当政绩工程实施遇阻时，地方官员会依仗权力强力实施，如违反民意强行实施征地拆迁等工程，地方政府还与商人"合谋"强行攫取地方民众利益；三是政绩工程受益中的权力腐败，"权为民所用，利为民所谋"，但在政绩工程中，实质受益者却是地方官员，地方民众基本不受益或受益极少，甚或是受害者。

全面危害性。政绩工程所造成的危害是全面的、立体的。政治上，政绩工程损害党和政府在民众心目中的形象，导致政治合法性流失，恶化官场风气，导致地方政府激励危机、财政危机、形式主义和官僚主义危机等；经济上，因地方政府追求政绩工程而形成地方政绩型经济，引发地方政府债务危机，经济发展中重量不重质、短期经济行为、浪费严重等；文化上，地方政府打造政绩工程中的短期行为、功利行为、对地方民众不负责的行为等，都会误导市场和社会，激发社会过分的逐利心态和自私心态，进而改变社会的文化心态，危害社会文化的健康发展。

第三节 政绩工程的危害

政绩工程危及政治、经济、文化等诸多领域，引发这些领域的畸形发展，使民众的福祉流失，严重动摇政党的执政合法性，损毁政党、政府形象，干扰政府正常的管理秩序，由此引发各种社会危机。

一、政治危害

政绩工程的政治危害主要表现在政治合法性流失、形成官场的一些"潜规则"、政府管理危机等。

政绩工程的政治危害首先是导致政治合法性流失。合法性"是一种特性，这种特性不是来自正式的法律或法令，而是来自有关规范所判定的、'下属'据以（或多或少）给予积极支持的社会认可（或认可的可能性）和'适当性'"①。其本质是社会系统对政治权力的普遍认可，它包含三个方面的内容：一是合乎价值性，即政治权力只有符合社会共同的价值诉求才能被民众认。二是合乎利益性，即政治权力只有符合社会大众的利益诉求才能被赋予合法性。三是合乎法律性，即只有符合国家法律秩序和规范的政治权力才能被民众普遍认同。②简单地说，合法性就是政权何以得到广大人民群众的认同、拥护和支持。合法性来源主要有基本价值观念、意识形态、制度规范、政府绩效、个人的品质等方面，其中政府绩效包括政府的经济绩效和公共服务绩效。政府绩效增强，政治合法性就相应增强。尤其对于转型期中国的政治合法性，很大程度上是政绩的结果合法性。③

---

① 《布莱克威尔政治学百科全书》，邓正来译，中国政法大学出版社，1992年版，第410页。
② [法] 马克·夸克，《合法性与政治》，中央编译出版社，2002年版，第22页。
③ 何增科：《地方政府创新，从政绩合法性走向政治合法性》，《中国改革》，2007年第6期，第12—15页。

但是，地方政府的政绩工程只对少数官员有益，既没有创造有效的经济绩效，更缺失公共服务绩效。民众痛斥政绩工程，近几年由招商引资、房屋拆迁等政绩工程引发的群体性事件不断增多就是例证，表明民众不仅在思想和语言上否定地方政府的合法性，而且用行动否定地方政府管理的合法性。民众对地方政府的否定，严重影响和动摇了中国共产党的执政合法性，政治合法性大量流失。

其次政绩工程恶化官场风气。一是在官场中形成政绩共同体，"政绩共同体"是地方政府官员追求组织利益最大化而形成的攻守同盟。① 政绩共同体更多地表现在上下级执政者之间。下级官员的政绩都是上级官政绩的组成部分。下级官员拼命搞政绩，在某种意义上，就是讨好上级官员的一种明确的表示和努力。因此，上级官员就会对下级官员的某些明显违法乱纪的行为表示一定的理解甚至纵使。下级官员只要能掌握这种平衡，就会获得提拔这类回报。政绩共同体不同于一般的利益共同体。政绩同体最大的特点是，1. 上级官员是可以明确知道自己的利益是什么，上级官员不怕下级官员"黑吃"，甚至可以说，下级官员所有做的政绩都可以成为自己的；2. 为了政绩哪怕是罪恶行为都可以用漂亮的理由包装，可以抬到桌面上来，可以作为经验在更多的地方推广。② 有学者把政绩共同体的特征总结为，谎言共同体，只做表面文章，官官相护，官员执政脱离群众，形象工程，政府机构内部矛盾激化，官商勾结，权力寻租，虚假政绩泛滥，因贪污"落马"等。③ 为了政绩，政绩共同体不惜牺牲公共利益以满足小集团利益，政绩工程是政绩共同体牺牲公共利益、追求自身利益最大化的集中表现。政府的公共性发生异化，变成政绩共同体追求个人和组织利益最大化的合法外衣。

二是侵蚀官场的制度规则，形成官场的一些潜规则。一方面，形成官

---

① 于建嵘：《破解"政绩共同体"的行为逻辑》，《南方周末》，2011年2月10日。
② http://im.banyuetan.org/rtdj/hot/101201/19419.shtml.
③ http://im.banyuetan.org/rtdj/hot/101201/19419.shtml.

场激励的潜规则。自邓小平提出以政绩用干部以来,追求政绩成为各级官员的首要目标,这本无可厚非,因为"人们奋斗所争取的一切,都同他们的利益相关"①。但一些地方政府为了政绩,不顾一切地打造政绩工程,一些官员由此而得到提升,另一些未能提升的官员受此启发也转向追求政绩工程,以期得到重用。用政绩激励官员为人民服务的制度规则异化为以政绩工程为标准选拔官员,真正为民办事的官员反而得不到提拔,官场的激励机制扭曲,形成"劣币驱逐良币"的逆向选择现象,并逐步形成官场的激励潜规则。另一方面,公共权力的服务目标发生转移。学者吴思把这种转移称为"晏氏转型"②,并以历史上晏子治理东阿的故事说明其中的道理。晏子管理东阿的第三年,齐景公召回晏子训斥说:"我还以为你挺有本事呢,派你去治理东阿。现在你竟把东阿给我搞乱了。你回去好好反省反省吧,寡人要狠狠处理你。"聪明的晏子立刻表态说:"请允许我改弦更张,换一个办法治理东阿。如果三年治理不好,我情愿以死谢罪。"齐景公同意了。仅隔一年,晏子向齐景公汇报税收工作的时候,齐景公热情迎上前去,祝贺道:"好极了!你治理东阿很有成绩嘛!"晏子据实回禀说:"从前我治理东阿,后门全部关死,贿赂根本就没有。池塘里的鱼都造福穷人了。那时候老百姓没有挨饿的,而您反而要治我的罪。后来我治理东阿,大走后门,大行贿赂,加重老百姓的税赋,搜刮来的财富不入国库,都孝敬您左右的人了。池塘里的鱼,也都入于权贵之家。现在东阿的老百姓有一半在挨饿,您反而迎上来祝贺我。我这人傻,治理不了东阿。请您准许我退休,给贤能的人让位。"说着连连磕头,请求退职还乡。③ 晏子在前三年努力服务于民众,做出了政绩,得到的却是批判;第四年利用公权力以牺牲民众利益服务于官僚集团(从政绩的角度看,其实质是政绩共同体),得到的却是褒奖。官员追求政绩必须从属于政绩共同体,官员公权

---

① 《马克思恩格斯全集》第1卷,人民出版社,1961年版,第82页。
② 吴思:《潜规则》,复旦大学出版社,2009年版。
③ 《晏子春秋·外篇第七》。

力的服务目标自然发生转移，由服务民众转向服务政绩共同体，政绩工程集中体现了公权力服务目标的转型。

最后政绩工程导致地方政府管理危机。这些危机有：1. 官员激励危机。从应然的角度看，官员激励就是如何调动官员为民施政的积极性，把真正为民办事且有绩效的官员提拔到更高、更能发挥作用的位置。政绩工程的出现改变了官员激励的性质，形成以虚假政绩为标准的锦标赛激励。依据 Lazear 和 Rosen 的研究，认为锦标赛激励完全根据各代理人的业绩的相对排名，而不是他们业绩的绝对值来支付代理人的报酬，并且奖励额度是事先设定的。[①] 政绩工程导致的激励危机促使地方政府追求虚假政绩、对晋升有用的政绩等，不管这些政绩对公众有无价值，从而使政府的公共产品更加低效以至于对公众无效。地方政府内部的激励机制出现危机。2. 财政危机。为追求政绩获得晋升机会，不少地方政府不惜大量消耗公共财政，大造政绩工程，财政收入不够就以政府的名誉借贷，导致地方财政危机。江南某市的一次乡镇党委书记会议上，一位乡镇党委书记发言称，如果以乡镇现有资产和借贷相比，该市大部分乡镇都处于破产状态。目前地方政府负债已不是被遮蔽的话题，究其原因，政绩工程是重要原因之一。财政危机导致政府无力提供民众需要的公共产品，政府的功能和价值丧失。3. 形式主义和官僚主义危机。为了让政绩工程引人注目，对政绩工程进行形式主义的包装成为必然。一是口号式包装，"国际一流……""国内一流……""全国最强……""全国最美乡村"等口号随处可见，在现代找不到就到古代寻找，"历史最久"等口号亦不少见。二是格式化的形式包装，把一个村、一个地方的建筑统一规划为一个模式，在形式上整齐划一但却缺少个性。三是为民式包装，无论什么样的政绩工程总是打着"为人民"的包装，"建好…为人民"等。这些由政绩工程引发的形式主义愈

---

① Lazear，Edward，and Sherwin Rosen，1981，"Bank—Ordered Tournaments as Optimal Labor Contractors"，*Journal of political Economy*，1989，第 841—864 页。

演愈烈，严重影响了地方政府的管理绩效。形式主义和官僚主义又是密不可分的，形式主义助推了官僚主义①，政绩共同体使得政绩工程有了内在的主观需求，而形式主义使得由政绩共同体构成的官僚集团有了合法的客观外衣。形式主义和官僚主义相互支撑，政府自身管理愈加出现危机。4. 政府角色危机。应然状态下，政府追求公共性，不应追求自利性。政府大造政绩工程，说明地方政府对自身承担的角色认识模糊，这种认识误区会使地方政府政府进一步丧失公共职能。5. 社会管理危机。虽然形式主义掩盖了政绩工程的部分负面效应，但在媒体发达、信息畅通的现代社会，这种掩盖欲盖弥彰，民众对政绩工程心知肚明，"政绩工程"一词源自民众，已充分表明民众对政府产生不信任感。民众信任政府，就会支持政府的工作，当民众不信任政府，政府的管理意志就很难贯彻，出现社会管理危机。

二、经济危害

政绩工程的经济危害主要有形成政绩型经济、地方政府财政赤字、注重 GDP 忽视经济质量、短期行为造成经济浪费严重等。

首先是政绩工程形成政绩型经济。所谓政绩型经济就是地方政府在发展经济时，不顾民众实际需要和客观条件，不管经济效益，以地方政府政绩为着眼点和目标发展经济。政绩型经济的案例很多，如陕西省周至县耗资百万元修成一套喷管设施，建成后一直闲置未用，而且成为农业机构作

---

① 这里所说的官僚制不是韦伯提出的官僚制，而是中国传统儒家的官僚制。儒家所主张的以五伦（君臣、父子、夫妻、兄弟、朋友）为基础的社会形态，其外观是家庭关系的推衍，其内涵是追求组织成员之间的亲密性。韦伯提出的理性的组织形式应该使人们彼此隔离，强迫他们专精于技术，按规矩执行管理和考核，以便在与他人交往时保持公正的态度。韦伯认为，组织必须坚决反对不合理的社会亲密感，根据技术和效率而非政治或友谊，以公平的态度，有效率地工作。韦伯组织理论的基本要点是批判家族主义，排除组织中的亲密的人际关系，进而代之以追求效率合乎理性的管理组织。参见黎红雷著：《儒家管理哲学》，广东高等教育出版社，1998 年版，第 227—232 页。

业的障碍。① 河南省某县是国家级贫困县，该县在当地农民尚未脱贫、教师工资长期拖欠并先后接受国家扶贫款 1.1 亿元的情况下，耗费巨资在县城大搞装潢门面的"形象工程"。仅 1996 年，该县就在财政收入不足 4000 万元的情况下，耗资 1396 万元，在 4 平方公里的县城搞起夜景工程、绿色工程、隔离带工程、人行道花砖铺修工程等 10 个"重点建设项目"。该县领导一时间被称为"政绩非凡"。② 政绩型经济的特点，一是一切服从"政绩"的需要。只要做官的人觉得这件事做成了，自己就有了"政绩"，那就不管实际需要不需要，客观条件具备不具备，下面都得跟着做，不做也得做；二是一切服从"宣传"的需要。"政绩经济"的目的，就是为了向上级邀功请赏，所以，"政绩经济"的工作重点，往往主要集中在"宣传"二字上。③ 政绩经济集中体现在公共投资项目、招商引资项目、虚报经济发展数字等经济活动中。政绩经济除了经济效益、社会效益差等危害以外，政绩经济严重违反市场经济规律，扰乱了正常的市场经济秩序，阻碍了市场经济的发展。

政绩工程造成地方财政赤字。以下是我国自改革开放初到 2010 年的财政赤字和政府债务表。

表 1　20 世纪 90 年代以前我国的财政赤字和政府债务　　单位：亿元

年份 项目	1976—1980	1981—1985	1986—1990
财政赤字总额	−192.83	−80.43	−585.07
政府债务总额	78.32	403.54	1237.00

资料来源：国家统计局统计数据，http://www.stats.gov.cn.

---

① 金陵客：《"政绩经济"何时休》，《中国青年报》，2000 年 6 月 19 日。
② 刘效仁：《政绩观应该改变了》，《中国青年报》，2003 年 11 月 4 日。
③ 金陵客：《"政绩经济"何时休》，《中国青年报》，2000 年 6 月 19 日。

表 2 20世纪90年代以后我国的财政赤字和政府债务　　　　单位：亿元

年份 项目	1991	1992	1993	1994	1995	1996	1997
财政赤字	-237	-259	-293	-575	-582	-530	-582
政府债务	461.40	669.68	739.22	1175.25	1549.76	1967.28	2476.82

年份 项目	1998	1999	2000	2001	2002	2003	2004
财政赤字	-922	-1744	-2491	-2517	-3150	-2935	-2090
政府债务	3310.93	3715.03	4180.10	4884.00	5934.00	6280.00	6876.00

年份 项目	2005	2006	2007	2008	2009	2010
财政赤字	-2281	-1663	-1540	-1262	-7782	-10000
政府债务	7042.00	8883.30	23483.28	8615.00	16280.02	17849.02

资料来源：国家统计局统计数据，http://www.stats.gov.cn。

表 3 我国2005年以来的政府债务余额　　　　单位：亿元

年份 项目	2005	2006	2007	2008	2009	2010
债务余额	32614.21	35015.28	52074.65	53271.54	60237.68	67548
与产值比例	17.89%	16.53%	21.11%	17.72%	17.96%	16.97%

资料来源：国家统计局统计数据，http://www.stats.gov.cn；财政部财政数据，http://www.mof.gov.cn；东方财富网站，http://blog.eastmoney.com。

从三个表中可以看出，改革开放以来，我国政府的财政赤字和政府债务是不断增加的。我国政府债务主要来自地方政府，究其原因，除了财政分权、地方发展不均衡、地方政府事权和财权不对应等原因外，地方政府为追求政绩，不顾地方财政实际情况，大力举债兴建政绩工程是地方政府财政赤字的重要原因。例如王怀忠为了把阜阳建造成所谓"国际化大都市"，盲目上马阜阳国际机场，实际情况却是一个多星期才有一架飞机起落，每条航线的年度财政补贴高达400万元；在东南亚旅游之后，王怀忠一拍脑袋，突发奇想，要建世界上最大的动物园"龙潭虎穴"，结果折腾了3年之后，现在只有两只小老虎，开销还得靠外界援助；还有就是被称为"最令人伤心的工程"的阜阳电厂，其前后折腾了8年，仅前期投入就高达数亿元，后来几乎处于停工状态。阜阳人屈指可数的几大政绩工程让阜阳人民大伤元气，业内人士认为至少透支了阜阳未来10年的财力。① 河南省灵宝市有个豫灵镇，上个世纪末因盲目上项目，乱搞政绩工程而欠下1亿元"政绩债"，要100年才能还完。2004年7月7日新华社海口分社消息，海口市琼山区旧州镇近年来所欠的债务（政绩债）要1000年才能还清。② 地方政府债务大多是由地方政府打着"为民"的旗号，大造政绩工程造成的。

政绩工程形成了在地方发展中注重GDP忽视经济质量的现象。有外国人士已经做过比较，中国拿出国内总产值40%引进投资，达到了9%的经济增长率，而印度达到这个增长率，其投资量只有中国的一半。美国达到4%的经济增长率，其投资只占国内总产值的10%。在2003年，中国经济占到了全球经济的4%，可耗费的水泥占全球产量的40%；而且中国取代日本，成为了全球第二大石油消费国，中国的钢铁消费量比整个欧洲多出6000万吨。由此看来，经济增长并不是一个简单的数字，其背后是资源的消耗。为什么在中国，经济的增长却要付出那么多的资源？这一切都是一味地追求政绩所致。③ GDP一度是干部晋升的重要参考指标，十六大之前几乎是唯一指标。一方面，为了获得晋升的机会，地方政府拼命追求GDP数量。为此，地方政府大量投资地方经济，招商引资、出让土地、城

---

① 姜蓉：《政绩工程严重违反市场经济规律》，《中国经营报》，2004年1月5日。
② 刘古太、陆奇、金言：《政绩腐败，触目惊心：百姓还"政绩债"要还100年1000年》，《决策探索》，2004年第12期。
③ 苏振娥：《重视经济增长背后的政绩观》，《中国经济周刊》，2004年第8期，第23页。

市拆迁、开发矿藏等，无所不用其极，只要是能增加 GDP，就不管对民众是否有益、对环境是否有污染，更不管投入产出的经济效益。如此背景下，经济质量可想而知。另一方面，为了 GDP 政绩工程，地方政府大肆虚报 GDP。2011 年地方 GDP 总和就高出全国数据 4.6 万亿元之多，2012 年 30 省上半年 GDP 超全国近 3 万亿。自 1985 年起，GDP 核算就在国家和地区层面同时分别进行，国家和地方分别核算 GDP。从那时起，各省份 GDP 加总之和、平均增速等，长期以来都与国家统计局发布的全国数据有差距，而且基本呈现"1+1>2"格局。[①] 这些多出的数据是地方政府为了 GDP 政绩工程而虚报的结果。这些虚假的数字增加了经济泡沫，影响了高层决策者对经济形势的准确判断，进一步影响经济运行的质量。

政绩工程造成短期经济行为、浪费严重。世界银行估计，"七五"到"九五"期间，中国投资决策失误率在 30% 左右，资金浪费损失大约在 4000 亿到 5000 亿元。政绩工程通过低价征用农民的土地，最少使农民蒙受了 2 万亿元的损失。以"国际化大都市热"为例，目前中国的 600 多个城市中，竟有 183 个城市提出要建国际化大都市，30 多个城市提出要建中心商务区。[②]

小结

本节内容主要是对政绩工程及其相关问题进行界定，其目的是对政绩工程进行范式研究。政绩和政绩工程既有联系，又有区别。所谓政绩，即是指政府在积极履行公共管理职能和承担公共责任的过程中，所作出的去除施政成本后且满足人民需求的输出结果。而政绩工程是政绩的异化形式，是一种低效甚或无效的政绩，是地方政府利用公权力、耗费地方资

---

① 胡艺：《数据政绩亟待向民生政绩转身》，《人民网》，2012 年 3 月 18 日。
② 《中国政绩工程比比皆是，政府投资浪费达 5000 亿元》，《每日经济新闻》，2005 年 9 月 15 日，A2 版。

源、不惜牺牲地方民众利益而追求自身效用最大化的行为，在最终行为的结果上表现为大工程、大项目等。政绩工程可以依据成本—效益判定法则、民众效用判定法则以及价值判定法则进行判别。政绩工程危害严重：政治上导致政治合法性流失，恶化官场风气，导致地方政府极力危机、财政危机、形式主义和官僚主义危机等；在经济上形成政绩型经济，引发地方政府债务危机，经济发展中重量不重质、短期经济行为、浪费严重等。

第二章 地方政府自主性与自利性：政绩工程的主体性动力机制

改革开放以来，为了调动地方政府发展地方经济的主动性、积极性和创造性，中央有计划、有目的地下放了许多原本被中央政府掌控的权力，地方政府的自主性逐步扩大。自主性在带来地方经济发展的同时，激活了地方政府的自利性。自主性赋予地方政府追求自身效用最大化的客观能力，自利性形成了地方政府追求自身效用最大化的内在主观动机，二者的结合使地方政府追求自身效用最大化成为可能。地方政府效用最大化莫过于政绩最大化和晋升机会的最大化，政绩工程应运而生。自主性与自利性也就理所当然地构成了政绩工程的主体性动力机制。

第一节 地方政府自主性：政绩工程形成的主体能力

在计划经济时代，地方政府作为中央政府的代理机构，严格执行中央政府的决策，没有自主性可言。在计划经济向市场经济转轨过程中，为了更好发挥地方政府发展市场经济的主动性、积极性和创造性，赋予地方政府一定的自主性成为必然。

一、地方政府自主性的内涵与研究现状

自主在汉语词典里解释为"自己做主"[①]，意思是思想和行为不受外界干扰，具有一定的独立性。自主性就是指个体或群体具有的能够自我决

[①] 中国社会科学院语言研究所词典编辑室编：《现代汉语词典》，商务印书馆，1980年版，第1524页。

定、自我管理的独立性。依据西方学者卢梭、边沁等人的观点，自主性应该是个人、集体、地方、国家与生俱来的品质，正如李友梅指出："人的生而平等和自然权利的观念获得承认是自主性的最为基本的前提，而个人意义上的自主性能够带来群体的自主性。大到一个民族的自决权，小至一个初级群体的自我管理，都属于群体自主性的范畴。"①

无疑，地方政府自主性是自主性中重要的一类，随着我国发展市场经济和地方政府转型，地方政府自主性业已成为学界和政界关注的重要话题。何显明认为，地方政府自主性并非凭空杜撰，而是在借鉴现代政治学的国家自主性理论和公共选择学派有关官僚自主性理论的基础上，结合转型期中国地方政府的特殊角色及其行为模式，概括出的能够有力解释地方政府行为的分析性概念。②

1. 地方政府自主性的理论依据

首先，国家自主性是地方政府自主性的重要理论依据。

从总体上讲，国家自主性是一个反映国家与社会关系的概念。关于国家自主性的理论渊源可以上溯到黑格尔的国家理论，黑格尔认为国家是绝对自在自为的，"具有特定的、自在自为地存在进程"③。黑格尔认识的绝对的国家自主性在马克思的国家理论里则变成了相对性，其相对性表现为：国家"从社会中产生但又自居于社会之上并且日益同社会脱离"④，"公共利益以国家的姿态而采取一种和实际利益（不论是单个的还是共同的）脱离的独立形式，也就是说采取一种虚幻的共同体的形式"⑤。20世纪70年代，西方的新马克思学派运用国家"仲裁者"的概念研究国家自主性

---

① 李友梅：《制度与生活视野下的中国社会变迁》，中国大百科全书出版社，2008年版，第19—23页。
② 何显明：《市场化进程中的地方政府行为逻辑》，人民出版社，2008年版，第75页。
③ ［德］黑格尔：《法哲学原理》，商务印书馆，1961年版，第309页。
④ 《马克思恩格斯选集》第4卷，人民出版社，1995年，第166页。
⑤ 《马克思恩格斯全集》第3卷，第37—38页。

的政治功能,如尼科斯·波朗查斯认为:"国家对阶级斗争领域的关系,特别是其针对权力集团和派别的相对自主性,并扩大到针对权力集团的同盟和支持力量的相对自主性。"① 20世纪80年代国家回归学派从国家在构造市民社会和公共权力关系的视角研究国家自主性,埃文斯(Evans)认为,国家自主性是"国家可以系统地表达和推进自己的目标,而不是简单反映集团、阶级和社会的利益与需求"②。锡德·斯科克波尔则直接将国家定义为一种自主性的结构,这种结构"具有其自己的,与社会中的统治阶级或政治体不一致的利益结构和逻辑"③。

时和兴在系统梳理西方国家自主性理论发展流变的基础上,提出了理解国家自主性的四个向度:(1)国家自主性的根本形式表现为国家权力的统一与权力结构的完善;(2)国家自主性的决定因素在于国家权力所代表的利益与社会上各种单个或集体形式的特殊利益相脱离,即公共利益的独立性;(3)国家自主性的动态过程表现为公共政策的制定过程,即在这一过程中,国家权力免受个别势力干预以及制定的公共政策与国家代表的公共利益相一致的程度;(4)国家自主性的直接结果表现为国家政策的贯彻能力。④何显明则提出国家自主性的三个关键性因素:一是国家拥有相对独立的利益结构;二是国家具有按照自己的意志行动,实现自己确定的政治目标的能力;三是国家行动所表现出的相对独立的行为逻辑。⑤

由此可见,国家一经产生就获得了相对于社会的自主性地位,"国家自主性是国家的根本属性。只要国家存在,就无法否认国家自主性这样一

---

① [美]尼科斯·波朗查斯:《政治权力与社会阶级》,中国社会科学出版社,1982年版,第284—285页。

② Peter B. Evans,1985. *Bring the state baekin*,Cambridge university press,unitedkingdom. p9.

③ Scokpol, T. 1979. *state and social Revolution*,New York,cambridge university press,P27.

④ 时和兴:《关系、限度、制度:政治发展过程中的国家与社会》,北京大学出版社,1996年版,第121—124页。转引自何显明:《市场化进程中的地方政府行为逻辑》,人民出版社,2008年版,第81页。

⑤ 何显明:《市场化进程中的地方政府行为逻辑》,人民出版社,2008年版,第81页。

个根本事实"①。国家自主性的实质是国家代表公共利益并以实现公共利益为目标,在实现公共利益过程中,国家按照自己的意志以独立于各利益集团之外的行动实现公共利益。

问题是,国家如何才能实现、贯彻自身的自主性呢?这就需要有效贯彻国家意志、执行国家政策的载体,政府是国家行为的具体载体,国家自主性的强弱,很自然地体现为各级政府在行政过程中能够在何种程度上超越各种利益集团制约,最大限度地增进公共利益。从理论和现实上看,地方政府自主性是国家政权的自主性在地方政权上的反映,国家自主性是地方政府自主性天然的、合法的来源。

其次,官僚自主性理论是地方政府自主性问题的参考理论来源。

官僚自主性问题是由公共选择理论学派依据其基本理论假设揭示出来的,公共选择学派假设:政治市场的行为主体与商品市场的行为主体一样,都是以个人效用最大化作为行为选择的基本准则。基于这样的理论预设,威廉·尼斯坎宁认为官僚自主性现象是官僚追求"薪金、职务津贴、社会名望、权力、人事权、较大影响力、轻松的工作负担等"②效用目标的产物,其最突出的表现就是官僚主导下的部门预算最大化现象。西方的许多行政学者注意到了官僚自主性现象,简·莱恩将官僚自主性描述为:"官僚要做什么事情、采取什么行动,不是因为这种行动是组织中最高权威与权力中心所期望的,而是因为这种事情或者这种行动是官僚制自身过程自然发展的结果。"③

西方学者对官僚自主性的研究对于地方政府自主性研究具有重要的借鉴意义。官僚自主性是官僚代表政府自主的运用国家权力的能力,这种能力是国家权力赋予官僚本身的,但这种能力在人性面前极易异化成官僚为

---

① 陈舟望:《政治现代化与国家自主性》,《理论与现代化》,1998年第1期。
② 袁瑞军:《官僚自主性及其矫治——公共选择学派有关论点评介》,《经济社会体制比较》,1999年第6期。
③ Tullock, G. *The Politics of Bureaucracy* [M]. Washington DC.: Public Affairs Press, 1965, P168.

自己和所在的群体谋利益的能力。正如威廉·尼斯坎南所指出，官僚对个人利益的追求是其自主性产生的主观原因。①

正如国内学者对官僚自主性的定义：官僚机构或个人超越其法定的地位和职能，超越政治家和政治机构的控制，在公共决策过程中发挥主导作用的现象。②

何显明认为，西方的官僚自主性现象反映了政治与行政两分的背景下政府行为控制机制的失灵问题，有其特殊的市场机制。中国实行的是政治行政合一的体制，公共选择理论的官僚自主性理论在现阶段的中国并不完全适用。西方的官僚自主性现象在中国的对应物，主要体现为地方政府相对于上级政府特别是中央政府的自主性。中国官僚群体的自主性，终究是地方政府行为自主性现象之内的次级行为主体的自主性问题。③

从总体上看，国家自主性需要通过地方政府自主性逐步体现，而官僚自主性进一步表明，地方政府必须有自主性去矫治官僚自主性的弊端。由此，地方政府自主性不仅在理论上有依据，而且在政治现实中真实存在。

2. 地方政府自主性的研究现状

地方政府自主性作为我国持续放权改革过程出现的一种行政现象，在现实中的表现样态是地方政府不满足中央下放的权限，希望获得更多的自主空间，以实现地方利益和地方政府自身利益最大化。为此，地方政府不断超越中央下放的权限，不断突破中央政策的底线，以获取更大的自主性。理论界在研究该现象时，从发现现象到提炼问题到最终形成范式，经历了较长的学术发展历程，笔者依据对该现象研究的理论发展分为三个阶段。

---

① ［美］威廉·A. 尼斯坎南：《官僚制与公共经济学》，王浦劬译，中国青年出版社，2004年版，第65页。

② 袁瑞军：《官僚自主性及其矫治——公共选择学派有关论点评介》，《经济社会体制比较》，1999年第6期。

③ 何显明：《市场化进程中的地方政府行为逻辑》，人民出版社，2008年版，第87页。

首先是运用行政学及相关理论描述、分析地方政府自主性现象。一是学界注意到在计划经济体制向市场经济体制转轨过程中，地方政府具有更大的自主行为空间。有学者在研究地方政府行为选择的约束条件时发现，"在实际生活中，政府权力具有很大的伸缩性"，"我们可以得出一个基本判定：政府选择的可能性空间相对较大，且具有较大的弹性"。① 在向市场化转轨过程中，地方政府的自主性得到增强，"在市场化的逻辑中，地方政府的角色有很大转变，不再是以前那种和上级政府简单的'命令—服从'的垂直关系；在横向方面，地方政府在对地方经济事务、社会发展方面的自主性大大增强"②。

二是学界注意到地方政府有意识扩张自主性现象，林尚立认为，在市场化改革引发的政治分权中，各社会主体都对分权有很强的利益动机，都试图通过分权改革中的权力重构来最大限度地实现自身的利益并达到自主。③ 这种扩张自然也包含地方政府在内。何显明则认为，渐进式改革的"试错性"逻辑、市场化进程中地方政府的角色变化、政治承包制的激励效应、政绩考核模式的催化效应、政府间竞争的挤压效应等都造成了地方政府自主性的扩张。④

三是学界研究了地方政府自主性扩张的后果，一方面，有学者认为地方政府自主性扩张带来了积极的发展效应，徐勇认为，中国改革开放的起始点和最大的成果之一，就是"对统制主义的突破和自主性的生成。这种自主性来自对个人利益的承认和基于个人利益追求所形成的理性知识"。"中国的改革开放正是从农民个人，到基层组织，再到地方，一步步扩大

---

① 周振华：《经济发展中的政府选择》，《上海经济研究》，2004年第7期。
② 杨光飞：《"地方合作主义"中的权力"越位"——对转型期地方"红顶商人"现象的反思》，《二十一世纪》（网络版），2004年6月号，总第27期。
③ 林尚立：《权力与体制：中国政治发展的现实逻辑》，《学术月刊》，2001年第5期。
④ 何显明：《市场化进程中的地方政府行为逻辑》，人民出版社，2008年版，第165－231页。

其自主权,增强其自主性而取得成效的"。① 另一方面,有学者认为,地方政府自主性扩张带来了许多负面效应,李军杰认为,中央政府"放权让利",以及中央政府为借助于地方政府进行制度创新"实验"获得足够的制度创新空间,造成地方政府制度约束环境的"软化",而后者则利用信息优势。滥用"模糊产权"和"预算软约束",作出辖区最优而不是社会最优的行为选择,从而形成"激励变异"和"代理变异"现象。② 也有学者认为,地方政府自主性扩张具有双面效应,既有激发地方政府进行制度创新的积极性,促使其充分运用资源优势,整合社会力量,推进地方经济发展的效应,又有扩大自身的权限,规避上级政府的政策性控制,甚至会充分利用自己的"代理资源"与中央政府讨价还价,迫使中央政府作出对自己有利的制度安排,或者利用中央政府的授权,根据自身需要来理解和贯彻上级要求实施的制度规则,从而在一定程度上形成对中央权威的挑战。③

其次,利用自主性描述、概括地方政府权限不断扩大的现象。学界分别用政府自主性、基层自主性、地方自主性概括这种现象。周志忍提出了政府自主性问题,认为"政府自主性就是能够获得行动的独立性,建立全面协调的机构来制定政策,有效地动员各类资源,抑制市场自组织扩张带来的影响,从而使政府能够成功地实现社会控制。而政府自主性的强弱,就是利益整合能力的强弱,它取决于能否与利益表达机制有效地实现互融"④。并认为政府自主性主要体现在对不同利益群体的利益平衡上,"对不同利益群体平衡得越好,就越能保持自主性"⑤。在上述论述中,政府作为整体的抽象概念,不能准确描述自主性的具体状况,但着眼于公共性把

---

① 沈德理:《非均衡格局中的地方自主性——对海南经济特区(1998—2002)发展的实证研究》,中国社会科学出版社,2004年版,序言第12—13页。
② 李军杰:《经济转型中的地方政府经济行为变异分析》,《中国工业经济》,2005年第1期。
③ 羊许益、刘召:《试论地方政府的自主性及其扩张》,《领导科学》,2011年第4期,第23—24页。
④ 周志忍:《政府自主性与利益表达机制互融》,《21世纪经济报道》,2005年12月25日。
⑤ 周志忍:《政府自主性与利益表达机制互融》,《21世纪经济报道》,2005年12月25日。

握政府自主性的研究，对于该现象研究具有重要启示。

对于地方政府自主性较为具体的研究，李连江和欧博文提出了"基层自主性"（Street-Level Discretion）概念，用以描述中国基层干部能够根据自己的利益和意志来取舍其对政策的态度的现象。认为，"一种选择性的政策执行的模式已经在中国的乡村中形成。许多干部尽职尽责地执行着不受村民欢迎的政策，但是却拒绝执行其他那些受村民欢迎的政策"，"基层自主性是怎样可以导致自私、粗暴的执行行为——或者至少在基层干部工作的实际环境与有缺陷的监督管理相互作用时，基层自主性是如何造成了出乎意料的结果"。① 李连江和欧博文关注的是村、乡两级政府在执行上级政府的政策时表现出的自主性现象，即中国最底层的地方政府自主性现象。

沈德理以"地方自主性"概念研究地方政府自主性现象，并将"地方自主性"界定为："以地方政府为代表的利益主体自主参与市场竞争和资源配置，自我设计、自我管理、自我发展的权利（权力）能力及其活动。"② 沈德理把地方自主性含义概括为四点：一是地方自主性以不违背国家的宪法和法律为前提；二是地方政府与中央政府之间不仅仅是简单的上下级行政关系，在事权和财权的划分上具有一定的互补性和相关性，二者的经济利益是既矛盾又统一的。三是地方政府获得了利益主体和行为主体的资格，在市场竞争中具有明确的利益追求，成为地方投资环境建设和经济、文化活动的重要决策和管理者。四是地方自主性经历了从自发到自觉的过程，适应了政治运行和社会多元利益群体的出现，推动了经济运行和制度的变迁。③ 沈德理还指出了地方自主性具有依附性和独立性双重特征。

---

① 李连江、欧博文：《中国乡村中的选择性政策执行》，唐海华译，http://www.148com.com/html/507/95217.html.
② 沈德理：《非均衡格局中的地方自主性——对海南经济特区（1998—2002）发展的实证研究》，中国社会科学出版社，2004年版，第25页。
③ 沈德理：《非均衡格局中的地方自主性——对海南经济特区（1998—2002）发展的实证研究》，中国社会科学出版社，2004年版，第290—291页，转引自何显明：《市场化进程中的地方政府行为逻辑》，人民出版社，2008年版，第95页。

最后何显明对地方政府自主性作了全面的范式研究。何显明认为，地方政府行为自主性"指的是拥有相对独立的利益结构的地方政府，超越上级政府和地方各种具有行政影响力的社会力量，按照自己的意志实现其行政目标的可能性，以及由此表现出来的区别于上级政府和地方公共意愿的行为逻辑"①。地方政府行为自主性有三大构成要件。首先是地方政府相对独立的利益结构，以及由此决定的特定的效用目标。其次是地方政府按照自己的意志，实现其确定的行政目标的自主能力。再次，是特殊的利益结构和自主行动能力，以及特定的外部制度约束条件共同决定的地方政府的行为逻辑，亦即地方政府根据外部约束条件，选择性地履行自身职责和追求自身行政目标过程中所表现出来的规律性现象，以及最常见的行为方式和手段。②

地方政府自主性概念的内涵也可以从两个维度来理解：一是纵向维度的地方政府自主性，即地方政府能够在何种程度上摆脱上级政府，特别是中央政府对其行为的控制，按照自己的意志去实现其特定的行政目标。二是横向维度的地方政府自主性。所谓地方政府的横向行为自主性，指的是地方政府行为能够在何种程度上摆脱地方各种具有行政影响力的社会群体的左右，保持自身在利益上超越性和行为取向的公正性。转型时期地方利益分化一个最突出的问题，就是特殊利益集团特别是强势资本力量同普遍民众的利益冲突。③

何显明还详细分析了地方政府自主性产生的制度环境、地方政府自主性扩张的策略及其对区域经济、国家自主性的影响。

3. 地方政府自主性的界定

要界定地方政府自主性，首先要把地方政府自主性与地方自主权、地

---

① 何显明：《市场化进程中的地方政府行为逻辑》，人民出版社，2008年版，第97页。
② 何显明：《市场化进程中的地方政府行为逻辑》，人民出版社，2008年版，97—99页。
③ 何显明：《市场化进程中的地方政府行为逻辑》，人民出版社，2008年版，99—103页。

方自治权、行政自由裁量权区分开。

薄贵利认为,地方自主权就是从根本上来说,就是人民依据国家的宪法和法律,自主管理地方事务的权利。正因如此,扩大地方自主权,就是扩大和依法保障公民的民主权利。在具体表现上,地方自主权首先表现为地方选民在地方政治活动中所享有的各项民主权利,包括选举权、被选举权,以及选择、监督、罢免地方官员的权利;其次是地方人大及其常委会依据国家的宪法和法律,自主管理地方事务的权力;第三才是地方政府在宪法和法律的范围内,在地方选民和地方人大的监督之下,自主处理地方行政事务的权力。①

从理论上说,地方自主权是地方人民自主管理地方事务的权利。但是,在中国政府管理的现实语境下,地方自主权只能是指中央政府通过法律和政策明确授权给地方的管理地方事务的权力。改革开放以来的地方自主权,在很大程度上已经成为地方政府自主权的代名词。改革开放以来中央赋予地方自主权有两种形式:一种是明确赋予地方某些自治权,如扩大民族自治区域的自治范围,授予省级人大、副省级城市人大部分立法权等;另一种是更为灵活的行政性放权。行政性放权下放的权力同规范性分权相比,具有更大的模糊性。从自主权与自主性的关系看,地方政府获得的具有正当性和合法性的自主权,虽然是其行为自主性的重要依据。但地方政府自主性并不完全受限于自主权,它在很大意义上恰恰是一种对地方自主权的自主扩张,即地方政府基于自身利益,自主的行使中央政府并没有赋予的权力。②

依据地方自主权既与地方政府自主性的关系,可以将地方政府自主性归结为三种类型:其一是完全在地方自主权范围内的地方政府自主性,是有明文规定的合法的行使权力;其二是完全超出地方自主权范围内的地方

---

① 薄贵利:《中央与地方权限划分的误区》,《政治学研究》,1999年第2期,第23—29页。
② 何显明:《市场化进程中的地方政府行为逻辑》,人民出版社,2008年版,第104—105页。

政府自主性，违反的地方自主性；其三是介于二者之间的地方政府自主性。不同于沈德理的依附性，也不同于何显明的违规性，而是介于其两者之中的一种在不违法的前提下对中央行政性放权之中模糊性的一种自由裁量。应是国家给予认可的赋予地方政府的一种能力。既不在中央赋予地方自主权的范围内，也没有明确的超出权力范围以外的地方自主性，是司法体制和民主体制不健全的产物。①

由此可见，地方自主权是地方政府自主性的合法性来源和依据，如果中央法定的地方自主权非常明晰，则地方政府必须按照法定的要求执行，就没有自主性可言；如果地方政府没有地方利益和政府自身利益最大化的内在需求，则地方政府不会突破自主权的界限，同样没有自主性可言。正是法定的地方自主性的模糊性，以及地方政府追求利益最大化的需求，地方政府在法定的自主权之外，寻求更大的自主性行为空间。自主性以自主权为基础，又超出了自主权的范围，且目的是为寻求地方利益和地方政府利益最大化，这是地方自主权与地方政府自主性的联系与区别所在。

地方政府自主性与地方自治权有一定的区别。自治一词来源于希腊，有两层涵义，一是独立自主，人民自己管理自己的事务；二是国家的某部分独立自主地进行管理，意味着一定的国家集权与分权。马克斯·韦伯认为："自治意味着不像他治那样，由外人制订团体的章程，而是由团体的成员按其本质制订章程（而且不管它是如何进行的）。"② 我国学者认为自治是指一定主体在法定范围内不受他人干涉，独立自主地决定和管理自己事务的一系列行为方式的总称，或者是一种制度模式。③ 地方自治权（Autonomy）是地方自治体依法享有的自主管理地方公共事务的权力。地方自

---

① 张曦予：《地方政府自主性的制度基础——以当地中国县级政权为中心的考察》，华东理工大学硕士论文2011年，第12页。
② [德] 马克斯·韦伯：《经济与社会》（上卷），林荣远译，商务印书馆，1998年版，第78页。
③ 张景峰：《对村民自治概念的法学分析》，《社会主义研究》，2003年第4期，第114—116页。

治制度的基本特征是：中央和地方政府各有划分明确的事务范围，并且在各自事务范围内享有充分的自主权；地方政府有足够的宪政保障或政治实力，可以反制中央的随意干预，使之不能单方面削减地方政府的自主权。①可见，地方自治权意味着明确的法律规定权力范围，自治权是法定意义上自主权的一部分，也是法定的地方政府自主性的重要来源。

地方政府自主性与行政自由裁量权有一定的相关度。姜明安认为："行政自由裁量权是法律、法规赋予行政机关在行政管理中依据立法的和公正合理的原则自行判断行为的条件、自行选择行为的方式和自由作出行政决定的权力。"②《布莱克维尔政治学百科全书》的解释是："决策者所拥有的机动行为的机会。这个概念特别适用于官方的决策，因为当一个政府官员要贯彻一条法律时，他有在各种行为和不行为的可能方案之间进行选择的自由。"③

自从托马斯·伍德罗·威尔逊提出政治—行政二分法之后，政府的职能活动就明确限于国家在个别和细微事项方面，行政的实质就是政府的执行与操作。在现实操作层面，行政自由裁量权的行使者是微观行政主体，即具体行政行为的实施者，包括行政机关与行政官员个体。行政微观主体在法律和政策规定的范围内，根据自己的经验、技能、专长及价值观对公共事务进行判断与决策。

从地方政府自主性与行政自由裁量权的关系看，行政自由裁量权尽管也可以视为地方政府行为自主性的表现形式之一，但并非其主要内容。地方政府行为自主性概念突出的是地方政府作为整体所拥有的自主行为空间。地方政府行为自主性不仅包含自由裁量权，而且包含自由裁量权的滥用，如基层政府任意超越权限，对上级政府制订的政策采取选择性执行态

---

① 何显明：《市场化进程中的地方政府行为逻辑》，人民出版社，2008年版，第103页。
② 姜明安：《论行政自由裁量权及其法律控制》，《法学研究》，1993年第1期，第44页。
③ ［英］戴维·米勒、韦农·波格丹诺、邓正来主编：《布莱克维尔政治学百科全书》，中国政法大学出版社，2002年版，第216页。

度等等。与此同时,地方政府行为自主性,不仅包含微观行政意义的自由裁量权,而且包含宏观的或者说抽象行政行为的自由裁量权。所谓抽象行政行为,指的是行政主体作出的具有普遍约束力的行政行为,包括行政立法和制定非立法性行政规范的行为。[①]

在区分了地方政府自主性与地方自主权、地方自治权、行政自由裁量权之后,就可以界定地方政府自主性的内涵了。目前,根据国内学者的界定,可以讲地方政府自主性界定分为三类。

第一类是从积极方面加以界定,认为地方政府自主性会在地方经济发展、地方治理中发挥积极作用,沈德理将"地方自主性"界定为:"以地方政府为代表的利益主体自主参与市场竞争和资源配置,自我设计、自我管理、自我发展的权利(权力)能力及其活动。"[②]张曦予认为,地方政府自主性"可以理解为它是正当的行使国家的权力,是具有价值且不可能被消灭的一种地方政府自主性,只要它是从全国利益出发,我们就应该积极的促成并引导这样的形式,因为它的存在可以更灵活的解决某些司法体制所不能解决的问题,它很可能成为今后建设法治国家的一个关键点"[③]。

第二类是从消极方面加以界定,认为地方政府自主性具有侵蚀国家自主性、追求地方政府利益最大化而不顾及民众利益等危害。何显明将地方政府自主性界定为"指的是拥有相对独立的利益结构的地方政府,超越上级政府和地方各种具有行政影响力的社会力量,按照自己的意志实现其行政目标的可能性,以及由此表现出来的区别于上级政府和地方公共意愿的行为逻辑"。羊许益将地方政府自主性界定为:"地方政府为实现自己特定的行政目标,超越各种社会利益集团以及地方政府本身,按照自己的意志

[①] 何显明:《市场化进程中的地方政府行为逻辑》,人民出版社,2008年版,第110—111页。

[②] 沈德理:《非均衡格局中的地方自主性——对海南经济特区(1998—2002)发展的实证研究》,中国社会科学出版社,2004年版,第25页。

[③] 张曦予:《地方政府自主性的制度基础——以当地中国县级政权为中心的考察》,华东理工大学硕士论文2011年,第13页。

参与市场竞争和资源配置的权利能力和行为能力。"①

第三类进行现象描述性界定，仅把地方政府自主性作为一种客观存在的行政现象加以描述。戴杨将地方自主性界定为："地方自主性是指地方政府根据地方实际的政治、经济、文化等状况，出于地方发展或者其他目标，在处理与中央和上级政府关系、与当地市场和社会关系时，表现出来的对于上级和中央、市场各微观经济主体和社会各种利益需求团体的相对独立性与超脱性，在制定和执行公共政策、履行政府职能、管理地方事务时表现出来的独立性与能动性。当然这种独立性和能动性可以是具有积极意义的，也可以是消极意义，对地方发展以及公平实现起阻碍作用。"②

第三类界定仅提出了一种现象，问题意识淡化；第二类界定指出了地方政府自主性的积极方面，但是在积极意义上理解地方自主性，不利于客观的描述和分析政府行为选择的实然状态，自主性概念相对于自主权的特殊意义就在于它体现了一种弹性的空间，一种行为取向、行为方式、行为边界的不确定性，其行为效应和经济社会发展应取决于行为主体所受到的制度约束，以及各种社会力量的制约。实际上，地方政府自主性的扩张往往恰恰是以规避或违反国家法律和政策的方式实现的。③

相对而言，笔者赞同第二类界定。从哲学的角度看，任何事物都有利和弊两个方面。作为在转型期真实存在的政府现象，地方政府自主性在其发生、发展中产生了诸多问题，在理论上如何探寻其原因，寻求其答案，这才是理论研究应关注。鉴于此，本研究坚持从以下几个方面揭示地方政府自主性的内涵。

（1）地方政府自主性的行为主体是地方政府，但地方政府不是仅仅追求公共性的主体，而是有着自身利益结构和利益诉求的理性主体。

---

① 羊许益、刘召：《试论地方政府的自主性及其扩张》，《领导科学》，2011年4月（中），第24页。
② 戴杨：《浅谈地方政府自主性研究》，《中国市场》，2011年第1期，第137页。
③ 何显明：《市场化进程中的地方政府行为逻辑》，人民出版社，2008年版，第96页。

（2）地方政府自主性的行为目标就是地方利益最大化和地方政府利益最大化。

（3）地方政府自主性有着不断扩张的趋势。

本研究是在上述三个内涵的基础上使用"地方政府自主性"概念的，并认为正是地方政府自主性的不断扩张，为地方政府追求自身利益最大化提供了客观能力和可能条件，更为政绩工程埋下了隐形的因素。

二、地方政府自主性的现实扩张

改革开放后，为了调动地方政府法制地方经济的主动性、积极性和创造性，让地方政府能够根据地方实际发展地方经济，中央政府采取了一系列的"放权让利"政策，积极培育地方政府发展地方经济的主体地位。地方政府由改革开放前仅仅作为中央政府的代理机构和执行机构，逐步发展为有一定利益结构和决策自主权的相对独立的主体，地方自主性不断扩张。

1. 中央政府"放权让利"：地方政府自主性扩张的制度背景

党的十一届三中全会以后，随着我国改革开放的不断深化，中央政府高度集权的状况有了较大改变。一方面，进行经济建设，需要中央政府统一制定各种政策，维护宏观经济稳定发展；另一方面，又需要发挥各地的比较优势，因地制宜地制定政策，提高行政效率。只有适度地向地方分权，保障地方政府享有法定自主权，才能充分发挥其积极性和创新精神。[①]为此，中央政府在改革开放后不断下放一些原本由中央政府掌控的权力，施行放权让利，概括起来主要包括以下几个方面：

一是下放部分企业管理权。将一大批大中型国有企业的管理权下放到地方政府。中央政府陆续把绝大部分国营骨干企业下放给地方政府管理，

[①] 李凯：《转型期我国中央与地方关系的改革和发展》，《成都行政学院学报》，2003年第6期。

到 1985 年中央直接管理的企业仅占企业总数的 1‰。① 与此同时，1984 年以后，中央政府陆续发出了 13 个文件，向国有企业下放生产经营管理权力，这些原本直接下放给企业的权力实际上大部分都保留在了地方政府手中。

二是下放中央政府的部分财权。通过推行多种形式的中央与地方的财政包干制，扩大地方政府的财政管理和支配权限。从 1980 年开始，中央改变了统收统支的政策，先后实行了"划分收支、分级包干"（1980—1985 年）、"划分税种、核定收支、分级包干"（1986—1988 年）、"包死基数、逐年递增、多收自留、定额补助"（1989—1993 年）等包干政策，1994 年起又在划分中央与地方事权基础上实行分税制。这些放权改革，改"一灶吃饭"为"分灶吃饭"，使地方政府拥有了相对独立的财权，有效地调动了地方政府的积极性。

三是对部分地区实行非均衡的放权改革。从 1982 年起对广东、福建两省实行特殊政策，建立深圳、珠海、厦门、汕头经济特区（后增加海南省）；1984 年开放上海、天津、大连等 14 个沿海沿江城市，实行部分特区政策；继而在内地各省建立高新技术开发区，实行特许政策，并对 16 个中心城市实行计划单列，赋予相当于省一级的经济管理权限。

四是下放政府人事管理权限。建国以来，同中央高度集权的政治模式相适应，我国在干部人事制度上形成了"下管两级"的干部分级管理体制，中央直接管理到地方的地厅级行政官员的选拔、任命和日常管理。从 1984 年开始，干部人事制度实行"下管一级"的体制，这一改革直接扩大了地方的干部调配权力，使各级党政主要首长获得了直接任命其下属的权力，极大地增强了他们控制其下属贯彻自己的行政意志的能力。

五是下放中央政府的部分事权，扩大地方政府管理地方事务的权限。下放的权力主要包括固定资产投资项目审批权、对外贸易和外汇管理权、

---

① 郭为桂：《中央与地方关系 50 年略考：体制变迁的视角》，《中共福建省委党校学报》，2000 年第 3 期。

物价管理权、物资分配权、旅游事类的外联权和签证通知权、工资调整权等。与此同时，中央逐步弱化"条条专政"，放开大部分经济活动，大幅度缩小国家指令性计划的范围。此外，在国内投资、外贸、税收等领域，地方的权限也大幅提高。

六是扩大了地方政府的立法权。1979年，通过重新修改《中华人民共和国地方各级人民代表大会和地方各级人民政府组织法》，赋予了省级人大及其常委会制定地方性法规的权力。1982年的宪法与地方人大和政府组织法，分别以列举的方式，规定了中央与地方的职权范围，改革了一级立法体制，确立了两级立法体制，扩大了省级国家权力机关的立法权。2000年3月，《中华人民共和国立法法》又进一步明确了法律、行政法规、地方性法规、自治条例、单行条例、规章的制定权限和制定程序。通过立法权的扩大，地方政府不仅获得了地方合法性的法律依据，而且强化了管理地方的法制手段。

中央政府不断的"放权让利"，尤其是以法律的形式确立了中央与地方在行政事务等方面的权力和责任，中央和地方的权力结构、关系方式都发生了质的变化。从总体上看，中国的国家结构在中央政府"放权让利"过程之后，逐步有原先的单一制过渡到具有联邦制特点，最后形成既有单一制又有联邦制的混合制特点。① 一方面，中央政府的"放权让利"扩大了地方政府的自主权，地方政府自主性相应提升；另一方面，混合制的模糊性，尤其是中央政府和地方政府权限划分的模糊性，为地方政府寻求更大的自我发展空间、扩张自主性预留了相应的空间。显然，中央政府的"放权让利"成了地方政府自主性扩张的制度背景。

---

① 毛寿龙教授认为，中国的国家结构其实兼有单一制和联邦制混合制的特点。当前中国的权力配置现状与现实运行中存在着行政集权和政府分权的权能错位问题，中国改革开放的进程，实际上就是把高度行政性集权条件下的高度政府分权的状态转变为高度政治性统一但行政分权的状态。参见王世涛：《论单一制中国的财政联邦制——以中央与地方财政关系为视角》，《北方法学》，2010年第5期。

2. "放权让利"形成地方政府自主性的弹性空间

中央政府的"放权让利"为地方政府自主性扩张提供了有利的弹性制度空间，这种空间体现在两个方面：一是"放权让利"中地方政府与中央政府博弈形成的自主性空间；二是地方政府利用地方立法权拓展在地方管理上的自主性空间。

"放权让利"中地方政府通过与中央政府博弈形成了一定的自主性空间。首先是政策性分权和放权中的非规范性，形成了地方政府与中央政府博弈的自主性空间。从中央"放权让利"的目的看，中央政府要调动地方政府发展市场经济的主动性、积极性和创造性，则必须培养地方主体地位，使地方有一定的自主权。但中央政府"放权让利"并没有法律依据，"每次权力的放或收，都是中央根据其政策需要而采取的一种权宜性措施，调整的内容基本上限于地方在经济社会管理权限方面的增减，中央与地方的关系并无结构性的变化，放权改革带有鲜明的人治色彩和主观随意性，始终没有达到制度化的水平"①。由于没有形成法制化的制度分权和放权，中央与地方没能形成制度化、法律化的权力分工体系，为地方政府自主性扩张预留了一定的自主性空间。同时，中央政府为了发挥地方政府根据地方实际情况发展经济的创造性，并通过地方政府创新为中央改革提供更多的地方性知识，中央对地方某些自主行为采取了默许的态度，这也为地方政府提供了弹性空间。正如李军杰指出，在渐进式改革过程中，由于缺乏足够的创新知识，中央政府通常要借助地方政府进行制度创新"试验"以便对其加以事后的追认或制止，借助代理人（地方政府）临近现场，能够掌握较多信息的优势去推动制度创新。因此，中央政府往往要预留给地方政府一定的制度创新空间，包括对许多在市场经济环境下新出现的产权束和许多源于计划经济体制内在机理的制度安排不做出及时的界定和调整。

---

① 何显明：《市场化进程中的地方政府行为逻辑》，人民出版社，2008年版，第161页。

这时，地方政府实际上面临着相对"软化"的制度约束环境。①

其次，中央与地方管理关系的不规范，尤其是"政治承包制"管理模式的形成，为地方政府自主性扩张预留了一定的弹性空间。中央政府"放权让利"不仅是要培育地方政府的主体地位，更是要通过地方政府主体地位的确立，增加地方政府职责，以充分发挥地方政府作为一级公共事务管理主体的作用。地方政府不再是单纯的中央政策的执行者，而是有自身利益和自我管理目标的行为主体。为了确保中央政府制订的政策得到有效的贯彻执行，受农村和企业改革经验的启示，20世纪90年代以来"承包制"逐步被借鉴到政府间关系的制度安排上来，作为督促组织、个人落实完成各项行政任务的主要方式。所谓"政治承包制"即类似经济承包中的所谓"交足国家的，剩下都是自己的"，"政治承包制"意味着"国家放弃了对承包外行政权力的监控权，国家首先设定了各种硬性指标和禁止性规范，只要部门、地方和基层达到了国家各项硬性指标的规定，不违背各项禁止性规范，它们的行动就是自由的"②。在一定意义上，上级政府在给下级政府下达重要的任务指标的同时，实际上也就在很大程度上认可了下级政府在规定任务之外，以及任务完成方式上的自主性。

再次，中央与地方关系上的"条块分割"体制，为地方政府扩张自主性留下了很大的空间。所谓的条块分割，就是以中央的"条"的专业管理去分割本来属于地方政府在"块"上应有的综合管理权限。③ 在条块分割的体制下，许多掌握重要资源和公共权力的机构，都采取双重管理体制，纵向的上下级职能部门之间的关系更多的是一种业务指导关系，而关键性的管理权限如人事任免、财政供养等大多控制在地方政府手里。这就在很大程度上决定了这些部门首先必须服从地方长官的意志，其职能履行往往

---

① 李军杰：《经济转型中的地方政府经济行为变异分析》，《中国工业经济》，2005年第1期。
② 戴长征：《国家权威碎裂化：成因、影响及对策分析》，《中国行政管理》，2004年第6期。
③ 宋世明：《试论从"部门行政"向"公共行政"的转型》，《上海行政学院学报》，2002年第4期。

必须服从地方政府的需要,甚至在一定程度上沦为地方政府追求地方及自身利益的工具。①地方政府自主性有了很大的扩张空间。

地方立法权为地方政府自主性扩张预留了极大的空间。地方立法权虽然在地方人大,但在现有的行政管理体制下,地方人大是地方的一级行政机构,其自身既是地方民众利益的代表,而自身利益又包含在地方利益中。在制订地方性法规,地方人大有着天然的地方倾向,这种倾向为地方政府扩张自主性提供了有利条件。同时,地方政府会利用一切手段影响地方法规的制订,以寻求地方政府利益最大化,扩张自身自主性。

由此可见,中央政府的"放权让利"为地方政府自主性扩张预留了弹性空间,这种弹性空间一旦被地方政府利用,地方政府自主性将会不断扩张。

3. 地方政府自主性的自我扩张

中央政府的"放权让利"为地方政府自主性扩张提供了有利的弹性空间,而"放权让利"中地方政府主体地位的确立和地方利益结构的形成,意味着自主性的扩张有了现实的具体的主体。一方面,地方政府利用"放权让利"中的模糊性大力扩张与中央的纵向自主性;另一方面,利用地方的立法权扩张在地方的横向自主性。

地方政府纵向自主性扩张。首先,地方政府利用自身的主体性地位直接与中央博弈扩张自主性。分税制的改革是最典型的案例。一定意义上可以说,分税制改革过程是地方政府与中央政府博弈的过程。据项怀诚回忆,当时负责财税改革工作的国务院副总理朱镕基同志亲自带队,用了两个多月的时间,带领相关部门的同志,先后走了13个省,面对面地算账,深入细致地做思想工作,和地方政府协商。时任中共中央总书记的江泽民同志先后多次分片主持召开了各省市自治区的书记、省长座谈会,宣讲政

---

① 何显明:《市场化进程中的地方政府行为逻辑》,人民出版社,2008年版,第163—164页。

策,听取意见,消除误会。记得 1993 年 9 月,江泽民同志在广东的珠岛宾馆召开中南和西南两大区 10 个省的书记、省长座谈会。① 足见在地方政府作为独立的利益主体之后,为了扩张自主性,与中央进行面对面的博弈,以期获得地方利益最大化。

其次,地方政府利用自身的信息优势,用足政策、突破政策底线来扩张自主性。由于中央的"放权让利"具有一定的试探性,当放权产生的效果好,就继续扩大放权;反之,当放权产生的效果不好时,中央就会收回部分权力。由于中央放权缺乏制度性规范,地方政府无法预期某种对地方有利的政策能否长久,因而一旦中央出台放权政策,地方政府就会把政策用足,以此扩张自主性。在用足政策的同时,地方政府会试探性地突破中央政策的底线,由于信息不对称,以及为鼓励地方进行制度创新的需要,中央对地方政府某些突破政策底线的行为采取了默许的态度。于是,地方政府通过"打擦边球"、"用足政策"等方式自行扩张自主性,突破某些旧的限制地方政府行为的游戏规则,就不再是什么严重的离经叛道行为,而是一种在相当程度得到权力中心默认的行为。一旦试错性改革试验取得显著的绩效,得到中央的肯定,这种突破了地方政府原先的行为规则的自主性行为,就可能演变为在全国普遍推广的成功经验,地方政府自行扩张的权限、规则的极限值,就可能演变成为地方政府新的行为边界。②

再次,地方政府通过选择性执行上级政策以扩张自主性。所谓政策选择性执行是指在公共政策执行过程中,政策执行的主体根据自身的利益和价值观的需要以及对政策的理解,对政策原来的信息或是精神实质误解或部分内政府采取种种有意曲解,导致政策无法真正得到贯彻,甚至收到与

---

① 项怀诚:《亲历分税制改革》,《中国财经报》,2000 年 8 月 15 日,http://www.sina.com.cn。

② 何显明:《市场化进程中的地方政府行为逻辑》,人民出版社,2008 年版,第 178 页。

初衷相悖的绩效。① 有学者甚至认为，在地方政府自主性扩张中，选择性政策执行已发展为一种地方政府的政策执行模式。认为一种选择性的政策执行的模式已经在中国的乡村中形成。许多干部尽职尽责地执行着不受村民欢迎的政策，但是却拒绝执行其他那些受村民欢迎的政策。这种干部经常不择手段地来催逼农民缴纳税费，放弃土葬改从火葬，以及服从计划生育的规定。但他们却无视或歪曲那些禁止未经许可擅自向农民摊派收费，并要求尊重农民权益的政策。这些乡村干部常常违背对武力使用的禁令，超越上面对农民负担的限制，并且使旨在加强对干部监督制约的农村选举改革走样。有时，他们甚至把一条有益的中央政策如经济增长，变成为一条危害性的"地方政策"，使浪费性的投资和压榨的加重合法化。② 选择性政策执行充分表现在"上有政策，下有对策"上，地方政府选择对自身或地方有利的政策执行，对不利于地方但有利于国家的政策，则部分执行、变相执行甚至不执行。这种现象在当前的"土地财政"中暴露无遗，中央的各项土地政策都被地方政府以各种方式扭曲执行。如2004年至2006年，全国违法占用耕地面积占新增建设用地占用耕地总面积的平均比例为17.02%。2007年9月15日至2008年1月15日，全国土地执法百日行动共清查三类土地违法案件3.17万件，涉及土地336.4万亩。其中，"以租代征"1.87万件，圈占土地0.15万件，"未批先用"1.15万件。③ 选择性政策执行屏蔽了部分中央权威对地方的干预，扩张了地方政府自主性。

最后，地方政府利用地方立法权制订地方性法规扩张自主性。地方立法权虽然掌握在地方人大，但地方政府可以通过各种方式影响甚至强迫地方人大，制订出符合地方政府利益的地方性法律、法规。同时地方政府还

---

① 邓晰隆、陈娟：《"公共政策选择性执行"问题及其对策研究》，《甘肃行政学院学报》，2006年第4期。

② 李连江、欧博文：《中国乡村中的选择性政策执行》，唐海华译，http://www.148com.com/html/507/95217.html。

③ 王杰：《剖析土地违法现象的两大诱因》，《上海证券报》，2008年6月5日。

会根据自身的需要，直接制订出符合地方政府利益的地方性制度。如在20世纪90年代，在地方盛行的教育附加费、各种地方公共工程项目费等，都是通过地方性法规获得合法性的。

三、地方政府自主性扩张中的政绩工程导向

中央"放权让利"的改革中，地方政府自主性不断增强，地方政府的主体性凸显。地方政府逐渐演化为具有自身利益结构、并对地方负责的主体，角色发生重大变化。地方政府自主性为政绩工程的产生提供了客观条件，"一把手"负责制导致地方政府"人格化"。一旦条件允许，人格化的地方政府总会利用自身的自主性追求自身利益最大化，政绩工程便成了实现利益最大化效用目标的重要手段。

1. 地方政府自主性：地方政府主体地位的确立

地方政府自主性在"放权让利"的改革中不断增强，自主性凸显了地方政府的主体性，地方政府的主体地位逐步确立，这主要表现在以下三个方面。

首先是"政治承包制"的管理模式使地方政府成为相对独立的管理主体。在计划经济时代，中央政府与地方政府是严格的委托—代理关系，地方政府作为中央政府的代理机构，必须严格贯彻、执行中央的政策、指令，除此之外，没有特别的管理权限。在这样的管理体制中，地方政府没有主体地位可言。但在"放权让利"的改革中，中央政府下放了许多管理权，中央政府不再对地方事务进行直接管理，而是通过多任务的委托合同形式，把经济增长、环境保护、社会稳定、就业增长和农民增收等管理任务交由地方负责，中央或上级政府只负责对地方下级政府的管理结果进行

指标性考核。① 这样，一方面，地方政府在完成上级政府的委托合同中，已获得完成任务的自主管理权，而不是以往的具体执行权；另一方面，地方政府出于自身利益，会利用信息传递链条过长这一优势对上级政府隐蔽信息，争取更多的自主管理权。地方政府获得相对独立的管理权，说明地方政府已成为相对独立的管理主体。在各种地方事务管理中，这种主体地位得到充分体现，尤其在地方经济发展中，甚至有学者宣称地方政府管理的经济已形成"诸侯经济"。②

其次，财政分权确立了地方政府的利益主体地位。改革前的中国财政体制是高度集中的，中央政府和各级地方政府之间的财政关系是一种"统收统支"的关系。各级地方政府都没有自己独立的预算，在税收的征集和财富的支配两方面均没有自主权。中央政府集中全部的财政收入，制定包括各级地方政府在内的全国统一预算，控制着全国财政收入和开支的平衡。然而，从财政包干制到分税制的"放权让利"改革彻底改变了地方政府的利益地位。一是在分权化的财政体制下，地方政府成为拥有独立的财力和财权，具有独立经济利益目标的公共事务管理主体，而不再仅仅是传统的统收统支的财政体制下一个纵向依赖的行政组织。各级地方政府获得了一定的财政收支自主权，地方政府自身的利益意识增强。二是在财政分权的过程中，中央政府把一部分经过选择的决策权下放到地方，地方政府可以自主地控制地方经济，建立新的企业，利用自筹资金进行投资。同时，中央一系列下放事权的改革，也进一步强化了地方政府的社会资源控制权，扩大了地方政府的获利空间。中央政府逐步下放了诸如投资项目审批、土地批租、许可证发放、贷款配额、市场准入等经济权限，使地方政府进一步增强了对社会资源的实际控制权，成为自筹投资的主要组织者和

---

① 李军杰：《地方政府经济行为短期化的体制性根源——转变地方政府职能探讨之一》，《中国经贸导刊》，2005年第19期。

② 许多学者都论及了"诸侯经济"，如将清海：《论地方主权与"诸侯经济"》，《经济与管理研究》，1990年第6期；王建兵：《反对"诸侯经济"》，《经营与管理》，2004年第7期；许圣如：《"诸侯经济"当道》，《领导文萃》，2009年第23期，等。

地方经济社会活动的主要决策者、管理者和获益者。① 三是包干化的财政体制意味着，地方政府只要完成了向中央上缴的指标，就可以各种方式广开财源，增加地方政府的实际收入。在这方面，对于地方政府自主性能力提升意义最大的，莫过于预算外收入的挖掘。预算外收入无需与上级政府分成，其增收也不会导致上缴比重的增高，其使用也不像预算内资金那样要接受上级政府的严格监督，因而，地方政府在增加预算外收入上总是表现出极高的创造性。在分税制下，地方政府拥有了自己独立的财政收入来源，能够对自己的财政收入作出合理的预期，进而根据这种预期，自主性地安排地方财政支出规模和公共产品、公共服从供给规模。② 以上分析表明，在"放权让利"改革中，地方政府已经成为具有相对独立的利益结构和利益诉求的主体。

最后，地方利益代言人的角色强化了地方政府的主体地位。改革开放以后，财政体制、行政体制、干部人事制度等方面的一系列改革，尤其是政治承包制、财政包干制等分权改革，地方政府在完成中央政府和上级政府的任务指标之外，还必须推动地方发展，地方政府官员的收入、当地企业的发展、民众的福祉等都是地方政府要完成的任务。特别是随着现代化的发展，中国共产党的执政合法性转向了亨廷顿所说的"绩效合法性"③，即通过发展经济，改善人民的生活水平，满足人民的基本需求而获得大多数公众对政治体系认同，至少是对这种政治秩序持默认的态度。④ 地方在"绩效合法性"的问题上面临着双重代理任务，一是国家通过放权改革委托给地方政府的地方发展绩效，执政党藉此获得执政合法性的地方基础；二是地方民众委托给地方政府的地方经济发展绩效。因此，地方政府"必

---

① 赵成根：《转型期的中央和地方》，《战略与管理》，2000年第3期。
② 何显明：《市场化进程中的地方政府行为逻辑》，人民出版社，2008年版，第187—197页。
③ [美]塞缪尔·亨廷顿：《第三波——20世纪后期民主化浪潮》，上海三联书店，1998年版，第58页。
④ 何显明：《市场化进程中的地方政府行为逻辑》，人民出版社，2008年版，第197—201页。

须有效地发展地方经济，维护和代表地方利益，满足地方公众，首先是地方官僚集团、社会精英、城市居民的生活福利，才能在一个地方获得强有力的支持和较高的权威，否则就会受到地方舆论的普遍谴责"①。在这样的背景下，地方政府逐渐变成了地方利益的代言人，而地方利益代言人的角色进一步强化了地方政府的主体地位。

2．地方政府的主体地位型塑了政绩工程的利益主体

地方政府自主性确立了地方政府的主体性地位，也确立了地方政府的人格化。② 计划经济时代的地方政府完全是科层制中的无人格的官僚，行政行为只是执行上级政府的指令，没有多少选择余地。相比而言，行政放权后的地方政府则拥有较大的自主权，可以根据自己的意志和效用目标，以及外界的约束条件和激励机制，选择有利自己的行政行为，追求自身利益最大化。

地方政府自主性为地方政府追求自身利益最大化提供了可能性。中国现行的地方政府具有双重角色：一是中央政府或上级政府在一个特定的行政区域的代理人；二是该行政区域公众意志和公共利益的代言人。这种双重规定，意味着在地方政府身上存在着双重委托代理机制，即中央政府（上级政府）—地方政府委托代理机制，以及地方—地方政府委托代理机制。地方政府自主性的存在与扩张，意味着地方政府有可能摆脱代理人的束缚，追求自身利益最大化。在中央政府（上级政府）—地方政府委托代理关系中，地方政府作为代理人，会充分利用自身在地方行政事务上的信息优势，利用委托代理机制存在的漏洞，把追求委托人效用目标的过程演变为实现自身行政意图的过程；在地方公众与地方政府之间的委托代理关系中，地方政府为了自身的利益，会利用自身的职权，制订出地方政府利

---

① 赵成根：《转型期的中央和地方》，《战略与管理》，2000年第3期。
② 苗连营认为地方政府人格化就是承认地方政府的"分殊利益"，参见苗连营、王圭宇：《地方"人格化"、财政分权与央地关系》，《河南社会科学》，2009年第2期。

益最大化而不一定是地方利益最大化的政策。

地方政府追求自身利益最大化过程中,会根据现实情况作出有利于自身的行为选择。如果用效用衡量地方政府的行为,可以把地方政府追求的效用目标抽象为三个要件,即上级政府(中央政府)的效用目标、地方公众的效用目标,以及地方政府自身的特殊效用目标。换言之,对于地方政府来说,能够在满足上级政府的要求和地方公众愿意的同时,实现自身效用目标的最大化,自然成为一种最优的行为选择。这是理想的情况,但在现实中,同时满足三大效用目标的几率几乎为零,地方政府往往不得不在三者之间作出一定的取舍。无论地方政府如何取舍,就现实情况而言,地方政府总是倾向于把自身的效用目标摆在优先地位,在"摆平"地方民众的利益诉求,"敷衍"过中央政府之后,将公共资源集中于实现短期政绩最大化的努力上。①

地方政府追求短期政绩最大化的有效途径就是打造"政绩工程",即利用公共资源追求对地方政府有利、对中央政府和地方民众无利、少利的工程和发展模式。地方政府自主性为打造"政绩工程"提供了合法的条件,而地方政府的主体地位又使"政绩工程"有了受益群体,并进而型塑了政绩工程的利益主体。

3. 地方政府自主性:地方政府打造"政绩工程"的潜在能力

持续的行政放权改革中,地方政府逐渐演化成了具有相对独立的利益结构和利益诉求的利益主体,而地方利益代言人的角色更加强化了地方政府的利益主体地位。随着利益主体地位的凸显,地方政府追求利益最大化成为一种必然的行为选择,地方政府自主性强化了地方政府追求利益最大化的潜在能力。

首先地方政府的管理权赋予了地方政府决策权,地方政府可以利用决

---

① 何显明:《市场化进程中的地方政府行为逻辑》,人民出版社,2008年版,第197—201页。

策权追求自身利益最大化。在中国现行的行政体制中，地方人大虽然代表地方人民行使对地方政府的监督权，但在现实中，这种监督很不到位，地方决策权甚至地方立法权都被地方政府实际控制。掌握了实际决策权的地方政府会充分利用权力，把地方事务导向地方政府利益最大化。最典型的例子就是城市化中的征地拆迁，地方政府一方面利用掌握的权限使征地拆迁披上合法化的外衣；另一方面，地方政府利用决策权甚至立法权，在征地拆迁的利益分成中占尽绝对优势，形成了强大的地方"土地财政"。

其次，地方政府利用财政分权中获得的财政自主权追求自身利益最大化。在财政分权改革中，地方政府获得了极大的财政自主权。无论是财政包干制，还是"分税制"，都是强调在完成中央的财政指标情况下，地方政府可以自行处理地方财政事务。地方财政是地方政府利益的首要组成部分，在拥有地方财政自主权时，地方政府会充分利用这个权力，追求自身利益最大化。一方面，地方政府会通过与中央政府或上级政府的博弈，减少地方财政的上交部分，如在"分税制"改革中，地方政府与中央政府的"一对一"谈判，就是一种地方与中央的财政博弈；另一方面，地方政府通过各种渠道，扩大财源，如建立新的企业，利用自筹资金进行投资等，还通过增加地方税种、征收额外费用等。特别是，中央一系列下放事权的改革，也进一步强化了地方政府的社会资源控制权，扩大了地方政府的获利空间。改革开放以来，中央政府逐步下放了诸如投资项目审批、土地批租、许可证发放、贷款配额、市场准入等经济权限，使地方政府进一步增强了对社会资源的实际控制权，成为自筹投资的主要组织者和地方经济社会活动的主要决策者、管理者和获益者。[①] 有了足够的财政保障，地方政府在政府开支、官员福利、公务员工资等方面下手更多利益。

以上分析表明，地方政府不仅有追求自身利益最大化的需求，而且在放权改革中已具备最求自身利益最大化的潜在能力。这种潜在能力是地方

---

① 赵成根：《转型期的中央和地方》，《战略与管理》，2000年第3期。

政府追求自身利益最大化的前提，有了这个前提，地方政府追求自身利益最大化才有可能。

把地方利益追求自身利益最大化的能力，结合到地方政府所代表的利益结构中，就能看出这种能力的行为取向。地方政府所代表的地方利益结构，主要由四大利益主体的利益关系构成，即地方行政长官、普通官僚、市场主体和地方民众。地方行政长官是地方公共事务的决策者，是地方利益的主要代言人。一般来说，地方行政长官由于处在地方权力的中心位置，权力最大化或者说职务晋升机会的最大化，是其核心的效用目标。在官员选拔任用日益注重实际政绩的情况下，其行为逻辑基本上可以概括为通过推动地方经济发展，塑造醒目的治理政绩，以实现政治晋升机会的最大化。[①]

由此可见，地方政府自主性在追求地方政府自身利益最大化过程中，由于现行行政体制中地方行政长官的决定作用，地方政府的行为可以简化为：

地方政府自主性→地方政府利益最大化→地方行政长官自主性→地方行政长官利益最大化→政绩最大化→政绩工程

地方政府自主性演化成了地方行政长官追求政绩最大化的能力，而追求短期政绩最大化的有效方式就是打造"政绩工程"，从这个意义上看，地方政府自主性演变成了地方政府打造"政绩工程"的能力。

第二节　地方政府自利性：政绩工程形成的主体动机

在改革开放之前，地方政府仅仅作为中央政府的代理机构和执行机构，没有利益主体地位。在持续的放权改革中，地方政府的自主性逐步扩

---

① 何显明：《市场化进程中的地方政府行为逻辑》，人民出版社，2008年版，第201页。

张，利益主体地位凸显。这些既为地方政府自利性的实现提供了客观可能性，又进一步激活了地方政府的自利性。自利性成为地方政府追求自身利益的主体动机。

一、地方政府自利性的内涵及其表现

从理想的层面看，地方政府应该是地方公共利益的代表，没有自身利益可言；但在现实层面，地方政府却有自己的利益结构和利益诉求。这决定了地方政府的行为并不完全代表公共性，有时甚至与公共性完全违背。正确认识和对待地方政府的自利性，才能准确把握地方政府的行为逻辑。

1. 政府的公共性

自从人类社会诞生政府以来，公共性一直是政府行为的价值原则和价值理念。孔子在回答如何为政时说："政者，正也。子帅以正，孰敢不正？"[①] "其身正，不令而行；其身不正，虽令而不从。"[②] 孔子还提出了"大同世界"的公共理想型社会。在西方，柏拉图提出了具有公共性的城邦："我们每个人为了各种需要，招来各种各样的人。由于需要许多东西，我们邀请许多人住在一起，作为伙伴和助手，这个公共住宅区，我们叫它作城邦。"[③] 亚里士多德则对城邦作了本质规定，"城邦以正义为原则"[④]，而城邦正义的本质规定，就是"以公共利益为依归"[⑤]。

近代以来，随着人民主权的政治理念，以及政府合法性来自公众基于实现公共利益目的的授权的观念得到广泛确立，政府行为的公共属性更是被抬到了压倒一切的高度。洛克在《政府论》中明确指出：所有政治权利

[①]《论语·颜渊》。
[②]《论语·子路》。
[③]〔古希腊〕柏拉图：《理想国》，郭斌和、张竹明译，商务印书馆，1996年版，第58页。
[④]〔古希腊〕亚里士多德：《政治学》，商务印书馆，1997年版，第9页。
[⑤]〔古希腊〕亚里士多德：《政治学》，商务印书馆，1997年版，第148页。

的设立"都只是为了公众福利"①。政府产生及其存在的合法性基础从根上决定了公共性乃是政府行为的根本属性。康德在《永久和平论》中提出:"从公共权利的全部质料之中进行抽象,那么我就只剩下公共性这一形式"。②卢梭认为建立于社会契约基础上的国家是一种"公共人格","国家全体成员的经常意志就是公意",这种"公意"乃是社会全体成员基于共同利益、针对共同目标、符合共同幸福所具有的共同意志。③政府的权力来自人民委托,是主权者的执行人,应该服从人民的意志,接受人民的监督,政府成员是人民的公仆。④约翰·密尔主张"国家更重要的目的是要促进人民本身的美德和智慧,保证人民过好精神生活;国民的美德和智慧是好政府的第一要素"⑤。哈贝马斯认为"在私人领域之中诞生了公共领域,才有了真正意义上的公共性"⑥。罗森布罗姆认为公共行政的公共性主要应包含以下四个方面:即以宪法为基础、主权、增进公共利益和非市场化。他认为,"公众越了解公共行政,其受益越多,公共行政将因为公众更多的了解其功能、概念、价值和过程,获取益处"⑦。乔治·弗雷德里克森强调公民在公共行政中广泛参与的重要性:"平等的参与过程能培养出有教养的、积极的和有道德的公民……不仅创造出公共政策,而且还塑造了我们自己。"⑧哈贝马斯则提出"……让公共权力的统治遵从理性标准和法律形式。"⑨

---

① [英]洛克:《政府论》,商务印书馆,1996年版,第4页。
② [德]康德:《历史理性批判》,商务印书馆,1990年版,第139页。
③ [法]卢梭:《社会契约论》,何兆武译,商务印书馆,1997年版,第135页。
④ [法]卢梭:《社会契约论》,何兆武译,商务印书馆,1997年版,第170页。
⑤ 徐大同、吴春华:《西方政治思想史》,天津人民出版社,2005年版,第204页。
⑥ [德]哈贝马斯:《公共领域的结构转型》,曹卫东译,学林出版社,1999年版,第32页。
⑦ [美]罗森布罗姆:《公共行政学:管理、政治和法律的途径》,张成福译,中国人民大学出版社,2002年版,第510页。
⑧ [美]弗雷德里克森:《公共行政的精神》,张成福等译,中国人民大学出版社,2003年版,第4页。
⑨ [德]哈贝马斯:《公共领域的结构转型》,曹卫东等译,学林出版社,1999年版,第32—33页。

我国学者对政府公共性的认识主要有四种观点：一是把"公共性"作为一种分析工具，认为，"'公共性'是用于描述现代政府活动基本性质和行为归宿的一个重要分析工具"[①]；二是把"公共性"作为一种公共精神，认为，"公共行政的'公共性'的内涵可以归结为公共精神，即民主的精神、法的精神、公正的精神和公共服务的精神"[②]；三是把"公共性"作为一种最新理念，认为"'公共性'是公共行政的一种最新理念"[③]；四是把"公共性"作为作为政府的价值基础的，认为"由于公共行政体系的价值基础是其公共性，因而政府的制度安排所要重建的价值观念就在于明确公共行政的公共性"[④]。

政府的公共性也就是政府为公众所有的属性。具体来说，政府的公共性是指政府产生、存在的理由是为了向公众提供公共服务，保障公众利益，实现公共价值目标。政府以公共利益为出发点和目标，提供企业和社会不愿提供和不能提供的公共服务和公共物品，如安全和秩序、基础设施、公众的福利保障等，这是政府公共性的基本内涵。[⑤] 政府的公共性表现在各个方面："……首先表现在其合法性上。这就意味着政府管理的权力是由公众委托的权利，因而是受公众制约的权力。其次，政府的公共性表现在其所管理的对象是公共事务，也就是和每个公民的利益密切相关的事务，而不是仅仅与某个特殊阶层的利益相关的事务。第三，政府的公共性表现在政府公共决策过程应该是公民与政府之间互动的过程。第四，政府的公共性表现在政府管理的内容应该主要体现政府对公民的服务。第

---

① 孙柏瑛：《公共性：政府财政活动的价值基础》，《中国行政管理》，2001年第1期，第23—26页。
② 张成福：《论公共行政的"公共精神"——兼对主流公共行政理论及其实践的反思》，《中国行政管理》，1995年第5期，第15—17页。
③ 刘熙瑞：《理念·职能·方式——我国地方行政机构改革面临的三个转变》，《人民论坛》，2000年第7期，第11—13页。
④ 张康之：《行政改革中的制度安排》，《宁夏社会科学》，2000年第3期，第23—32页。
⑤ 张康之、李传军：《公共行政学》，北京大学出版社，2007年版。

五,政府的公共性表现在面对政府,每个公民都有平等参与的权利。"①

总之,"公共性作为讨论现代政府基本属性和目的追求的一种重要工具,主要是探讨政府在代行公民权利时,怎样最大程度地体现公民的共同意志和增进公民的共同福祉"②。具体地说,"政府公共性"是指政府为解决公共问题、满足公共需要、维护公共利益、实现公平正义而行使公共权力、承担公共责任、处理公共事务、提供公共产品和公共服务以及塑造公民公共精神的基本属性。③

2. 政府的自利性

正如马克思指出:"人们奋斗所争取的一切,都同他们的利益有关。"④尽管人们在理论预设上,认为公共性应该是政府的唯一属性,但"'思想'一旦离开'利益',就一定会使自己出丑"⑤。同样,在对政府的本质属性分析上,不能离开政府自身的利益即政府的自利性分析政府属性,正如布坎南指出:"在政治经济学中,只有把'私人'看做是无例外地最大限度地追逐财富者,市场的法律架构——'法律和宪法'才能设计出来,以便促进'普遍利益'和防止人回对人不适当的剥削。同样的原理告诉我们,为同样理由必须同样看待'公仆'。对处在代表国家行事地位上的人,如果要适当地设计出制约赋予他们的权力和他们在那些范围中的行为的法律—宪法条款,我们就一定要把他们看做是以他们自己的权利最大限度地追逐纯财富的人。"⑥卢梭则明确地把行政官员的意志进行排序以说明他们的自利性:"在行政官个人身上,我们可以区分三种本质上不同的意志:首先是个人固有的意志,它仅只倾向于个人的特殊利益;其次是全体行政官

---

① 李景鹏:《论政府政策的公共性》,《中国国情与制度创新》,华夏出版社,2004年版。
② 刘熙瑞、段龙飞:《服务型政府:本质及其理论基础》,《国家行政学院学报》,2004年第5期,第25—29页。
③ 王同新:《政府公共性的学理探源与当代回应》,《行政论坛》,2010年第3期。
④ 《马克思恩格斯全集》第1卷,人民出版社,1961年版,第82页。
⑤ 《马克思恩格斯全集》第2卷,人民出版社,1957年版,第103页。
⑥ [美]布坎南:《自由、市场和国家》,北京经济学院出版社,1988年版,第38—39页。

的意志，这一团体的意志就其对政府的关系而言则是公共的，就其对国家—政府构成国家的一部分的关系而言则是个别的；第三是人民的意志或主权者的意志。""因此政府中的每个成员都首先是他自己，然后才是行政官，再然后才是公民，而这种级差是与社会秩序所要求的级差直接相反的。"①

我国学者对政府自利性研究有两种完全不同的观点：一种观点认为自利性不适用于政府部门，"对于公共部门、政府等，如果使用自利性的概念，只能制造混乱。即使从逻辑上看，如果公共部门、政府具有自利性的话，那么这些部门就不再属于公共部门……从公共部门、政府中的工作人员具有自利性中是不能够推导出公共部门和政府的自利性的"②，"政府自利性不是政府的'应有现象'，它是政府发展不成熟的表现，是一种必须经过努力才能克服的'现有现象'"③。

另一种观点认为政府存在自利性："政府本身有其自身的利益，政府各部门也各有其利益，而且中央政府与地方政府也有很大的区别。政府行为和国家公务员的行为与其自身利益有密切关系。"④ 主要表现出三种形式：一是地方各级政府自利；二是政府职能部门自利；三是政府组织成员的自利。⑤ 政府自利性有一定的合理性，有双面效应。自利性"有利影响"表现在"利益共容、内在驱动"，"负面影响"表现在"机构扩张、利益独立、行为示范"等方面。⑥ "自利性与阶级性、社会性并存，政府的阶级性总是属于主导、核心的地位，社会性则是政府属性外在的主要表现，是为阶级性服务的，自利性通常只能在事实领域处于隐蔽状态，属于次要

---

① ［法］卢梭：《社会契约论》，商务印书馆，1996年版，第83页。
② 张康之、王喜明：《公共性、公共物品和自利性的概念辨析》，《行政论坛》，2003年7月。
③ 任晓林、谢斌：《政府自利性的逻辑悖论》，《国家行政学院学报》，2003年第6期。
④ 齐明山：《转变观念界定关系——关于中国政府机构改革的几点思考》，《新视野》，1999年第1期。
⑤ 金太军：《政府的自利性及其控制》，《江海学刊》，2002年第2期。
⑥ 涂晓芳：《政府利益对政府行为的影响》，《中国行政管理》，2002年第10期。

地位。"①

事实上，这两种观点并不矛盾，只是采用的研究方法不一样。第一种观点采用的是规范研究方法，指出政府行为的唯一原则就是公共性；第二种研究方法是一种实证研究方法，力图揭示政府行为的真实过程。"政府自利性假说不是对政府及官员人格的道德价值评判，而纯粹是一种方法论意义上的预设。将逻辑分析与道德评判区分开来对于探索、总结公共选择的一些规律性问题具有重要的理论与现实意义。"② 这一点正如缪勒指出："公共选择的显著特征是假设政治舞台上的个人像市场上的个人一样，理性地按照他们自己的自利方式行动。"③

就现实而言，政府自利性有其产生根源，首先是政府人的人性根源，"政府人"这一称谓既是说明人所居职场变化后的一个身份定位，同时也是公民社会对这种职业的一种约束和要求，寄托着美好的愿望，但是人的本性却并没有据此而发生改变。"政府人"同"市场人"并无二致；其次，市场经济背景下利益追求的普遍性，由于市场经济对利益的普遍追求，政府组织也是生存于市场经济的场景之中，因而自利的、追求效用最大化这一市场本性必然诱发其自利性；再次，制度安排的缺陷，我国处于社会转型期，政府制度尚待完善，政府扩张性自利行为频发，如"土地财政"等政府自利行为就根源于制度安排的缺陷；最后文化传统的负面影响，伦理型的传统文化惯性导致官员"伪善"，企图以道德控制政府自利性的做法即源于传统政治文化，但对政府自利性的遏制并无真实意义。④

不仅如此，不少学者还对政府自利性的功能性危害作了论述，有学者认为导致两方面的危害，一是政府自利性导致政府实有职能的扩张，包括政府越俎代庖，僭越市场规则；政府角色错位，包揽社会事务；政府对公

---

① 高庆年：《政府的自利性及其法律调控》，《探索》，2000年第1期。
② 何显明：《市场化进程中的地方政府行为逻辑》，人民出版社，2008年版，第183页。
③ [美] 丹尼斯·C. 缪勒：《公共选择理论》，中国社会科学出版社，1994年版，第423页。
④ 徐光：《政府自利性：表征、根源及对策》，《内蒙古社会科学》（汉文版），2006年第6期。

民私人生活的广泛干预。此外，政府法定职能日益扩大化。二是政府自利性导致政府应有职能的萎缩，包括政府基本职能被边缘化，如建国以来我国教育投入一直没有达到占 GDP 的 4%①；政府主要职能被异化，如政府的经济管理职能被扭曲为直接干预微观经济活动，而社会管理职能则被曲解为管理社会的职能。前者表现为众所周知的政企不分，后者则表现为习以为常的政社不分；政府根本职能被弱化，在不断遭受自利性侵蚀的过程中，政府服务社会、服务民众的根本职能被弱化。②也有学者指出政府自利性侵犯社会公共利益，主要表现在以下三个方面：第一，公共财政资源的不合理分配、使用和铺张浪费。公共财政分配不公，公共财政资源使用不合理、挥霍浪费严重，如兴建"文化标志城"之类的"形象工程"，修建豪华办公楼、官员别墅；屡禁不绝的公款吃喝、公款旅游、公车私用等挥霍了巨额的公共财政资金。第二，贪污、挪用公共财政资源。有些政府部门的领导和行政人员无视群众的疾苦，利用手中的权力，大肆贪污、挪用公共财产。第三，以权谋私、官商勾结、权钱交易等权力寻租现象屡禁不绝。有些政府部门和行政人员为满足自身利益，违法行使权力，乱罚款、乱收费，搞官商勾结、权钱交易，公共权力被非公共使用，沦为政府及其公职人员谋取部门和个人私利的工具。③

由此可见，政府自利性不仅有存在的现实性，而且有其存在的根源，并以其对政府公共性的损害为表现形式。正因为如此，本研究假定政府存在着自利性的一面，而且政府有着天然的追求自身利益最大化的倾向。不同的学者对政府自利性的定义不同，有学者认为政府自利性指的是政府偏离公共效用最大化的目标追求自身效用最大化的行为属性④，有学者认为

---

① 楼继伟：《新中国 50 年财政统计》，经济科学出版社，2000 年版，第 150－151 页。
② 陈国权、李院林：《政府自利性：问题与对策》，《浙江大学学报》（人文社会科学版），2004 年第 1 期。
③ 董国斌：《转型期的政府公共性问题：审视、反思、求解》，《河西学院学报》，2009 年第 6 期。
④ 何显明：《市场化进程中的地方政府行为逻辑》，人民出版社，2008 年版，第 186 页。

政府的自利性是指政府具有自我服务的倾向和寻求自身利益最大化的属性,包括政府中的一切组织和个人对权力,财富,机会等的追求①,政府除了具有管理公共事务的属性外,具有为自身组织生存和发展创造有利条件的属性②。

概言之,所谓政府自利性是相对于政府的公共性而言的,是指政府在实现其公共性属性的过程中,基于自身利益最大化的动机而采取的偏离公共效用的行为属性。从政府层次上看,政府自利性又可分为政府成员的自利性、各级政府的自利性以及政府的主体自利性。

3. 地方政府政府自利性的特征及其表现

在持续的放权改革中,地方政府自利性凸显。所谓地方政府自利性是指地方政府在执行中央政府(或上级政府)的委托任务,以及在完成地方委托的公共事务中,追求自身效用最大化而偏离公共效用最大化的行为属性。

地方政府作为改革中的主体之一,在市场化经济改革中,在各方利益主体的利益都有所增益的情况下,地方政府自利性也得以扩张。地方政府自利性与市场化中的其他利益主体自利性表现出不同的特征,具体如下:

一是地方政府自利性具有一定程度的合理性。这种合理性来源于两个方面,一方面来自于公共选择学派的理论预设,把"政府人"和"市场人"等同,在理论上承认政府的利益,也相应地承认政府的自利性;另一方面来自于现实发展的需要,为了调动地方政府发展地方经济的主动性、积极性和创造性,中央政府放权让利以培育地方利益主体,让地方政府掌握一定的地方资源和地方决策权,以便根据地方实际发展地方经济。中央政府实际上承认了地方政府的自利性,并利用其自利性在某种程度上推动

---

① 刘学民:《试论政府自利性及其矫正对策》,《郑州大学学报》(哲学社会科学版),2003年第5期。

② 金太军、张劲松:《政府的自利性及其控制》,《江海学刊》,2002年第2期。

地方发展。如让地方政府拥有一定的财权，地方政府可以利用地方财政投资地方经济，加大地方公共设施投入等。地方政府扩大财政收入的自利行为就有了一定的合理性。正如有学者指出："地方政府在经济发展中起主导作用，扮演着地方经济增长主要推动者的角色。应当承认，作为利益主体的地方政府的利益行为具有其经济和理性。"[1]但地方政府的自利性必须控制在一定范围内，否则将会对公共性造成侵蚀。

二是地方政府自利性具有从属性。承认政府的自利性并不意味着否认政府的公共性，相反，在认识到政府的自利性时，应更加关注政府的公共性。从本质上看，公共性才是政府的本质，政府的一切行为，都必须符合和有利于公民的意志、利益和需求，有悖于此的政府必然丧失其存在的基本依据。相比之下，政府的自利性，也就是非本质的了，是公利性的派生物。现代政府的公利性是第一位的，决定性的。相比之下，政府代表人民的利益，政府组织成员本身也是人民的一部分，政府的自利性是公利性的一个组成部分，具有从属性。[2]

三是地方政府自利性具有扩张性。地方政府自主性扩张为地方政府自利性扩张创造了有利条件，在地方政府自主性不断扩张的同时，地方政府的自利性也不断得到有效扩张。政府自利性的扩张会侵蚀政府的公共性，因此必须对政府的自利性扩张加以限制。对政府自利性限制，有学者提出两个基本原则：一，适度（有限）满足原则，对于政府自身合理的自利应得到适度满足。二，补偿原则，一旦政府合理的自利受损，或者政府的自利低于整个社会的平均水平时，应对政府的自利进行一定的补偿。[3]

四是地方政府自利性具有复杂性。地方政府自利性产生原因复杂，主体原因可能是某个政府官员的自利动机，也可能是政府整体利益驱使，或者政府间竞争促成。

---

[1] 金太军等：《公共政策执行梗阻与消解》，广东人民出版社，2005年版，第146页。
[2] 金太军、张劲松：《政府的自利性及其控制》，《江海学刊》，2002年第2期。
[3] 金太军、张劲松：《政府的自利性及其控制》，《江海学刊》，2002年第2期。

地方政府自利性有限度表现,地方政府自利性的集中表现:追求预算最大化、本位利益垄断化、经济行为短期化、行政效率低质化等等。将地方政府作为单独的利益主体,由于其自利性,造成了政策执行偏差乃至行政效率低下、政策失败。

有学者将当前地方政府的自利性概括为四点:一是政府在许多民生领域与民争利,最典型的就是政府的土地财政。在"做大、做优、做强城市""发展地方经济"等公共利益的招牌下,地方政府热衷于搞土地开发,他们利用拆迁、改造等形式从农民、市民和工厂那里低价收回土地,然后通过土地出让高价出卖,谋取垄断性暴利。二是地方政府间为财政利益进行无序竞争。地方政府之间的 GDP 大比拼愈演愈烈,在政绩等于 GDP 的考核体系下,各地进行招商引资大战,出现了竞相压价,区域间招商引资的竞争演变成低水平,同层次的"让利竞赛"。三是政府对财政预算最大化的追求。四是政府自利的法制化,有统计表明,目前我国 80% 的地方法规草案由立法机关委托政府职能部门起草,许多法律草案大多数是处罚内容,对政府部门的约束条款是凤毛麟角。[①]

地方政府自利性有三种表现形式:一是政府官员追求个人收益最大化的努力导致微观政府行为偏离公共效用最大化的轨道。公务员作为生活在世俗世界的现实的人,有着追求个人利益最大化的内在冲动。行政长官作为对地方公共事务有着最大影响力的行为主体,其自利性的突出表现就是追求个人政绩最大化的短期行为。二是政府机构追求自身利益最大化导致政府行为偏离公共效用最大化的轨道。政府行为由于缺乏外部压力,行为的主要动力往往来自于政府内部。在确定政府的行为目标时,具有自利性的政府以组织自身的目标作为行为的主要依据而不是以公共利益目标位依据。三是地方政府作为相对独立的行为主体,追求地方利益最大化和本级

---

① 张爱民:《政府自利性膨胀的破解与规制》,《甘肃理论学刊》,2012 年第 1 期。

政府利益最大化的努力,导致其行为偏离国家公共效用最大化的轨道。①

二、地方政府自主性对其自利性的激活

从组织行为学的角度看,地方政府自主性确立了地方政府的自主行为空间,自主行为空间为地方政府提供了追求自利性的能力,而作为理性"经济人"的地方政府在不断扩张自主性的同时,自利性也被大大激发。

1. 政治承包制对地方政府自利性的激活

所谓政治承包制是指政府间的委托代理关系体现为一种"总承包"关系,即下级政府承包完成上级政府的各种指标任务,并按照完成情况获得奖励或处罚。② 其实质是上级政府作为督促下级政府落实完成各项行政任务的工作方式。20世纪90年代以来,计划生育、经济增长、社会治安、信访、税收财政、招商引资等重点难点工作先后采用了承包责任制。与此同时,奖惩措施上的"重奖重罚"也体现得越来越明显,如对重要指标没有完成的实行"一票否决",对超额完成主要经济指标的直接给予职务提拔的奖励。

从表面和形式上看,地方政府受到政治承包制的刚性约束相当大,必须完成上级政府交给的承包任务;但从另一方面看,地方政府又获得了极大的自主性,即完成承包任务后,就可以获得地方管理的自主权,地方政府可以利用地方管理自主权,整合地方资源,追求自身利益。

首先政治承包制激发了地方政府自利性,地方政府利用信息优势与中央或上级争利。政治承包制是中央政府或上级政府监督、控制下级政府工作的管理方式,在实际操作中,这种手段又变成了只问结果、不问过程的

---

① 何显明:《市场化进程中的地方政府行为逻辑》,人民出版社,2008年版,第185—186页。
② 何显明:《市场化进程中的地方政府行为逻辑》,人民出版社,2008年版,第212页。

管理方式。这激发了地方政府用三种方式与上级政府争利：一是利用承包制中的模糊性，尽管政治任务被分解为一些刚性指标，对下级政府容易监督、控制，但总有一些政治任务无法转化为刚性指标，只能是一些模糊的任务，地方政府会充分利用模糊性，选择性执行上级任务[①]，以达到追求自身利益的目的。二是利用信息优势。中国地域广大，政府层级多，上级政府对下级政府信息的掌握，几乎完全依赖下级政府的传递，地方政府就可以充分利用地方信息优势，对自己有利的信息就详细传递，对自身不力的信息就隐瞒或在被迫的情况下少传递。近年来，在各地的重大事故中，屡屡出现地方政府瞒报或少报事故真实信息的情况，如煤矿事故；更有甚者，地方政府甚至虚报信息，以获得地方利益，如"铁本事件"中，常州市政府就将一个钢铁公司虚报为12个钢铁公司。三是与仅高一级的地方政府构成利益同盟，争取自身利益，由于政治承包制考核中，相邻两级政府的考核紧密相关，下级政府的完成情况直接涉及到上级政府的政绩，下级政府可以充分利用这一点为自己争取利益。

其次是管理自主权激发了地方政府自利性，地方政府利用管理自主权在地方上为自己谋利。如20世纪80年代以来，地方政府"三乱"现象（乱收费、乱摊派、乱罚款），就是地方政府利用管理自主权谋利的现象。苏北一县的农村行政事业收费和经营性收费两份表，仅涉农收费的部门就有27个，收费的项目达241项，其中行政事业性收费项目178个，经营性收费项目63个。这些诸多项目都是政出有门，都是经过政府有关部门批准和备案的。至于无依据的收费，口头的收费项目则多了，如交警上公路罚款有罚款指标；农民外出打工，民政部门开一张夫妻关系证明书要收9元；新婚领结婚证一律换为精装本，每本也是9元；流动人口计生管理费每月收2元，新婚夫妇外出打工必须一次性交足，时限截止50周岁，农民颇有

---

① 华连江、欧博文：《中国乡村中的选择性政策执行》，唐海华译，http://www.148com.com/html/507/95217.html。

意见。有的夫妻已有一方做了绝育手术，但计生管理费也不能免。①

地方政府利用管理自主权为自身谋利可以概括为两个方面：一是利用管理权直接在地方收取各种费用，即所谓的各种行政事业费，如广西在1990—1992年两年内，仅纠正的"三乱"收费项目就达2323个②，足见地方政府征收的费用之多；二是利用管理自主权整合地方资源，发展地方经济，增加政府税收，增加地方财政收入，包括开发地方矿藏、出售土地、招商引资、投资兴办地方企业等。

总之，政治承包制确立的地方政府自主性，一方面确立了地方政府的管理自主性，另一方面，又激发了地方政府自身的自利性。

2. 财政分权对地方政府自利性的激活

为了调动地方政府推动地方发展的积极性、主动性和创造性，同时使地方拥有一定的财力推动地方发展，中央政府进行了两次重大的财政体制改革。这两次财政体制改革的过程实质是中央放权让利、确立地方政府财政自主权的过程。

一次是始于1980年的财政包干制，从1980年开始中央在全国推行"划分收支，分级包干"财政包干制。其主要特点是，划分中央与地方（除三大直辖市外）的收入和支出的范围，进而按照各省的经济发展水平，确定各省上交比例或由中央提供的定额补助，一定五年不变。"划分收支、分级包干"的财政体制打破了"一灶吃饭"的传统格局，承认了中央和地方财政各自的利益和地位，是走向分级财政的重要一步。从1982年起，各省被允许建立自己的财政预算体系，并且在制定地区发展的规划中拥有了更多的自主权。财政包干体制先后经历了两次较大的调整。1985年，中央

---

① 易百春：《"三乱"仍在乱，治理须对症》，《改革开放》，2000年第12期。
② 李选殿、范世祥：《产生"三乱"的主要根源和综合治理的对策》，《广西财务与会计》，1992年第9期。

推行"划分税种,核定收支,分级包干",即按照税种和企业隶属关系,确定中央、地方各自的固定收入。1988年,中央又对收入上解比重较大的17个省、直辖市和计划单列市,实行了"收入递增包干"和"总额分成加增长分成"等几种不同形式的包干办法。同过去高度集中的财政体制相比,财政包干制最大的积极效应就是以"分灶吃饭",充分调动起了地方政府发展地方经济,扩大财政收入的积极性。

第二次财政体制改革是1994年推行的分税制改革。主要内容包括:一是根据中央和地方政府的事权确定相应的财政支出范围。其中地方财政支出主要包括:地方统筹的基本建设投资,地方国有企业的技术改造和新产品试制经费,支农支出,城市维护和建设经费,地方文化、教育、卫生等各项事业费和行政管理费,价格补贴支出以及其他支出;二是按税种划分中央财政与地方财政收入。将一些关系到国家大局和实施宏观调控的税种划归中央,把一些与地方经济和社会发展关系密切以及适合地方征管的税种划归地方,同时把收入稳定、数额较大、具有中性特征的增值税等划为中央与地方共享收入;三是实行中央对地方的税收返还制度。[①]

两次财政体制改革激活了地方政府的自利性。财政分权确立了地方政府的财政主体地位,而财政主体地位凸显了地方政府利益。地方政府成为拥有独立的财力和财权,具有独立经济利益目标的公共事务管理主体,而不再仅仅是传统的统收统支的财政体制下的一个纵向依赖的行政组织。这大大地激活了地方政府的自利性,地方财政扩张成为地方政府追逐的重要自利性目标。具体而言,财政分权在以下几个方面激活了地方政府的自利性。

一是与中央的财政博弈,激活了地方政府争取地方财政分成的自利性。一方面,地方政府与上级博弈,争取更多的财政分成,1994年的分税

[①] 何显明:《市场化进程中的地方政府行为逻辑》,人民出版社,2008年版,第188—189页。

制就是在中央与地方政府的谈判中完成的；另一方面，地方政府通过选择性自行中央政策以保障自身利益，在可以得到利益的时候，地方政府更多地表现了对中央政府的服从；而在没有利益的时候，地方政府更多地表现出疏远的倾向。①

二是地方政府预算体系的确立激活了地方政府自利性。地方政府在进行地方财政预算时，力图做到地方政府预算最大化。

三是财政包干制的财政自主权激活了地方政府扩张财源的自利性。完成中央的财政上缴指标，地方政府就拥有充分的地方财政自主权，这极大地激发地方政府扩张财源的冲动。地方政府通过增加税种、加大征税力度、支持地方企业等方式增加地方财政收入。预算外收入更是激活了地方政府的自利性。预算外收入无需与上级政府分成，其增收也不会导致上缴比重的增高，其使用也不像预算内资金那样要接受上级政府的严格监督，因而，预算外收入激活了地方政府的自利性。地方政府在增加预算外收入上总是表现出极高的创造性。据统计，从1978年到1992年，国家预算增长了三倍，预算外资金却增长了11倍。到1992年止，属于国家预算外的财政资金与属于预算内的财政资金几乎一样多。1982年到1992年预算外资金增长幅度每年达到30.5%。②另外，据分析，1992年以前55-66%的预算外收入归地方政府所有，而1994年实行分税制后，更是有75-95%的预算外收入进入了地方政府的金库。③自1996年中央全面清理预算外资金后，地方政府又开始通过举债建设获得自身利益。

财政体制的改革推动了地方政府发展地方经济的主动性、积极性和创造性，同时也使地方政府利益显性化，进一步激活了地方政府的自利性。

---

① 姚洋：《中国财政联邦化及其后果》，http://finance.sina.com.cn,2004年7月2日。
② 毛寿龙：《中国的财政分权与财政联邦制》，http//www.wiaPP.org, 2003年10月18日。
③ 裴敏欣：《公权化是否会增加腐败?》，《中国国情分析报告》，2002年第47期。

三、地方政府自利性的政绩工程动机

在现实层面上,地方政府始终存在着自利性的动机。"一把手"负总责的机制使地方政府"人格化",行政长官的利益成为地方政府利益的核心,追求政绩最大化和晋升机会最大化是地方行政长官的最大效用,而短期政绩最大化的捷径就是制造"政绩工程"。于是,地方政府自利性动机就充分体现在追求政绩工程的动机上。

1. 地方政府自利性的利益结构

地方政府的利益结构决定了地方政府的自利性状况,分析地方政府的利益结构,从中可以清楚地看出地方政府自利性的结构、本质以及发展趋势。现阶段,我国地方政府的利益结构包括三个有机部分:地方政府的整体利益、地方政府的部门利益、地方政府的个人利益。[①]

地方政府的整体利益是指地方政府与上下级政府、地方民众、市场主体等各方利益主体博弈中所能争取到的整体利益。邓聿文指出,这些年来,各级地方政府在招商引资、城市化、土地买卖、房地产发展等体现地方政府政绩和利益的活动中,把自己掌握的公权力市场化、资本化,通过各种途径设租、寻租,轻易获得超常规利益。地方官僚集团还在房地产调控、高耗能产业发展、食品整顿、高速公路收费清理等几乎各个方面,都形成了一个个与全国利益有别的独属于地方小集团的利益。在追逐自身利益时,地方政府就赤裸裸地以政府公司的面目而出现,已完全沦为在市场中逐利的企业,与一般企业的行为无异,甚至还不如一般企业对市场道德

---

① 本研究所说的地方政府利益结构是狭义的说法,仅就地方政府自身而言。也有学者从广义角度,认为地方政府的利益结构是一个多重利益目标的组合:作为地方政府人格化身的地方行政长官的个人利益、官僚群体的利益、地方利益、公共利益。参见何显明:《市场化进程中的地方政府行为逻辑》,人民出版社,2008年版,第98页。

的遵守。① 地方政府整体利益是地方政府作为利益主体发展的必然结果。

地方政府的部门利益是指地方政府中各个部门相对于其他部门和地方政府整体的利益。地方政府由各个部门组成，部门作为政府的分支机构，执行一部分政府职能，同级地方政府是各部门的上级，同时部门还有自己的纵向管理系统由于政府间的"条"、"块"分割的管理模式，以及地方政府各部门间管理业务的相对独立性，地方政府内部各部门间形成了具有相对独立的利益。地方政府部门在行政过程中偏离公共利益导向，利用公权谋私的倾向。根据其实现的途径，可将之分为三类：一是对上求权索利；二是对下侵权占利；三是同级争权夺利。②

地方政府的个人利益可以分为普通公务员的利益和政府官员的利益。普通公务员的利益主要是晋升的机会、更好的福利待遇以及工作的轻松；地方行政长官由于处在地方权力的中心位置，权力最大化或者说职务晋升机会的最大化，是其最大的利益。

地方政府的利益结构决定了地方政府追求自利性的基本路径。地方政府为了自身利益，采用企业化方式运作，从整体上看，上级政府是"总部"，地方政府则是"下属企业"，由于财政的相对独立，地方政府更像独立的"子公司"，党委书记是负责重大决策的"董事长"，政府首脑是负责执行决策的"总经理"。在不违背上级党委政府基本要求的前提下，地方政府为了自身利益最大化，通常会利用上位权力侵蚀下位政府与百姓的利益。③ 足见地方政府对自身整体利益的追求。

2. 地方政府自利性的人格化

在理想层面上，地方政府是地方公共利益的代表，是严格执行中央或上级政府指令的无人格化的官僚。但在中国单一制体制下，尤其是放权改

---

① 邓聿文：《地方政府已成一个利益集团》，《和讯网》，2012年10月16日。
② 陈谦：《地方政府部门利益化问题成因与治理》，《求索》，2011年第11期。
③ 丁力：《让利益型地方政府尽快转变为服务型》，《南方周末》，2009年4月27日。

革中，中国的政府体制具有一定程度的联邦制特色，地方政府利益主体的确立，地方政府追逐自利性，表现出人格化的倾向。

首先是地方政府的经济人格化。在现有体制模式下，各级政府主体"经济人格化"倾向越来越明显。具体表现就是，各级政府主体及其部门在某种程度上像是追逐经济利益的商人，尽最大努力趋利避害，对有利于增加本主体财政收入的人权、事权和财权，尽力掌握在自己手里，而对于承担财政压力的项目，尽量想办法减轻负担或者将包袱甩出去，最大限度使本主体财政利益最大化。在经济人格化的背景下，一方面，地方政府在诸如招商引资、保障性住房、公路"村村通"、高速公路投资等领域大量负债投资，借此获得地方政府利益；另一方面，地方政府力图摆脱地方公共事务对地方财政的依赖，集中体现在教育、医疗和住房体制改革中，地方政府尽量降低投入。①

其次是地方政府权力的人格化。权力是获取资源和分配资源的重要手段。从宪政体制层面看，中国实行的是人民代表大会制度和党的一元化领导体制。全国人代会是国家最高权力机关，党是国家政治生活的领导机关，在体制化结构领域不存在国家机构间法定职权的制约关系。具体说，中国的行政和司法机构都是立法机关产生并对其负责，而立法、行政、司法机关都要接受中国共产党的领导。这里面只有领导与被领导、监督与被监督的关系，而没有互相制约、平衡的关系。②没有体制化制约的权力就容易异化为人格化的权力，充分表现在地方政府"钓鱼执法"过程中，如按数额奖励查处毒品，按罚没款提成查处黑车和卖淫嫖娼、赌博等。行政主体往往事先设好"圈套"，让行政相对人作出违法行为，以此来收集违法犯罪的证据，并对行政相对人作出相应的处罚。这实际上就是以非法手段获取证据、以公权赤裸

---

① 有学者分析认为，地方政府"经济人格化"的原因是地方政府的财权与事权不相匹配造成的，在分税制之后，地方财力薄弱，为完成上级政府的高压行政指令和地方民众的公共需求，只好负债经营。地方政府逐利倾向更加凸显。参见《地方财政之殇》，《瞭望》，2009年第46期。

② 梁运娟、袁涛：《政府过程的人格化权力透视》，《法制与社会》，2007年第1期。

地侵犯公民合法利益的行为。[①] 这些都是地方政府权力人格化的表现，以公权力获取地方政府自身利益。

地方政府的"经济人格化"和"权力人格化"确立了地方政府自利性的主体，使得地方政府自利性的人格化更加明确。

3. 人格化地方政府对政绩工程的追求

地方政府的利益结构决定了地方政府的效用结构，而地方政府自利性的人格化决定了地方政府的利益追求模式。

地方政府的利益结构包括三个有机部分：地方政府的整体利益、地方政府的部门利益、地方政府的个人利益。这个结构决定了地方政府的效用结构，即地方政府的效用可以分为地方政府的整体效用、地方政府的部门效用和地方政府的个人效用。如果地方政府的三个效用能够同时达到最大化，这是最理想的状态，但在现实中，这三个效用能否达到最大化是由效用背后的权力配置绝对的。对于"一把手"负总责、各种监督措施不到位的地方政府而言，地方政府的一切效用都不得不服从地方行政长官的效用。在现行体制下，地方行政长官最大的效用偏好莫过于政绩最大化及政治晋升机会的最大化。

为了政绩最大化，地方行政长官在适当考虑地方政府其他效用的基础上，整合地方可能资源，调动一切可能的积极性，追求政绩最大化。鉴于我国现有的地方官员任期制度，决定了一个官员在同一地方不可能长期任职，为了在短期内多出政绩、快出政绩，地方行政长官为了自身的利益，就会直奔政绩主题，于是追求政绩工程成为一种必然。

小结

地方政府自主性与自利性的结合催生政绩工程。

为调动地方政府推动地方发展的积极性、主动性、创造性，中央政府

[①] 蒋小娇：《"钓鱼执法"的危害及其整改》，《理论学习》，2011年第10期。

以"放权计利"的方式培养地方政府的发展主体地位，地方政府自主性逐步增强，具备了超越中央（上级）政府及地方利益集团的束缚而自主行为的能力，这种能力极大地激发了地方政府自利性，追求政绩最大化的内在动机和外在能力相互激发，制造政绩工程以追求政绩最大化在主体上已具备一切条件。由此，地方政府的自主性与自利性便构成了政绩工程的主体动力机制。

第三章 政府间的博弈与竞争：政绩工程的体制性动力机制

在中央政府"放权让利"的改革中，一方面，确立了地方政府作为地方发展的主体地位；另一方面，改变了中央政府与地方政府、地方政府与地方政府之间的关系结构。作为具有主体性的地方政府，为了自身利益最大化和晋升机会最大化，就会在与中央政府（或上级政府）的博弈、同级政府的竞争中追求政绩最大化，形成政绩工程的体制性动力机制。

第一节 纵向政府间博弈：政绩工程的纵向体制性动力

由于"放权让利"的改革并没有形成法制化的政府间规范关系，放什么、放多少；让什么、让多少，都没有法律规范，中央政府和地方政府间为了各自利益相互博弈。为了推动地方发展，中央采用承包制的方式调动地方政府发展地方经济的积极性，而各级地方政府又以逐级发包的方式管理下级政府[①]，压力型体制形成。承包制的政绩考核方式催生了政绩发展型政府，晋升锦标赛使地方政府以制造政绩工程的方式追求政绩最大化。纵向政府间博弈构成政绩工程的纵向体制性动力。

一、纵向政府间关系：理论与现实变迁

改革开放过程，既是经济由计划经济向市场经济转变的过程，更是政

[①] 周黎安：《转型中的地方政府：官员的激励与治理》，格致出版社、上海人民出版社，2008年版，第72—86页。

府职能、政府角色的重构过程。面对市场化转型，政府间关系也发生了重大变化，学者们对政府间关系从理论层面作了众多概括。

1. 纵向政府间关系理论

在中国市场化改革中，政府是市场化的组织者、行动者[①]，为适应市场化变革，政府自身也在不断进行调适，其中政府间关系就处于不断变革之中。针对变革的政府间关系，学者们提出了如下一些理论概括政府间关系。[②]

分权说。分权说从国家能力角度分析20世纪80～90年代分税制实行前中国中央地方关系的学说。该学说认为，改革开放以来，随着中央政府的"放权让利"，中央财政收入占整个财政收入的比重不断下降，而地方财力则不断增强，形成"弱中央，强地方"的局面。这一局面导致中国国家能力不断下降：到20世纪80年代末，中国"在所有方面已低于分权底线指标……中国今天的分权程度与前南斯拉夫80年代初很接近，关心中国前程的人，必须认真思考分权底线的政治含义，切不可以侥幸心态漠然视之"[③]。分权说揭示了20世纪80年代中央地方财税关系中的严重问题。

中国式联邦制说。钱颖一提出中国式联邦制说，认为改革开放以来，中国经济的迅速增长主要得益于非国有部门的持续进入与扩张，形成了与东欧和苏联的U型层级制[④]不同的M型层级制的行政管理结构。在M型层级制下，中国经济是根据管辖范围原则运用多层次、多

[①] 洪银兴和曹勇基于地方政府对市场化过程的强有力推动作用而将其称为"市场行动者"，参见洪银兴、曹勇：《经济体制转轨时期的地方政府功能》，《经济研究》，1996年第5期。

[②] 薛立强：《授权体制——当代中国中央地方关系的一种阐释》，《云南社会科学》，2007年第5期。

[③] 王绍光：《分权的底线》，《战略与管理》，1995年第2期。

[④] 在东欧和苏联的U型层级制下，层级式的信息流动和控制根据职能方式或专业化原则来组成单一的形式（即"条条"形式）。大多数企业是按工业部门来分类的，并在各个部的直接监督之下，地方政府是中央的下属机构，它们的作用仅限于从下面收集信息和贯彻上面的计划，而没有很大的自主权。参见钱颖一：《现代经济学与中国经济改革》，中国人民大学出版社，2003年版，第185页。

地区形式组织的（即"块块"形式），其中每一层次上的每个地理区域都可以看作是一个运作单位，即地方政府在职能和产品的供应方面是半自主和相对自给的。这种具有行政分权性质的 M 型层级制基本上适应了中国的渐进式改革，使中国的经济发展具有了"中国特色的维护市场的经济联邦制"的特点：当改革的政治阻力还很大的时候，当旧的计划制度还十分坚硬的时候，当市场的发育很大程度上取决于人们对改革的持久性的预期的时候，恰恰是分权化创造了市场化改革的根本动力。[①] 中国式联邦制说对改革开放以来中国经济之所以走向成功的中央地方关系因素的一种阐释。

分割的权威主义说（Fragmented Authoritarianism），是西方学者对包括中央地方关系在内的中国政治体制的权威性看法，认为中国的政治体制是"一个分割的权威主义的官僚制结构，其中使政策取得一致的是中央，而取得一致的过程却是一个拖拉、各行其是、增量的过程"[②]。在分割的权威主义结构下，中央权威被具有自身利益的、官僚制地位平等的各部委和各省所分割。因此虽然政策最终能够达成一致，但是达成一致的"政策过程"必然是一个充满讨价还价的艰难过程。形成这种状况的原因在于中国各个社会集团的利益不是由自发的利益集团来代表的，而是通过特定的官僚机构来表达的。例如煤炭工业部代表煤炭工业系统的利益，广东省政府代表广东人民的利益。中国的政治体制实际上又是鼓励这样的经济社会利益表达方式的。改革开放以来中央对地方控制的放松以及鼓励地方根据各地实际发展的政策加重了中国政治体制中的分割倾向。

集分平衡说，是对改革开放以来到 20 世纪 90 年代中国中央地方关系一种理论阐释。该学说认为，改革开放以来，原来高度集中的中央对地方

[①] 钱颖一、许成钢、董彦彬：《中国的改革为什么与众不同——M 型的层级制和非国有部门的进入与扩张》，《经济社会制度比较》，1993 年第 1 期。另参见：钱颖一：《现代经济学与中国经济改革》，中国人民大学出版社，2003 年版，第 184 页。

[②] KennethLieberthal, Michel Oksenberg. *Policy Making in China: Leads, Structures, and Process*[M]. Princeton：Princeton University Press, 1988. p22.

的资源再分配和利益协调模式逐渐被打破，出现了中央地方关系的失衡。这种失衡主要源自经济领域，也主要显现在经济领域，其基本表现是中央功能的缩减和地方功能的扩大。中央地方关系失衡的根源在于有限的社会资源总量与剧增的社会需求之间的矛盾，"社会资源总量大大小于社会需求总量"[①]。中央地方关系失衡的演变过程是这样的："改革原来着眼于国家与企业的关系，然而首先得到变化的不是国家与企业的关系，而是中央政府与地方政府的关系；主要的设想是改变企业的依附地位，使企业活跃起来，实际机制的运行却造成地方政府的空前活跃。"[②] 中央地方之间新平衡的实现有赖于对有限的社会资源总量做出合理的配置和最大限度地促进社会资源总量的增长。

选择性集权说。这是一些学者对改革开放以来的中央政府处理中央地方关系经验的一种理论总结，认为成熟的现代国家必须具有集中性（中央性）和人民性。其理论依据，一是现代国家的集中性合法化，即现代民族国家的兴起、工业化的推动和世界市场体系的形成促使现代国家的集中性得以达成，创造更多的经济财富以及民族主义的追求使得现代国家的集中性得以合法化；二是国家主权与人民主权的相容性，"人民性的扩张和国家权力的集中性并行不悖"[③]。以此理论反思中国的中央地方关系，存在两个方面的问题：一方面中央集权但缺乏足够的权力；另一方面地方分权但缺乏足够的民主。解决这些问题必须基于中国的现实，"除了继续有选择性集权，看来别无他法"[④]。选择性集权的实质是中央政府有选择地把那些对国家整体至关重要的权力集中起来，而不是要把方方面面的权力都集中在自己的手中，把更多的权力下放给地方政府，实行充分的分权。

[①] 王沪宁：《集分平衡：中央与地方的协同关系》，《复旦学报》（社会科学版），1991年第2期。

[②] 王沪宁、陈明明：《调整中的中央与地方关系：政治资源的开发与维护——王沪宁教授访谈录》，《探索与争鸣》，1995年第3期。

[③] 郑永年、王旭：《论中央地方关系中的集权和民主问题》，《战略与管理》，2001年第3期。

[④] 郑永年：《要永中央与地方关系的改革》，《联合早报网》，http://www.zaobao.com/special/forum/pages3/forum_zp060822b.html。

职责同构说，是对中国纵向间政府关系的同质性的阐释，认为在政府间关系中，不同层级的政府在纵向间职能、职责和机构设置上保持了高度统一、一致。① 职责同构源自计划经济体制下中央既要集中掌握社会资源，又要支持地方自主发展来限制部门集权。职责同构的政府模式，不仅为计划经济体制下地方对抗部门集权提供了合法性，而且也是改革开放后国家能够平稳地走向市场经济的重要体制原因。同时，职责同构模式与市场经济体制之间又存在诸多不适应，主要表现为：全能型地方政府的发展严重地阻碍了全国统一市场的形成，同时条条的辖制也削弱了市场配置资源的优势，限制了地方的活力。因此，随着市场经济体制的建立与完善，中国职责同构的纵向间政府关系也需要进一步完善。有学者认为，职责同构的改革与完善，并不是简单照搬西方单一制国家的"职责异构"，而是在打破职责同构的前提下，构建"伙伴型"政府间纵向关系。② 这种关系并不是对领导与被领导关系的简单改造，而是在职责权限分明的纵向政府间建立相互合作、相互依赖、相互制约、资源共享的伙伴关系。③

授权体制说。有学者认为，当代中国的中央地方关系是一种授权体制的中央地方关系。在授权体制的中央地方关系下，权力的核心和合法性源头在中央，然而地方并不是简单地不折不扣执行中央政策的代表，实际上也握有一定的职权和权力，中央通过职权的授予和收回（"放"和"收"）来调整中央地方关系。得出授权体制的依据是中国单一制的国家结构、宪法和法律规定的中央地方关系、当代中国中央地方关系的实践、中国的中央地方关系历史等四个方面。④

---

① 朱光磊、张志红：《"职责同构"批判》，《北京大学学报》（哲学社会科学版），2005年第1期。
② 薛立强：《授权体制——当代中国中央地方关系的一种阐释》，《云南社会科学》，2007年第5期。
③ 朱光磊、张志红：《"职责同构"批判》，《北京大学学报》（哲学社会科学版），2005年第1期。
④ 薛立强：《授权体制——当代中国中央地方关系的一种阐释》，《云南社会科学》，2007年第5期。

2. 中央与地方政府间关系变迁

学者们对转型期中国中央政府与地方政府关系的不同理论概括,反映了中央政府与地方政府关系随时代的变迁。在现实层面上,这种变迁主要表现在中央政府与地方政府间的财政关系、行政关系的变化上。

中央政府与地方政府财政关系变迁,主要体现为中央政府对地方政府的"让利",这种"让利"在改革开放后主要经历了四个阶段。①

第一阶段（1979－1984 年）,实行"划分收支,分级包干"的财政管理体制。除北京、上海、天津等三个直辖市外,其他省市一律实行"分灶吃饭"的包干办法。这一体制具有三个要点:一是划分了中央财政与地方财政的收支范围;二是确定了收入和支出的包干基数,明确了分级包干、自求平衡的责任;三是包干期由一年一定改为一定五年。这是对过去长期实行的"统收统支""大锅饭"财政体制的一次重大改革。

第二阶段（1985－1987 年）,实行"划分税种、核定收支、分级包干"的财政管理体制。这一体制的基本内容是:（1）将国家财政收入分为中央财政固定收入、地方财政固定收入以及中央财政与地方财政共享收入;（2）按地方留成收入确定支出基数;（3）把地方固定收入和中央、地方共享收入加在一起,同地方支出基数挂钩,确定分成比例,实行总额分成。尽管在这一阶段的开始已经提出了分税制的基本思路,但是由于划分税种的困难和多年来遗留下来的矛盾,所以,实际上实行的是总额分成的体制,分税制未能付诸实施。

第三阶段（1988－1992 年）,实行对不同地区采用不同的财政包干管理体制。主要有以下几种办法:（1）"收入递增包干"的办法。实行这种

---

① 不同学者对中央政府与地方政府财政关系变迁的划分不一样,参见魏礼群主编:《市场经济中的中央与地方经济关系》,中国经济出版社,1994 年版,第 4－5 页;梁学伟:《我国中央与地方关系的变迁及其走向研究——以公共服务为视角》,吉林大学博士论文 2008 年;罗国亮:《中央与地方关系:改革开放 30 年来嬗变的实证研究》,《中州学刊》,2008 年第 6 期。

办法的有北京市、河北省、辽宁省、沈阳市、哈尔滨市、江苏省、宁波市、河南省和重庆市等10个地区。(2)"总额分成"办法。实行这种办法的有天津市、山西省和安徽省等3个地区。(3)"总额分成加增长分成"办法。实行这种办法的有大连市、青岛市和武汉市等3个地区。(4)"上解额递增包干"办法。实行这种办法的有上海市、山东省和黑龙江省等3个地区。(5)"定额补助"办法。实行这种办法的有吉林省、江西省、福建省、陕西省、甘肃省、青海省、海南省、贵州省、云南省、宁夏回族自治区、新疆维吾尔自治区；湖北省和四川省划出武汉市和重庆市后，由上解省变为补贴省，其支大于收的差额，分别由武汉市和重庆市从其收入中上交省一部分，也作为中央对地方的补助。

第四阶段（1994年至今），实行"分税制"的财政管理体制。主要内容包括：(1) 合理划分中央与地方的事权和支出，中央财政主要承担国家安全、外交和中央国家机关运转所需经费，调整国民经济结构、协调地区发展、实施宏观调控所必需的支出以及由中央直接管理的事业发展支出。地方财政主要承担本地区政权机关运转所需支出以及本地区经济、事业发展所需支出。(2) 根据事权与财权相结合的原则划分税种，将维护国家权益、实施宏观调控所必需的税种划为中央税；将同经济发展直接相关的主要税种划为中央与地方共享税；将适合地方征管的税种划为地方税。(3) 实行中央财政对地方的税收返还和转移支付制度。建立中央税收和地方税收体系，分设中央与地方两套税务机构分别征管；科学核定地方收支数额，逐步实行比较规范的中央财政对地方的税收返还和转移支付制度。(4) 中央集中必要的财力。中央税、共享税以及地方税的立法权都要集中在中央，以保证中央政令统一，维护全国统一市场和企业平等竞争。中央财政收入占全国财政收入的比例将提高到60%左右。[1] 分税制之后，虽然有许多调整，但主要是中央与地方分享税率的调整，分税制的基本思路和制度基本保持。

---

[1] 罗国亮：《中央与地方关系：改革开放30年来嬗变的实证研究》，《中州学刊》，2008年第6期。

与财政性的经济分权相对应，在中央与地方的行政关系上，中央采取了行政性分权，中央政府与地方政府的关系发生了重大变迁，主要表现在以下几个方面。

一是下放立法权。中央下放立法权，改变了过去的一级立法体制，明确规定中央和省级两级立法权。1982年宪法规定："省、直辖市的人民代表大会和它们的常务委员会，在不同宪法、法律、行政法规相抵触的前提下，可以制定地方性法规，报全国人民代表大会常务委员会备案。"确认了省、自治区、直辖市权力机关的立法权，建立两级立法体制。并以组织法进一步把立法权扩大到省会城市和部分较大的城市。

二是下放地方管理权，实现首长负责制。1982年宪法明确规定，国务院实行总理负责制，地方各级人民政府实行省长、市长、县长、区长、乡长、镇长负责制。同时，确立"下管一级"的党管干部政策。1984年后，管干部的政策从"下管两级"改为"下管一级"，中央只是管到省部级，对地厅级主要领导只进行备案管理。

三是下放经济管理权限。中央下放了固定资产投资项目的审批权限，简化审批程序。地方政府有了一定限度的固定资产投资权、技术改造权、城乡建设权。地方政府接管了中央政府下放了一批国有大中型企业，并且在外汇使用管理权、减免税权、物价权、工资权等方面也有了大幅增加。

从总体上看，中央与地方政府的关系变迁是在中央"放权让利"的情况下实施的，由于缺乏法制化的规范，中央的"放权让利"明显存在着尝试性。"放权让利"产生的法制化效果好，就坚持；效果不好，就收回。随着地方利益主体的形成，地方政府与中央政府就会不断博弈，以获得地方利益最大化。而这种博弈又推动中央与地方政府之间的关系变革，从而不断促进中央与地方关系的完善。

3. 纵向地方政府间关系

中国是单一制的国家结构，这就决定了地方政府间的关系在本质上，只能是中央与省级政府关系的延伸。中央政府与省级政府间职责同构的特征，在地方政府纵向关系上保持了一致性，即不同层级的地方政府在纵向职能、职责和机构设置上高度统一和高度同构。

有学者认为职责同构之所以能发挥国家整合的作用，关键在于这种结构形成了一种"轴心辐射模式"的管理体系，"中国形成了权力中心辐射边缘，边缘依附中心的轴心辐射模式"①。这种模式通过以下几个中间变量和机制影响和作用于政府间纵向关系：人事任命，地方政府对民众的责任机制，对地方政府"一把手"监督乏力使实行制度性分权缺乏必要的制度支撑；党政关系，以"轴心辐射模式"为特征的国家整合方式是制度性分权长期难以推行的主要制度性根源。为此，要变革政府间纵向关系，其基本思路是：以中央政府为主导，逐步改变各级政府"职责同构"的政府管理模式。同时，规范党政关系，不断强化地方政府对民众的责任机制，建立起中央政府、地方政府、民众三者之间的良性互动机制。

在"放权让利"改革中，地方政府间形成了逐级发包制，所谓发包制是指发包方把任务发包给承包方，承包方按规定的要求交货，发包方不具体干预生产过程，承包方占有生产工具和设备，代表一种间接控制的分权治理模式。在这种层层发包的政府关系中，中央首先将行政和经济管理的具体事务全部包给省一级政府，然后省政府再往下逐级发包，一直到县乡一级，行政指令和要求下级政府完成的职责可以看做是对发包内容的规定和要求。②逐级发包制贯穿在纵向地方政府间的各个领域，首先是"财政包干制"，中央政府决定与省级政府收入分配的规则，省级政府则和市级政府确定收入分享规则，市政府又与县政府确定收入分享规则等；其次是人事任命逐级发包，1984年后，干部管理从"下管两级"改为"下管一

---

① 周振超：《轴心辐射模式：一个制度性分权长期难以推行的解释框架》，《理论探讨》，2008年第1期。

② 周黎安：《转型中的地方政府：官员激励与治理》，格致出版社，上海人民出版社，2008年版，第59页。

级",赋予了地方政府对下级官员的任命权,地方各级党委都相应下放了人事权。最后是地方行政事务的逐级发包,包括计划生育、煤矿安全、社会治安等都以"责任状"的合同方式发包给下级政府,年终依据考核完成情况,决定奖惩。对重要指标,则采用"一票否决"制,即一项指标不达标,责任人就失去评优和获得奖励的资格,甚至被降职或解职。[1]

由于逐级发包制形成了地方政府纵向间的压力型体制,所谓压力型体制是指"一级政治组织(县、乡)为了实现经济赶超,完成上级下达的各项指标而采取的数量化任务分解的管理方式和物质化的评价体系"[2]。为了完成经济赶超任务,各级政治组织(以党委和政府为核心)向下级组织和个人层层分解任务指标,责令其在规定时间内完成,并配之以相应的行政和经济方面的奖惩措施。各级组织就是在这种评价体系的压力下运行的。

上级政府依据压力型体制的考核结果,决定下级政府官员的晋升,形成了同级地方政府官员晋升的政治锦标赛,即"上级政府对多个下级政府部门的行政长官设计的一种晋升竞赛,竞赛优胜者将获得晋升,而竞赛标准由上级政府决定,它可以是GDP增长率,也可以是其他可度量的指标"[3]。官员晋升的政治锦标赛不仅反映了地方政府纵向间的关系,而且逐步发展为一种政府治理模式。这种治理模式的最大特征在于进入下一轮的选手必须是上一轮的优胜者,每一轮被淘汰出局的选手自动失去下一轮参赛的资格。这激励各级地方官员按照上级的要求积极参与锦标赛。中国集中的人事权、衡量GDP增长的客观性、政府将经济发展作为第一要务的相似性、跨地区地方官员合谋的低概率性等特征基本上满足了政治锦标赛模式的条件,使得中国成为这一模式的典型国家。

---

[1] 周黎安:《转型中的地方政府:官员激励与治理》,格致出版社、上海人民出版社,2008年版,第207—214页。

[2] 荣敬本等:《从压力型体制向民主合作体制的转变:县乡两级政治体制改革》,中央编译出版社,1998年版,第1页。

[3] 周黎安:《转型中的地方政府:官员激励与治理》,格致出版社、上海人民出版社,2008年版,第89页。

二、压力型体制催生政绩发展型政府

改革开放后,中央为了实施现代化的赶超战略,采用责任制的承包制方式管理地方政府,以激发、调动地方各级政府积极参与发展的积极性、创造性和诸多性,地方政府间的逐级承包形成了压力型体制。从效果上看,一方面压力型体制推动地方政府成为发展型政府;另一方面压力型体制的政绩考核机制又使地方政府围绕政绩推动地方发展,形成政绩发展型政府。为了追求政绩,政绩工程成为政绩发展型政府的必然选择。

1. 压力型体制的形成与特征

改革开放后,中国一方面面临着国内强大的加快现代化建设步伐、尽快改善公众的物质文化水平的压力,另一方面又面临着巨大的外部竞争压力。鉴于国际国内发展的双重压力,中国很自然地选择了赶超型的现代化道路。从本质上看,赶超型发展战略就意味着,现代化的社会变迁过程不是一个现代性因素自发性地积累和演变的历程。这种现代化建设是在经济、政治、社会、文化的变迁条件并不完全具备或成熟的条件下,借助于各级政府的行政力量强行启动和推进的。由于推进现代化变迁的其他社会力量并未发育成熟,客观上只能由政府来充当现代化的推动者和组织者的角色。现代化的赶超战略问题就转化为如何激发、调动各级政府致力于改革与发展的积极性、主动性和创造性。就我国的现代化发展现状而言,自下而上的民主政治体制还没有完全形成,各级政府对下负责的政治责任机制和压力机制尚未建立起来。在这样的政治约束条件下,调动地方政府推动现代化发展的积极性的根本途径,只能是依托于行政上的隶属关系,建立起一种自上而下的压力机制,由上级政府给下级政府下达经济社会发展硬性任务,并根据指标任务的完成情况给予不同奖惩待遇。[1]

---

[1] 何显明:《市场化进程中的地方政府行为逻辑》,人民出版社,2008 年版,第 208 页。

为了建立自上而下的压力机制,实现现代化的赶超型发展战略,在分权改革中,中央推行了两项改革。一是中央将人事管理从"下管二级"变为"下管一级"。"下管一级"使地方获得了独立的人事任免权,如在县一级,各职能部门的负责人和乡镇负责人都由县委任免。这项改革加强了地方上直接上司的权力和权威,下级的晋升掌握在上级的手中,下级对上级只好更加顺从,保证了压力机制传递压力的可靠性;二是岗位目标责任制在行政过程中的广泛推行。岗位目标责任制是中国科层制规则实质化、密致化的产物。在计划经济时代,实行的是党委的集体领导负责制,这种责任制往往存在无章可循、无人负责的弊病,邓小平在1980年对这一问题总结道:"我们的党政机构以及多种企业、事业领导机构中,长期缺少严格的以上而下的行政法规和个人负责制,缺少对于每个机关乃至每个人的职责权限的规定,以至事无大小,往往无章可循。"[1] 为了改变名曰集体负责,实则无人负责的科层制缺陷,从20世纪80年代中后期开始,严格的岗位目标责任制在行政过程中广泛推行开来。责任被具体落实到个人身上,依靠行政责任压力推动现代化的压力型体制由此形成。[2]

压力型体制实质就是一种在现代化压力下以利用行政垂直权力、以责任制为网络并以政治经济奖惩为动力杠杆将压力层层向下渗透、扩散的行政决策和执行模式。[3] 具体说就是,为了完成经济赶超任务,各级政治组织(以党委和政府为核心)向下级组织和个人层层分解任务指标,责令其在规定时间内完成,并配之以相应的行政和经济方面的奖惩措施。各级组织就是在这种评价体系的压力下运行的。

压力型体制在实施过程中,上级政府通过给下一级政府定指标、下任务,责成下级政府必须在规定的时间完成。这些指标和任务在行政等级中层层下达,直至最基层的乡镇、村一级,并且再通过岗位目标责任制细化

---

[1] 《邓小平文选》(第2卷),人民出版社,1993年版,第328页。
[2] 唐海华:《"压力型体制"与中国的政治发展》,《宁波党校学报》,2006年第1期。
[3] 唐海华:《"压力型体制"与中国的政治发展》,《宁波党校学报》,2006年第1期。

分解到各个政府工作人员身上。例如县级政府向乡镇政府一般下达经济增长、财政收入增长、计划生育等方面的量化指标。乡级政府往往被迫与县级签订责任书保证指标的贯彻落实。同样的压力传递在相邻的上下政府间形成,最终,责任指标就通过"横向到边,纵向到底"的分解方式具体到每个工作人员。① 于是,经济上的承包制被复制到政治上,形成了一种独特的主要通过压力驱动的"政治承包制"。②

同时,为了保证指标任务的落实,上级领导设立了多种奖惩措施,包括人事升降、物质奖金和通报表扬批评等方式。上级领导定期对下级干部的工作进行考核,一般是在每年年终进行单项和综合考核。这些达标检查往往结合了排名次、定优劣的竞赛方式,如在湖南桃源县,县政府规定年终评定大会上排在综合成绩前列的乡镇干部可以"拿票子"(指奖金)、"背旗子"(指光荣红旗)、"端杯子";相反,那些排名最末的乡镇干部就不得不"背黑旗"、"坐冷角"。③ 这种奖惩方式各地严厉程度有所不同,严厉者如河南省某市政府,在对县的考核中,它规定倘若某县成绩当年排在后面,就会被亮黄牌,一旦该县连续两年以上都被亮黄牌,县领导就会被撤换。④

压力型体制是在中国现代化发展动力不足,中央力图通过完善责任制,向地方分权刺激地方政府推动发展的积极性,以此创生中国的现代化动力。杨雪冬认为,压力型体制是一套把行政命令与物质利益刺激结合起来的机制组合,它主要由三个要件构成:一是数量化的任务分解机制。在制定了社会经济发展目标和接到上级任务后,党委政府把这些发展目标和上级任务进行量化分解,通过签订责任状的形式层层下派到下级组织和个

---

① 荣敬本:《从压力型体制向民主合作体制的转变》,中央编译出版社,1996年版,第31页。

② 荣敬本:《从压力型体制向民主合作体制的转变》,中央编译出版社,1996年版,第83页。

③ 李慷:《社会变迁中的中国农村社区发展:桃源农村社区调查与研究》,中国科学技术出版社,1992年版,第15页。

④ 曹锦清:《黄河边的中国》,上海文艺出版社,2000年版,第557页。

人,并限时完成。二是各部门共同参与的问题解决机制。要求各部门的工作围绕党委、政府的工作计划和工作重点进行安排,并随时从各部门抽调人员或者整个部门一起行动,完成来自上级的临时性任务或工作。三是物质化的多层次评价体系。对于完成指标任务的组织和个人,除了采用授予称号等传统的精神奖励之外,还增加了包括提级、提资、提拔、奖金等物质奖励。在惩罚上,一些重要任务实行"一票否决"制,即一旦某项任务没有达标,就视其全年工作成绩为零,不能获得任何先进称号和奖励。[①]

从特征上看,周黎安认为,压力型体制在政府间实施"政治承包制"的过程中,有两个基本特征:第一,把行政职责量化为数字指标。虽然政府的许多职责是很难用量化指标进行刻画,但是,为了便于考核,上级机构尽一切可能把下属的工作任务量化,把一些不易量化的指标也"强行"变成数字指标。比如民政局的职责包括救灾救济、优抚安置、社会事务、区划地名、农保、综合等方面,到了乡镇一级,民政工作责任书就由一系列需要完成的量化指标构成,包括匹配救灾款的数额、农村最低生活保障户数、退役军人安置率、储备粮、筹集的社会保险金、敬老院创收、筹集优抚保障、年内解决住房难的户数、村级集体公墓的火花率等等。政府层级和部门之间的目标责任制还进一步延伸到政府部门内部工作人员的岗位责任制,把政府人员的职责细化和量化,然后继续绩效考评。第二,行政指标逐级放大。随着政府施政的目标不断分解到基层政府的过程中,有一个任务目标层层加码、逐级放大的过程。一个普遍规律是,一个乡镇和职能部门所订立的工作指标和增长率要普遍高于县级政府的目标值,而县级所订立的目标增长率又要高于所在的地区或主管市,地区和市的目标又要高于省级政府的目标值。其实层层加码不一定是上级施加压力的结果,在

[①] 杨雪冬:《市场发育、社会成长和公共权力构建——以县为微观分析单位》,河南人民出版社,2002年版,第107页。转引自何显明:《市场化进程中的地方政府行为逻辑》,人民出版社,2008年版,第209页。

很多场合，它是多层级政治锦标赛的一个必然结果。①

压力型体制是转型期权力和责任下移之后中央政府控制各级代理机构的一种必然选择。它在有效地解决了中央政府制订的经济社会发展战略任务的分解落实问题的同时，通过层层制订岗位目标责任，建立起了对各级地方政府的行为约束机制。

2. 压力型体制催生地方发展型政府

发展型政府是发展型国家理论的衍生，发展型国家的概念由美国学者查默斯·约翰逊在《通产省与日本奇迹》一书中提出，用来解释亚洲新兴工业化国家的经济发展模式。查默斯·约翰逊认为，日本在1962年以后所出现的经济奇迹归功于在经济活动中扮演重要角色的通产省，通产省把政府计划与自由市场有机结合起来，形成了一种区别于苏联的中央计划型模式和美国的自由市场模式的新的发展模式，查默斯·约翰逊称之为发展型国家。② 日本是发展型国家的典型代表，而随后崛起的韩国、中国台湾、中国香港、新加坡等"东亚四小龙"也被划入发展型国家的行列。

政府是国家政策的执行者、国家意志的贯彻者，发展型国家的政府不同于中央计划模式和自由市场模式下的政府，而是执行发展型国家政策的政府。发展型国家的政府把推动经济高速发展置于首要位置，拥有庞大的经济官僚系统，并以制定和推行经济政策的方式推动经济发展，政府对于市场经济发展所起到的作用不是监管，而是直接的干预和引导。为了说明发展型国家的政府与其他发展模式的政府区别，约翰逊使用"资本主义发展型政府"（capitalist developmental state，后简称 developmental state 即"发展型政府"）来说明这种政府的属性。约翰逊认为，日本的发展模式介

---

① 周黎安：《转型中的地方政府：官员激励与治理》，格致出版社、上海人民出版社，2008年版，第208—209页。

② [美]查默斯·约翰逊著：《通产省与日本奇迹：产业政策的成长（1925—1975）》，吉林出版集团有限责任公司，2010年版。

于苏、美模式之间,其特点表现为政府在经济发展中起主导作用,但既不是苏联这样计划经济模式中政府对经济的全面掌控;又不是美国模式中自由市场,对发展型政府而言,市场仅是推动发展的重要工具。[1]

继约翰逊之后,许多学者对发展型政府作了研究,韦德认为,日本、韩国和台湾经济的快速增长是因为"更多的投资流入关键产业,而没有政府的干预,这种情况是不可能出现的"[2]。世界银行1993年的发展报告《东亚奇迹》认为发展型政府就是能够自主地制定有利于一个国家长期经济增长的经济政策的政府,这样的政府对经济的干预非常深,甚至有意扭曲价格信号,以利某些特定行业的优先发展。[3] 我国学者认为,所谓发展型政府,是指发展中国家在向现代工业社会转变的过程中,以推动经济发展为主要目标,以长期担当经济发展的主体力量为主要方式,以经济增长作为政治合法性主要来源的政府模式。[4]

发展型政府的实质是强调政府在经济发展中的主导作用,"几乎所有经济发展的成功例子都有国家的干预和工业战略的实施"[5]。我国改革开放中,尤其是中央政府"放权让利"的改革,目的就是要调动地方政府参与经济发展的主动性、积极性、创造性,通过地方政府推动地方经济发展,经济承包制的压力型体制进一步强化了地方政府在发展经济中的作用。压力型体制从以下几个方面催生了地方发展型政府。

---

[1] Chalmers Johnson, *MITI and the Japanese Miracle: The Growth of Industrial Policy*, 1925-1975 (Stanford: Stanford University Press, 1982).

[2] Ibid. Wade,1990. p. 26. 12 Peter Evans, "*The State as Problem and Solution: Predation, Embedded Autonomy, and Structural Change*", in The Politics of Economic Adjustment: International Constrains, Distributive Conflicts, and the State edited by Stephan and Robert R. Kaufman (Princeton:Princeton University Press,1992).

[3] 夏能礼、许焰妮:《"发展型政府"的理论批判:基于东亚历史的经验》,《理论探讨》,2012年第2期。

[4] 郁建兴、徐越倩:《从发展型政府到公共服务型政府——以浙江省为个案》,《马克思主义与现实》,2004年第5期。

[5] Helen Shapiro and Lance Taylor, "The State and Industrial Strategy", *World Development* 18 (6): 61-878, 1990, p. 876.

首先是压力型体制的经济考核指标迫使下级政府以发展经济为主要任务。以招商引资为例，在推动地方经济发展中，招商引资成为经济发展中的重要衡量指标。以S县对T镇《2005年度目标管理考评方案》中有关招商引资工作的指标与奖惩规定：

（1）提报的项目不少于4个，每个项目投资部少于500万元人民币，其中有一个项目投资规模不少于2000万人民币。按要求提报的记一分，否则不记分。

（2）积极参与省市县组织的各种重大招商活动，并按要求完成各项任务的记一分，否则不记分。

（3）引进境内资金总额1200万人民币，境外资金20万美元。完成引资总额目标的计满分，若未完成此目标任务，则按实际完成比例记分。超额完成任务的，每超一个加0.1分。

（4）以争取市以上计划外项目无偿资金为依据，完成上级投资700万人民币，完成目标任务的计满分，若未完成此目标任务，则按实际完成比例记分。超额完成任务的，每超十个百分点加0.5分。[1]

在S县对T镇的8大考核指标中，招商引资占比达40%，加上招商引资的加分权重，实际考核占考核指标的70%。[2] 招商引资是地方经济发展的重要途径，压力型体制迫使各级地方政府把主要精力放在上面，以硬指标迫使下级政府以招商引资推动地方经济发展，促使地方政府向发展型政府转型。

其次，压力型体制的财政包干制催动地方政府发展经济。一方面，财政包干制意味着地方政府交够上面的，剩余的财政收入就是本级政府的。要增加地方财政收入，就必须大力发展地方经济。这大大地激励了地方政

---

[1] 中共S县委、S县人民政府关于印发《2005年度乡镇目标管理考评方案》的通知。转引自欧阳静、杨华：《论被招商引资束缚的乡镇政权——兼论压力型体制下乡镇角色困境》，《华中师范大学学报》，2005年第3期。

[2] 欧阳静、杨华：《论被招商引资束缚的乡镇政权——兼论压力型体制下乡镇角色困境》，《华中师范大学学报》，2005年第3期。

府发展地方经济的积极性。

再次,压力型体制下地方经济发展是地方政府合法性的来源。完成上级政府下达的经济指标获得了上级政府的肯定,也就获得了相对于上一级地方政府的合法性。同时,只有大力发展地方经济,提供给地方民众更多、更好的公共产品,才能获得地方民众的支持,地方政府才具有地方合法性。为了获得合法性,地方政府只有不断发展地方经济。

总之,压力型体制就是要求地方政府采取一切手段推动地方经济发展,经济增长是地方政府最主要的任务,一切以经济发展为中心,政府直接参与并引导地方经济发展。政府将掌握的资源主要运用在经济领域,政府长期充当了经济建设主体和投资主体的角色。从发展型政府的实质看,我国政府是一种典型的"发展型政府"。[①] 而我国的发展型政府是由压力型体制催生而成的。

3. 地方发展型政府异化为地方政绩发展型政府

压力型体制催生了地方发展型政府,推动地方经济发展成为地方政府的首要任务,在各级地方政府的推动下,中国的经济获得快速发展。中央政府"放权让利"改革以来,在地方政府积极发展地方经济的推动下,我国的 GDP 跃居为世界第二。各地经济发展更是惊人,以温州为例,从 1978 年到 2000 年,温州市国内市场总值从 13.22 亿元迅速增长到 825 亿元,年均增幅达 15.6%。以浙江省为例,从 1978 年到 2005 年,浙江省国内市场总值由 124 亿增长到 13365 亿元,财政收入从 27 亿元增长到 2115 亿元。[②] 足见地方经济发展之快,也足见地方政府促进中国经济腾飞的重要作用。

地方经济发展了,财政收入增加了,地方政府已经有经济实力为地方

[①] 宋维强:《论从发展型政府到服务型政府的转型》,《甘肃理论学刊》,2005 年第 3 期。
[②] 何显明:《市场化进程中的地方政府行为逻辑》,人民出版社,2008 年版,第 233—237 页。

提供优质的公共产品。而从政府的应然职责看，政府应该提供良好的社会服务产品以及各类优质的公共产品。但在我国的现实发展中，地方政府并没有提供民众满意的改革产品。有学者在福建、河北、山西和江西等省份开展的实证调研表明，绝大部分农村的公共服务供给水平相当低下。[1] 甚至有学者认为，分权后，公共财政支出中用于教育、医疗、卫生等基本公共服务的支出水平并未相应提高，它被认为是扩大社会差距、导致社会不公的重要因素。[2] 从实际数据看，根据《中国统计年鉴2007》，20 世纪 90 年代以来，社会文教费占政府财政支出的比重一直维持在 25% 左右，而经济建设费占政府财政支出的比重虽然逐渐降低，但到 2006 年仍高达 26.56%。

这是一个奇怪的现象，一方面，地方发展型政府推动了地方经济的发展，已经具备提供给民众优质公共产品的能力；另一方面，地方民众却并没有真实地享受到地方政府提供的优质公共服务和公共产品。郁建兴把这个问题概括为"地方发展型政府为何不能转型为服务型政府"，并以浙江省湖州市养老保险制度改革、重庆市户籍制度改革为例进行实证研究，分析了地方发展型政府存在的行为逻辑和制度基础。郁建兴认为，当前我国的地方人民代表大会、司法体系等横向问责机制具有较大的局限性，其功能难以得到充分发挥。与此同时，以人事权为核心的纵向问责机制尽管赋予中央政府干预地方政府具体行为的任意性权力，但基于信息不对称等因素，高层政府对地方政府的渗透性权力薄弱。横向问责机制的不健全与纵向问责机制的有限性，导致了"问责有限的分权"，从而进一步扩大了地方政府的自主行为空间，使得财政收益最大化成为地方政府行为的支配逻

---

[1] Lily Tsai, *Accountability without Democracy: Solitary Groups and Public goods Provision in rural China*, Cambridge: Cambridge University Press, 2007.
[2] Carl Riskin, *Inequality: Overcoming the Great Divide*, "in Joseph Fewsmith, ed., *China Today, China tomorrow: Domestic politics, Economy and society*, Lanham, Md.: Roman & Littlefield Publishers, Inc., 2010, pp. 91-108.

辑，由此形成、固化了地方发展型政府的行为逻辑。①

郁见兴的研究指出了地方发展型政府存在的制度逻辑和现实状态，但发展总是有目的的，既然地方政府在发展中没有把发展最终导向服务民众，政府的发展目的到底在哪里？如何从发展目的来进一步界定地方发展型政府？为此，笔者认为，在压力型体制的硬约束和其他监督的软约束环境中，地方政府的自利性驱使地方发展导向政绩发展，地方发展型政府在发展目的上异化为地方政绩发展型政府。

所谓地方政绩发展型政府，是指地方政府在压力型体制和软约束条件下，以增加政绩作为推动地方经济发展的目的，以政绩发展作为政治合法性主要来源的政府模式。地方政绩发展型政府的实质是地方政府在自主性增强的同时，以自身利益最大化和地方利益最大化为发展诉求，地方政府在市场化进程中已演变成"具有特殊利益结构和效用偏好的行为主体"②，地方政绩发展型政府形成的制度基础有以下几个方面。

首先，压力型体制的政绩考核挤压效应。压力型体制在两方面促成了政绩发展型政府的形成。一方面，压力型体制造就了地方发展型政府。以郁建兴2010年对浙江省某县的干部考核评价机制的实证调研为例，该县2010年的考评指标体系中，公共服务类职能，包括生态环境、社会民生等指标的比重已经相对较高，加总后达到了35%，而经济发展类职能的指标比重已经控制在50%以下。可是，相比于已经全面实现量化评估的经济发展类指标，如"财政总收入"、"地方财政收入"、"国税收入"、"规模以上工业增加值"以及"服务业增加值"，公共服务职能的指标量化程度相当低，它们只是以"文化事业发展"、"体育事业发展"、"教育事业发展"和"卫生事业发展"等描述性指标的模糊概括。由于缺乏足够信息对地方政

---

① 郁建兴、高翔：《地方发展型政府的行为逻辑及制度基础》，《中国社会科学》，2012年第5期。

② 何显明：《市场化进程中的地方政府角色及其行为逻辑——基于地方政府自主性的视角》，《浙江大学学报》（人文社会科学版）．2007年第6期。

府公共服务职能的履行情况作出横向比较，真正影响最终考评结果的依旧是易于量化评估的经济职能。① 在这样的政绩指标压力下，下级地方政府只能以推动地方经济发展作为地方政府的首要任务，从而形成地方发展型政府。另一方面，压力型体制的政绩考核将发展合法性导向为政绩合法性。压力型体制的本意是调动地方政府发展经济的积极性、主动性和创造性，但其操作性极强的政绩指标考核，以及与考核项配套的奖惩制度，将地方政府的合法性由发展变为政绩，促使地方政府的目光由推动地方发展直接转向为政绩发展，地方发展变为手段，政绩是目的。于是，地方政府就转而直接追求政绩，特别是下级政府都是"一把手"总负责，追求个人升迁是地方行政首长的效用偏好，而地方发展政绩在一定程度上决定了地方行政首长的升迁，作为地方决策者，作为"理性人"的地方首长，也必然将地方发展导向对自己升迁有利的政绩方面。政绩合法性必然导致地方发展型政府向政绩发展型政府转型。

其次，地方政府的软约束环境。一方面，地方人大对地方政府行为缺乏实质性的影响力。在理论上，地方人民代表大会承担了代表、立法、监督和维持统治等职能，是促进人民表达诉求，保障公民权益、协调多元利益的重要机制。但在我国地方政府治理实践中，地方人大的职能履行高度依赖于地方党政领导一把手的支持力度，处于相对弱势地位，几乎无法对地方政府行为产生实质性的影响。另一方面，法治本可以对地方政府形成硬约束，但由于我国法律体系尚不完善，对现实中的公权力在诸多方面并不构成约束。如当前许多征地案例，其根源在于对个人财产缺乏基本的法律保障，这直接导致地方政府行为不受约束。同时，在法律实施中，地方政府行为不当时，上级政府更倾向于应用纵向问责机制，如采用对地方主要党政领导干部停职、免职等方式对事件加以处理，而非经由司法体系依据已有法律对具体案件进行裁决。导致作为行政诉讼裁决者角色的司法体

---

① 郁建兴、高翔：《地方发展型政府的行为逻辑及制度基础》，《中国社会科学》，2012年第5期。

系被弱化，地方政府行为更加不受公法律的约束。①

压力型体制以硬约束的方式要求地方政府以上级政府制定的指标为发展目标，而政绩考核潜在地将地方发展目标转移到政绩上，地方政府在软化的约束条件下，其自利性得以充分体现，追求政绩最大化并由此获得个人升迁成为地方领导的首选，发展型政府因而异化为政绩发展型政府。

三、政绩发展型政府的政绩工程诉求

在压力型体制的政绩合法性压力下，地方政府追求政绩本无可厚非，问题在于地方政府在追求政绩过程中，偏离政府的基本职能，不再以提供公共服务和公共产品为职责，而是以追求政绩最大化为目标，导致政府政绩变成与民众无关的政绩工程。

1. 政绩考核的历史变迁

在计划经济时代，根据"地方服从中央"和全国"一盘棋"的原则，地方政府的行为逻辑就是忠实地执行中央的行政指令和经济计划，中央与地方政府间构成"命令—服从"关系。与此相适应，中央对地方政府考核的核心是地方政府的政治忠诚，即地方政府是否能够严格服从上级的指令，不折不扣地贯彻落实中央政府的路线方针政策。落实到对地方官员的考核任用标准，就是强调"德才兼备"，突出"任人唯贤"。"德"、"贤"，主要是政治忠诚，即同中央保持一致。②

改革开放以来，随着执政党的工作中心转移到经济建设上来，特别是随着压力型体制的逐步形成，在政府考核和干部选拔过程中，政绩要求被摆到了越来重要的位置。邓小平同志在1978年12月所作的题为《解放思想，实事求是，团结一致向前看》的著名讲话中明确指出："用人的政治

---

① 郁建兴、高翔：《地方发展型政府的行为逻辑及制度基础》，《中国社会科学》，2012年第5期。

② 何显明：《市场化进程中的地方政府行为逻辑》，人民出版社，2008年版，第218页。

标准是什么？为人民造福，为发展生产力、为社会主义事业作出积极贡献，这就是主要的政治标准。"他还强调："要严格考核，赏罚分明"，"要根据工作成绩的大小、好坏，有赏有罚，有升有降"。确立了以工作实绩考核干部的基本思路。

1979年中组部制定了《关于实行干部考核制度的意见》，首次提出了从德、能、勤、绩四个方面对干部特别是领导干部进行考核的要求，并对考核内容作了明确的规定，指出："考绩，是考核干部的工作成绩，主要是看对现代化建设直接或间接所作的贡献。"随后，中组部对包括干部考核制度在内的干部制度改革进行了部署和探索。从20世纪80年代后期开始，政绩考核开始受到特别关注。党的十三大报告指出，干部人事制度改革，"无论实行哪种管理制度，都要贯彻和体现注重实绩、鼓励竞争、民主监督、公开监督的原则"。报告还强调："坚持四项基本原则，坚持改革开放，都要看实绩，要以此为标准，评价干部的功过是非，必须大胆起用那些为改革开放和社会主义现代化建设作了实际贡献，得到群众承认和信任的干部。"1989年5月邓小平明确强调："现在就是要选人民公认是坚持改革开放路线并有政绩的人，大胆地放进新的领导机构里，使人民感到我们真心诚意搞改革开放。"①

20世纪90年代以来，干部的政绩考核更是进一步趋于规范化、系统化。江泽民同志在1994年3月的一次讲话中提出：要建立省、市、县领导干部实绩考核标准。此后，他又要求有关部门就实绩问题进行深入研究。党的十四届四中全会《决定》指出："衡量干部的德和才，应该主要看贯彻党的基本路线的实绩"；"有关部门要根据不同领导职务的不同特点，制定科学的考核体系和标准，对工作实绩进行全面考核和准确评价"。1995年5月中发（1995）4号《党政领导干部选拔任用工作暂行条例》中明确规定：选拔任用领导干部必须坚持"群众公认、注重实绩的原则"，就是

---

① 《邓小平文选》（第3卷），人民出版社，1999年版，第380—381页。

要"坚决执行党的基本路线和各项方针、政策,立志改革开放,献身现代化事业,在社会主义建设中艰苦创业,开拓创新,做出实绩;坚持实事求是,认真调查研究,能够把党的方针、政策同本地区、本部门的实际相结合,讲实话,办实事,求实效,反对形式主义。"党的十五大报告中再次强调:"要把群众公认是坚决执行党的路线、实绩突出、清正廉洁的干部及时选拔到领导岗位上来。"1998年5月中组部印发的《党政领导干部考核工作暂行规定》中对"工作实绩"做了明确的界定。其中规定对领导班子的工作实绩考核内容,包括"在经济建设、社会发展和精神文明建设、党的建设等方面所取得的成绩和效果,在推进改革、维护稳定方面取得的成绩和效果"。对地方县以上党委、政府领导班子的工作实绩主要包括:"各项经济工作指标的完成情况,经济发展的速度、效益与后劲,以及财政收入增长幅度和人民生活水平提高的程度;教育、科技、文化、卫生、体育事业的发展,环境与生态保护、人口与计划生育、社会治安综合治理等状况;党的思想、组织、作风、制度建设的成效等。"对领导干部工作实绩考核内容,主要包括"在完成任期目标和履行岗位职责过程中所提出的工作思路、采取的措施、发挥的具体作用以及所取得的绩效等"[①]。

2000年之后,政绩考核更加细化和科学化。2000年《深化干部人事制度改革纲要》要求"在建立党政领导班子任期目标责任制和党政领导干部岗位职责规范的基础上,研究制定以工作实绩为主要内容的考核指标体系"。从这一时期开始,中国各级、各地组织部门开始了建立党政领导干部考核指标的实践探索,开始在定期考核中制定具体的考核指标,依据它对各级领导干部的工作业绩进行评价。同年《关于进一步加强国家公务员考核工作的意见》中提出:"完善考核要素指标,坚持定性与定量考核相结合,探索分类量化考核方法。……要按照不同领导职务以及领导职务和

[①] 王姜文:《公务员实绩考核的历史沿革与启示》,《江汉论坛》,2000年12期;何显明:《市场化进程中的地方政府行为逻辑》,人民出版社,2008年版,第219—220页;庄国波:《领导干部政绩评价的理论与实践》,中国经济出版社,2007年版,第44—48页。

非领导职务的区别，实行分类考核，建立科学的考核要素和量化指标。逐步探索规范一级考核指标，细化二级考核指标，并赋予每项指标相应的权重和分值。"党的十六大以来，党中央做出了加快建立体现科学发展观要求的党政领导班子和领导干部综合考核评价体系的重大决策，并从2004年开始，就建立体现科学发展观要求的干部综合考核评价办法进行了一系列调研，并选择一些市和县（区）作为试点，探索出了一些新的考核指标设定办法，为中国公务员，特别是党政领导干部考核指标的设定提供了有益的经验。2005年，第十届全国人民代表大会常务委员会第十五次会议通过了《中华人民共和国公务员法》，并从2006年1月1日开始实施。该法对公务员的职务与级别、录用、考核、职务任免、职务升降、工资福利保险等做了更为详细的规定，这部法律对公务员绩效考核工作有着深远的指导意义。2007年，中共中央组织部和人事部共同印发了《公务员考核规定》，同时废止了1994年人事部印发的《国家公务员考核暂行规定》。该规定对公务员考核的组织程序、考核内容和形式、考核等次标准以及考核后续管理等方面都做出了相应规定，促进了公务员考核制度的日渐完善。①

2. 政绩考核的激励效应

计划经济时代，根据"地方服从中央"和全国"一盘棋"的原则，要求地方政府忠实地执行中央的行政指令和经济计划。中央对地方政府考核的核心是地方政府的政治忠诚，即地方政府是否能够严格服从上级的指令，不折不扣地贯彻落实中央政府的路线方针政策。杨雪冬称这种激励模式为"忠诚/命令"式激励，这种激励机制是单向度的，地方行为唯上级指示和命令是从。这种激励的弊端也是显然的，"在这种考核评价及选用模式中，由于奖励和惩罚没有制度化，无论是组织还是个人都无法预期自己在政治生活中的风险和收益，无法对行为和言论的后果加以理性的判

---

① 王彬：《我国公务员考核指标存在的问题与对策研究》，重庆大学硕士论文2010年，第12—14页。

断,因此可供其选择的可能受到了极大的限制,个人和组织不敢在制度内发挥自己的积极性和创造性,对规定加以创造性的转化,风险最小的选择只能是对领袖的指示和上级的命令严格服从,这肯定限制了地方政府的能动性的发挥,同时,当中央的政策措施出现失误时,也会在地方出现'放大'效应"①。

政绩考核作为一种激励手段,是对计划经济时代"忠诚/命令"式激励机制的创新。政绩考核是一种"忠诚/政绩"式激励机制,在保留了"忠诚"规则的同时,以"政绩优先"替代了"服从第一"。②政绩考核对地方政府具有极大的激励效应,主要体现在以下几个方面:

一是考核指标的客观性。由于政绩考核有一定的具体指标,尤其是经济发展指标都是可测量的指标。这些指标包括经济发展、社会事业、社会稳定、党的建设、人民生活等各个方面。经济发展方面,主要考核财政收入。人民生活主要考核就业、保障、人均收入增长情况。

二是升迁的可预期性。由于政绩考核结果与行政人员升迁直接挂钩,干部就可以从政绩考核的结果中预期自己的升迁状况。

三是地方行为的激励性。政绩考核对于激励各级地方官员开拓进取,争创业绩产生了相当大的激励作用。因此,"政绩所产生的作用是一只'看得见的手'"③,"这样一种激励机制确立了比较明确的目标和评价标准,因而降低了制度的不确定性,使组织和个人能够对风险和收益有更准确的预测,行为的理性化程度也提高了。在明确的激励目标的诱导下,各级地方政府以及有关领导者把创造政绩放在第一重要的位置上,为在短时间内创造最大的政绩开动脑筋,形成了彼此间竞争的局面"④。

---

① 杨雪冬:《当代中国地方政府的激励机制简论》,http://www.studa.net/zhengzhiqita/060329/1012579—3.html。
② 杨雪冬:《当代中国地方政府的激励机制简论》,http://www.studa.net/zhengzhiqita/060329/1012579—3.html。
③ 倪星、于凯:《试论中国政府绩效评估制度的创新》,《政治学研究》,2004年第3期。
④ 杨雪冬:《当代中国地方政府的激励机制简论》,http://www.studa.net/zhengzhiqita/060329/1012579—3.html。

3. 政绩考核对政绩工程的催化效应

压力型体制的政绩考核,一方面使地方政府与个人的积极性和创造性得到了较充分的发挥;另一方面,由于政绩考核制度创新受到了制度整体的限制,使各级政府和有关领导者的行为偏离了制度的初始目标,在创造政绩的过程中发生了许多问题。这些问题包括:第一,为了追求政绩的突出,不顾当地的实际条件,乱上项目,造成了资源的大量浪费,有的人乘机从中获益;第二,在本地发展上,短期行为过多,忽视了本地长远的、可持续的发展潜力;第三,一些领导好大喜功,为了突出政绩,人为夸大数据,"浮夸风"盛行,同时也干扰了有关职能部门的工作;第四,政绩考察制度的不配套,不透明给一些干部的买官卖官行为提供了条件;第五,为了维护本地利益,地方主义盛行,造成了资源配置的不合理和浪费。①

政绩考核充分调动了地方政府官员工作的积极性、主动性,形成了追求任期政绩最大化的强烈冲动。对于地方政府主要官员而言,个人的政治前途取决于自己能否在任期取得显著的政绩。围绕政绩推动地方发展,追求政绩最大化成为地方政府的首选,在无法实现真实政绩最大化的约束条件下,制造政绩工程成为地方政府效用最大化的必然路径。于是,政绩考核在调动地方政府推动地方发展的积极性的同时,却意外地催生了政绩工程,主要表现在以下几个方面。

首先,政绩考核的指标体系催生了政绩工程。

一是政绩考核的指标的统一性与地方的多样性、市场的不确定性冲突催生了政绩工程。各种行政指标在竞争压力和政绩追求下往往和实际相冲突,下级的政治命运掌握在上级手中,下级政府为了自身利益被迫造政绩工程。河南某市县计生办从1992年开始给下属各村制定了一个指标:各村

---

① 杨雪冬:《当代中国地方政府的激励机制简论》,http://www.studa.net/zhengzhiqita/060329/1012579-3.html。

每年按全部育龄妇女（从新婚到49岁）2%的的比例，送到县卫生院进行流产。由于各村超计划怀孕的人数各不相同，就是同村多年超计划怀孕的人数也不一样，结果造成许多特殊地每年安排几名妇女超计划怀孕，甚至在指标无法凑足的情况下跑到邻近"富余"的村花钱买指标。① 各地在90年代还出现了地方上农民按照政府指令种植某类经济作物，结果因市场价格变化反而损农的事例。

二是政绩考核指标体系中的核心指标催生了政绩工程。政绩考核指标体系的核心是将经济发展绩效作为官员政绩考核的主要内容，进而将其同官员的职务提升直接挂起钩来，将地方政府官员的利益同地方经济发展绩效直接地联系起来。为了在政绩考核中取胜，地方官员以GDP与财政收入增长为目标推动经济发展。这些指标体系考核催生了招商引资类政绩工程、土地财政类政绩工程、负债建设类政绩工程等。

三是政绩考核指标层层加码效应催生了政绩工程。由于官员的政绩标准是完成上级党政部门下达的各项指标任务的状况，其中尤以经济指标为主。在指标一级级下达的过程中，或是出于安全的考虑，或者更多的是出于政绩的追求，下级政府往往会在时间上增加一个"提前量"，同时在指标数量上增加一个"增超量"。② 这样，从省到市，从市（地）到县，再以县到乡镇，最后到行政村，指标在压力型体制中层层放大，极容易变成与当地实际严重脱离的高指标。③ 最后，在高指标无法完成的情况下，打造政绩工程成为下级政府向上级政府交差（实质是邀功）的重要途径。

其次，政绩考核中的政绩共同体催生了政绩工程。由于下级政府的政绩是上级政府政绩的重要组成部分，即使下级政府制造了政绩工程，乃至虚报、浮夸某些发展数据，但上级政府为了增加自身的政绩，也会默许下级制造政绩工程的做法。更有甚者，上级政府甚至强行要求下级虚报发展

---

① 曹锦清：《黄河边的中国》，上海文艺出版社，2000年版，第309页。
② 曹锦清：《黄河边的中国》，上海文艺出版社，2000年版，第708页。
③ 唐海华：《"压力型体制"与中国的政治发展》，《宁波党校学报》，2006年第1期。

政绩，数字政绩工程已屡见报端。仅以2012年一季度统计为例，根据国家统计局公布的数据，一季度全国GDP总量为10.80万亿元，而中国经济网记者汇总各地数据得出的结果却是11.28万亿元，两者相差4800亿元。中央和地方GDP数据不相符已经持续多年。两者背离的方向多年一致，即：地方GDP数据总是高于中央统计数据。①如果排除统计方法的不同，地方与中央GDP统计数据的差异主要是地方政府已构成强大的"政绩共同体"，为了政绩制造"数字政绩工程"。

最后，届别政绩考核催生届别政绩工程。职务提拔和变动已经成为地方政府领导调动下属工作积极性的最主要手段，上级政府领导通过不断调整下级政府的领导职务，按照《地方人民政府组织法》规定，市县长任期是5年，但在实际操作中，干满5年再调动的很少，基本都在5年内调整了岗位。据《人民日报》报道，湖南省县级党政一把手干满5年的并不多，一直干到换届还没有挪动的一般不到一半。乡镇党政领导班子成员的交流则更加无序，领导干部越往基层调动越频繁。该省某市9个县市区的乡镇班子在不到三年时间里，在2283名正、副职中，一届未满就变动了1426人，占62.5%。②提拔当然离不开政绩考核，而在如此短的时间要出政绩，只会诱导地方政府领导专注于短期政绩，将其实现政治委托人意志的代理职责演变为追求任期政绩最大化的努力之中。于是，地方政府官员的政绩效用目标，在很大程度上是一种本届政府或个人任职期限内的政绩最大化，它极易催生"届别政绩工程"。如江南某市，连续四任领导废弃上一届领导调离时的城市开发项目，都提出自己一届的新的发展思路和发展项目，结果城市开发仅留下了一些半拉子工程，这即是典型的届别政绩工程现象。

---

① 余丰慧：《中央地方GDP数据岂能长期"掐架"》，《广州日报》，2012年5月25日，第2版。
② 《人民网》，2006年4月3日。

第二节　横向政府间竞争：政绩工程的横向体制性动力

在计划经济时代，地方政府是中央政府的代理机构，是中央政策的忠实执行者，地方政府间竞争主要是忠诚竞争，且竞争程度较弱。"放权让利"改革后，地方政府作为相对独立的利益主体，与其他地方政府之间，尤其是同级地方政府间的利益竞争愈演愈烈。在压力型体制下，地方政府间的竞争最终都要体现为政绩竞争，政绩竞争又必然导致政绩工程。

一、地方政府竞争：理论与现实状况

西方对地方政府竞争现象的研究，始于古典经济学；我国对地方政府竞争的研究，始于改革开放后。由于我国改革开放后，地方政府间关系发生了重大变化，其竞争态势不断强化，我国学者对地方政府竞争在理论研究的基础上，提出了许多改善地方政府竞争关系的建议。

1. 地方政府竞争的理论演化及其内涵界定

最早论及政府竞争的可以追述到亚当·斯密关于制度竞争的阐述。他在《国富论》中提出："土地是不能移动的，而资本则容易移动。土地所有者，必然是其地产所在国的一个公民。资本所有者则不然，他很可说是一个世界公民，他不一定要附着于哪一个特定国家。一国如果为了要课以重税，而多方调查其财产，他就要舍此而他了。他并且会把资本移往任何其他国家，只要那里比较能随意经营事业，而且比较能安逸地享有财富。"[①] 斯密的论述从人们对资本税差异的反应视角分析了要素可移动性对于政府间税收制度竞争的影响。

---

① ［英］亚当·斯密：《国民财富的性质和原因研究》（下册），商务印书馆，1972年版，第408页。

继斯密以后，美国经济学家蒂伯特（Tiebout）在 1956 年发表《地方支出的纯理论》"A Pure Theory of Local Expenditures"一文，明确提出关于地方政府竞争的"用脚投票"理论。认为人们愿意在地方政府周围，是由于他们想在全国寻找地方政府所提供的服务与所征收的税收之间的一种精确组合，使自己的效用最大化。人们在某一区域工作和居住，接受当地政府的管辖，是因为政府服务与税收组合符合自己效用最大化目标。当居民不满意这一地方政府提供的公共物品的质量和数量时，居民就可以采取"用脚投票"的方式，离开这一区域而选择公共产品的质量和数量符合其偏好的区域来居住，这样的结果是，每一区域的居民可以通过自由流动而对本地区的公共产品达到满意，从而达到了帕累托最优状态①。

最早真正意义上使用"政府竞争"概念的学者当属 Albert Breton，在联邦制国家中，为了赢得选民支持，各级地方政府在非市场产品和服务的供给上、在提供就业岗位上展开激烈的竞赛。由于地方政府要实现上述目标来发展城市，越来越多地依赖私有部门（尤其是私有企业），不得不采取各种优惠的税收政策来迎合"用脚投票"的私有部门。各级政府为了提高自身的吸引力，就围绕着居民和资源展开竞争。这种政府竞争不仅同级地方政府以及政府各部门相互之间展开横向竞争，而且上下级之间还展开纵向竞争。竞争的目标都是获取区域经济增长的资源。政府间彼此围绕着资源和控制权的分配、公共产品和服务而展开的竞争不仅有助于政治体制的均衡，而且也将促进公众对这些产品需求偏好的表露，能够实现公共产品的数量和质量与税收价格的有机结合。他还提出政府竞争包括纵向政府间的"纵向竞争"和横向政府间的"横向竞争"。②

德国学者何梦笔以中国和俄罗斯体制转型中，地方政府竞争在转型中

---

① Tiebout. A Pure Theory of Local Expenditures. *Journal of Political Economy*，1956，(64).

② Albert Breton. Competitive Governments：*An Economic Theory of Politics and Public Finance M. Cambridge*，New York：Cambridge University Press，1998. (262). 参见庞明礼：《地方政府竞争研究述评》，《中南财经政法大学学报》，2006 年第 3 期。

的意义,结合布雷顿等人的政府竞争思想,运用进化经济学理论,建构了中国国内地方政府竞争的实证分析的研究框架,分析了国内地方保护、市场分割以及俄罗斯和中国的政府绩效差异等问题的制度根源。提出政府竞争包括纵向和横向的竞争,"这意味着任何一个政府机构都与上级机构在资源和控制权的分配上处于互相竞争的状况,同时,这个政府机构又与类似机构在横向的层面上展开竞争"①。

国内对地方政府竞争的研究在理论上经历了一个从分权到政府间竞争的渐进认识的过程;在研究方法上则经历了一个从描述分析到实证研究的过程。周业安认为,我国关于地方政府竞争的研究经历了下图的五个阶段。

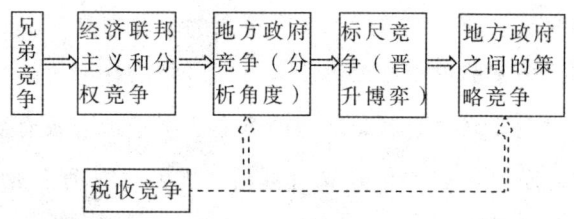

五个阶段依次是,1."兄弟竞争"观点的提出;2.钱颖一等人对中国的分权进行理论分析;3.提出地方政府竞争的研究视角,力图通过地方政府竞争的视角来理解中国的经济增长的地方政府原因;4.周黎安等人开始着手研究中国地方政府间存在的标尺竞争,主要是官员政治晋升锦标赛;5.地方政府的策略互动,并通过空间计量经济学模型来研究相关的问题,重点是讨论地方政府的税收竞争、支出竞争和其他竞争的存在性、程度及其后果,这类研究才开始真正和国外的政府竞争理论对接。②

在研究内容上,我国学者基本在两个方面研究地方政府竞争:一是对地方政府竞争的积极效果的分析研究,二是对地方政府竞争的消极效果的分析研究。樊纲、张曙光把我国地方政府竞争描述为"兄弟竞争",反映

---

① 何梦笔:《政府竞争:大国体制转型理论的分析框架》,陈凌译:http://www.unirule.org.cn/Academia/neibu01-hemengbi.htm.

② 周业安、宋紫峰:《中国地方政府竞争30年》,《教学与研究》,2009年第11期。

了地方政府之间在投资和货币发行领域的横向竞争以及地方政府和中央政府之间在同一领域的纵向竞争。① 张维迎、粟树和运用产权制度和博弈等理论研究了我国地方政府争对国有企业民营化的影响，指出在财政压力下的地方政府竞相把国有企业民营化，从而减轻政府的压力，在客观上促进了市场深化和明晰财产权利的效果。② 杨瑞龙探讨了地方政府在制度变迁中的主导作用，认为在中国制度变迁的中间扩散型阶段，地方政府担当了制度变迁第一行动集团的角色，地方政府竞争使地方政府这个第一行动集团更加具有实施制度创新的意愿。③ 周业安分析了地方政府竞争与经济增长间的关系，他按地方政府在竞争中的行为，将地方政府分为进取型、保护型和掠夺型三类，认为不同竞争行为将导致不同的结果，进取型的竞争方式有利于经济的增长，而保护型和掠夺型的竞争方式会导致地区间的恶性竞争。④

对于地方政府竞争的内涵，学者们的界定也不尽相同，冯兴元认为政府间竞争是指政府之间围绕有形和无形资源的竞争，包括直接竞争和间接竞争、横向竞争和纵向竞争。政府间竞争在很大程度上表现为制度竞争或体制竞争⑤。李一花则认为地方政府竞争一词是描述地方政府为了谋取当地的福利和人均收入水平的提高，而采取一些竞争策略（如制度环境、政策、区位、营销），旨在吸引更多的外部资金、技术、人力资本等生产要素进入本地，以增强本地经济的竞争优势⑥。刘汉屏、刘锡田把地方政府竞争的核心界定为提供公共物品以及引进资本和技术。他们认为地方政府

---

① 樊纲、张曙光：《公有制宏观经济理论大纲》，上海三联书店，1990年版，第194—228页。
② 张维迎、粟树和：《地区间竞争与中国国有企业民营化》，《经济研究》，1998年第12期。
③ 杨瑞龙：《我国制度变迁方式转换的二阶段论——兼论地方政府的制度创新行为》，《经济研究》，1998年第1期。
④ 周业安：《地方政府竞争与经济增长》，《中国人民大学学报》，2003年第1期。
⑤ 冯兴元：《中国辖区政府间竞争理论分析框架》，http://www.unirule.org.cn/Academia/neibu01—fengxingyuan.htm.
⑥ 李一花：《"地方政府竞争"的经济学分析》，《广西财政高等专科学校学报》，2005年第1期，第5—11页。

竞争是指一个国家内部不同行政区域的地方政府之间为提供公共物品，吸引资本、技术等生产要素，而在投资环境、法律制度、政府效率等方面开展的跨区域政府间的竞争。①

庞礼明在综合以上学者的基础上，提出了较为全面的关于地方政府竞争的概念，地方政府竞争是"指一国地方政府基于增进辖区以及个人福利的目的，为吸引资本、技术等生产要素的流入以及产品的流出而在投资环境、法律制度、政府效率等方面开展的跨区域竞争"②。

2. 中国地方政府竞争的特征

尽管不同学者对地方政府竞争的理解不同，但从总体上看，地方政府竞争还是有许多共性。我国学者依据我国社会转型的特点，总结出了中国地方政府竞争的许多特点。

有学者认为，中国地方政府竞争有三个特点：一是财政分权是中国地方政府竞争现象出现的最重要动因。分灶吃饭的财政分权改革使得各个地方政府成为具有独特利益的主体，地方政府为自身和辖区利益展开竞争。财政的分权使得地方政府的行为和角色发生了根本的变化，在给地方政府带来压力的同时，也刺激了地方政府以经济发展来谋取更大的利益，其表现出的"地方法团主义"和自利的倾向越来越明显。二是地方政府竞争的主要机制主要表现为"用脚投票"机制。推动地方政府竞争继续进行的内在动力是要素退出机制，"用脚投票"是表明居民对于地方政府偏好的表露机制，是要素退出机制的表现形式。"用脚投票"机制会对地方政府形成巨大的压力，迫使当地政府采取各种措施改善外部环境，一定意义上，居民实现了作为选民对行政机构和官员评价的效果。三是与中央政府进行讨价还价的博弈过程成为地方政府竞争的主要内容。中国单一制的国家结

---

① 刘汉屏、刘锡田：《地方政府竞争：分权、公共物品与制度创新》，《改革》，2003 年第 6 期，第 23—28 页。

② 庞明礼：《地方政府竞争研究述评》，《中南财经政法大学学报》，2006 年第 3 期。

构决定了中央对地方政府在财政和人事任免等方面的控制，地方政府为了促进当地经济发展，就会采取多种博弈策略和手段，和中央政府进行讨价还价，以获取更多的优惠政策和特殊照顾。①

有学者提出中国地方政府竞争的六个特点：第一，从竞争主体与目标来看，地方政府竞争的参与主体是政治决策者，目标是为了赢得大多数选民的选票；第二，从竞争起源来看，财政分权是中国地方政府竞争现象出现的主要起源；第三，从竞争的手段来看，地方政府竞争的主要手段是优惠政策竞争；第四，从竞争秩序上来看，我国地方政府竞争呈现出无序性的竞争秩序；第五，从竞争机制上来看，我国地方政府竞争没有良性的要素退出机制，"用脚投票"难以实现；第六，从竞争结果来看，地方政府竞争的结果不会导致地方政府"破产"。②

第一，中央政府管制下的地方政府间有限竞争，这是中国地方政府竞争最为重要的特征。中国地方政府竞争在中国现有的政治体制和经济社会环境下进行，表现出了一些有别于其他国家的制度环境特征。中国地方政府竞争最为重要的制度特征，就是地方政府竞争是在一个单一制的主权国家框架内推行分权的结果。由于中央政府对地方的财政预决算、地方经济与社会发展规划、资源的配置等具有重大影响或决定的权力，中央政府的优惠政策和特殊待遇为地方经济的发展创造了重要条件。中央政府的天平倾向，对该地方政府的竞争优势具有绝对性的决定力量。因而，与中央政府的讨价还价、谋取中央政府提供的优惠政策和特殊待遇，成为地方政府竞争的重要内容。地方政府间竞争的状况，直接可制约于中央与地方政府间的关系，可制约于单一制的国家结构形式。

第二，由于地方政府的竞争政策自主选择空间较大，竞争条件下的地

---

① 任勇、肖宇：《当代中国地方政府竞争的内涵、特征以及治理》，《内蒙古社会科学》，2005年第2期。

② 丁春玲：《我国地方政府无序竞争行为的制度分析》，内蒙古师范大学2008年硕士论文，中国知网硕博论文库。

方政府具有机会主义行为的较大可能性。当前,分权体制下的地方政府拥有诸多权力,其竞争手段与途径选择的自主空间较大。原因有三:首先,中国的地方政府在正式的财政制度之外,存在大量非正式的财政关系。其次,地方政府有一定的政策制定权,能根据实际情况制订富有弹性和切合自身需要的税收政策、引资政策;最后,在全球治理运动与思潮的推动下,地方治理进一步推进服务型政府、效率型政府、廉洁型政府等政府工程的改革与建设,采取各种措施来培育和提升政府管理的竞争力。

第三,体制内竞争与体制外竞争相结合,有序竞争与无序竞争并存。

第四,各种资源争夺激烈,地方保护与市场割据现象严重。

第五,竞争重点逐渐由资源竞争转向制度竞争,由无序竞争转向有序竞争。当代中国处于经济与社会的转轨时期,地方政府竞争亦表现出许多非制度化、不稳定的过渡性特征。例如20世纪八九十年代,争夺优惠政策曾一度成为地方政府竞争的重要战略。但随着全方位、多层次、宽领域的对外开放格局的形成,优惠政策的生存空间逐渐狭小;随着中国产业结构的调整和生产效率的提高,生产要素所起的作用减弱,今后的经济发展更多程度依靠的是各种制度竞争以及体制创新。若持续这种重资源争夺、轻制度建设的政府竞争模式,最终将走上低水平发展的道路。因此,随着地方政府竞争的不断发展,地方政府竞争必然会由初级阶段的资源竞争走向高级阶段的制度竞争,由无序竞争转向有序竞争。[①]

总之,我国单一制的国家结构使我国的地方政府竞争表现出许多不同的特点,

3. 地方政府竞争的效应

地方政府为自身利益最大化和地方利益最大化而展开的竞争,在客观上产生了两个方面的效应,一方面推动了地方各方面的发展,企业和地方

---

① 汪伟全:《当代中国地方政府竞争:演进历程与现实特征》,《晋阳学刊》,2008年第6期。

民众在地方政府竞争中福利会有所改进；另一方面地方政府在竞争中的自利行为，又使企业和民众在某些方面的利益受损。地方政府竞争效应表现为积极效应和消极效应共存的局面。

有学者认为，地方政府间竞争的正效应突出地体现在以下几个方面：第一，地方政府间的竞争不仅能促进资源配置效率的提高，而且也能通过揭示辖区经济的比较优势来引导该地区以合理的方式及较小的代价去获得更多的经济利益。第二，地方政府间的竞争不仅为各经济主体提供了良好的经济环境，而且也能激发各地方政府改进经济绩效的积极性。第三，地方政府间的竞争能有效地提高公共物品的供给效率。第四，地方政府间的竞争能通过有效地约束政治权力的滥用来推动人类社会的进步。在竞争的压力下，政府不得不约束自己的行为边界，放松对经济利益的贪婪汲取和对社会成员的压制，其结果不仅给予了更多的市场发展空间和社会市民空间，而且也将引起民主进程的加快、个人权利与个人自由的实现。同时，地方政府竞争的消极效应表现在以下几个方面：第一，过度竞争所造成的投资不足与过度投资并存之现象，既降低了资源的配置效率，而且也将危及到区域乃至是整个国家经济与社会的可持续发展。第二，过度竞争及其对自身利益的强调，极易在固化地方利益的基础上，影响整体利益的提高。各地方政府竞相采取了一些不规范的竞争手段，这些不规范的竞争手段的采用，容易引起相互间的市场分割与封锁行为，扭曲正常的竞争秩序，危及到全国性整体利益目标的实现以及国民经济的持续、稳定、健康发展。第三，地方保护主义在导致分工水平低下以及易于强化产品同质性的基础上，必然引发实践中的过度竞争现象，阻碍区域经济与社会的可持续发展。第四，由于地方保护主义分割了统一的市场体系，因而也易导致过度竞争问题的出现和影响区域经济的可持续发展。[①]

唐丽萍认为，地方政府竞争的消极效应有三个方面，一是重复建设的

---

① 蒋满元、梁素萍：《地方政府竞争过程中的双重效应问题探讨》，《湖北经济学院学报》，2010年第1期。

过度竞争行为。集中体现在地方政府对机场、港口等大型公共基础设施建设的重复投入上,以及通过国有企业在价高税大的项目上大量投资,或出台一些保护性政策,支持、引导一些盈利性行业的发展,造成了资源闲置、浪费与低效率利用的消极后果。二是地方保护主义行为。地方政府出于本地的利益,通过"红头文件"、"办公纪要"、"打招呼"、"设卡"、技术壁垒(通过质检部门等)和费率控制(收取各种费用)等行政规制手段限制外地资源进入市场或限制本地资源流向外地。地方保护主义行为导致了市场的分割、封锁、过度竞争、价格大战等影响社会经济发展的消极效应。三是恶性竞争行为。恶性竞争主要包括恶性的税收竞争、规制竞争和"倾销式"的土地价格大战等。①

有学者认为,我国地方政府竞争的积极效应体现在两个方面:一是地方政府竞争推动了我国的制度变迁。中国的改革开放就是一个制度变迁的过程。转型时期的地方政府是我国制度变迁的第一行动集团,各个地方政府之间的竞争是我国产权制度变革和市场化的主要动力。民营企业的发展、国有企业民营化的进程是地方政府在产品市场展开竞争的结果。② 二是地方政府竞争推动了地方经济增长以及国家经济的整体增长。经济绩效的合法性促使地方政府以经济发展为中心,不遗余力地发展地方经济。

地方政府竞争的消极效应主要有,第一是公共品供给扭曲。地方政府竞争是一种"对上负责"而不对下负责的竞争,地方政府注重提供具有增长效应的公共物品,而忽视那些增长效应不显著或需要在很长时间才能显示其增长效应的公共物品。所以,地方政府在基础设施尤其是交通道路、市政建设和开发区建设等这些能够及时、显著的带动经济增长的方面热情高涨;而在教育、医疗、环保以及代际供给物品等不具有短期效果的公共服务的提供方面则相对不足。另外就是基础设施的重复建设。基础设施投

---

① 唐丽萍:《地方政府竞争效用的约束机制分析》,《学习与探索》,2010年第6期。
② 张维迎、粟树和:《地区间竞争与中国国有企业的民营化》,《经济研究》,1998年第12期,第13—22页。

资的经济效益最为明显，为了提高经济效益，重复建设就不可避免。最明显的就是长三角地区大规模建设港口以及珠三角地区上演的机场建设大战。不仅如此，全国各地还掀起了一股建设国际大都市的热潮，纷纷争当"制造业中心"、"金融中心"，大办开发区，大建CBD。与基础设施领域重复建设类似的也有产业布局上的重复建设。各地为了短期本位主义利益，不顾比较优势和资源禀赋，争相发展国家重视的高科技产业、先进制造业、现代服务业等，导致产业结构趋同。长三角地区尤为明显。

第二是地方保护主义盛行。在竞争压力之下，地方政府往往只希望有利于本地区的商品和要素进出而不顾及其他地区的利益，设置流通上的障碍，采取许多地方保护措施，以行政手段分割统一市场，降低要素的流动性和市场对资源的配置效率，导致地区封锁和市场分割，严重阻碍了全国性统一市场体系的形成，大大提高了市场行为的交易成本，也降低了分工和专业化水平。另外，地方保护主义管制价格，限制资源流动，扭曲了市场正常的价格信号，加大了市场信息的非对称性和不完整性，破坏了市场机制。而且地方保护主义容易产生寻租等腐败行为，最终影响经济增长。由于对生产要素管制政策的制定权多在省级政府，所以省级区域之间的地方保护和市场分割最为明显。

第三是损害土地市场利益。地方政府最直接的竞争是招商引资，在招商引资中的土地价格竞争已经类似于企业之间的商品价格大战。地方政府为了吸引投资不惜以极低的价格甚至零成本提供土地，还利用大量的财政收入进行补贴，有的地方财政不但补贴土地差价，还补贴各种规费。这样严重扭曲了反映市场信息的土地价格，大大损害了土地这种稀缺资源的价值。另外，为了短期经济绩效，地方政府热衷于发展房地产，导致了大量的土地用于地产开发而失去了远期规划的潜在价值。

第四是阻碍国家的宏观经济管理。地方政府利用信息优势和中央政府下发的权限，以地方利益为导向，变相执行中央政策，导致"上有政策，下有对策"中央的宏观调控能力被弱化。

第五是阻碍改革继续推进。地方政府为了本地区的利益而实施的制度创新有时会与全国性的制度创新相抵触,为了地方利益,地方政府会选择抵制全国性的制度创新。2009年山西省煤炭业的一场"国进民退",就是地方政府为了维护煤炭资源在本地区的利益,以行政手段实施煤炭重组,推出国有煤企收购或兼并民营煤企的重大制度创新,这显然是违背市场经济规律和中国的改革意图的。

对于难度大、周期长、成本高、涉及面广的重大改革,地方政府总是推脱,以期获得短期利益最大化。①

二、我国地方政府间竞争形成的政治锦标赛

与西方联邦制国家结构相比,中国单一制国家结构决定了我国的地方政府竞争有许多不同于西方的特点。在单一制下,中央政府是地方政府竞争规则的制定者、评判者。由于下级官员的升迁掌握在上级官员手中,同级地方政府围绕上级政府制定的规则进行竞争,竞争的有效性体现在上级的认可,竞争的目标是官员的升迁。为此,地方政府的竞争就转变成为职务升迁的"政治锦标赛"。

1. 晋升锦标赛内涵

锦标赛理论(Tournament Theory)是由拉齐尔(Lazear)和罗森(Rosen)共同提出来,而且锦标赛理论最开始是运用于企业。该理论认为,与既定晋升相联系的工资增长幅度,会影响到位于该工作等级以下的员工的积极性;只要晋升的结果尚未明晰,员工就有动力为获得晋升而努力工作。锦标赛模式是一种重要的激励机制,指在一些候选人中通过竞争选拔优胜者,相对次序决定胜负。② 因此,该理论主张企业通过晋升激励

---

① 张晖:《地方政府竞争的方式及双重效应》,《经济体制改革》,2011年第1期。
② LAZEAR E P, ROSEN S. Rank-Order Tournaments as Optimum Labor Contracts [J]. The Journal of Political Economy, 1981, 89 (5): 841-864.

员工。锦标赛作为一种激励机制，其主要特征是参赛人的竞赛结果的相对位次，而不是绝对成绩，决定最终的胜负，因而易于比较和实施。各参赛人为了赢得比赛而竞相努力，以期取得比别人更好的比赛名次，这是锦标赛的激励效果。在一定条件下，锦标赛可以取得最优的激励效果。锦标赛激励是一种相对绩效评估的形式，其优点在于，当多个代理人从事的任务中涉及某种共同的未被观察的因素，比较代理人的相对绩效可以剔除这些共同因素的干扰，增加评估的精确度，从而提高激励契约的激励强度。

内勒巴夫（Nalebuff）和约瑟夫·斯蒂格利茨（Stiglitz）[①]、格林（Green）和斯托克（Stokey）[②]对锦标赛竞争理论做了一些扩展研究。尽管锦标赛理论研究的是公司雇主对工人的激励，但其理论完全适用于对政府官员的分析。对于政府官员而言，往往难于精确计算其投入和产出。在产出和投入难以衡量的情况下，自然难以适用计件工资制等付酬方法。如果把锦标赛理论分析中的工人换作政府官员，并不改变其分析的实质和结论。[③]

周黎安以锦标赛理论分析中国地方治理与中国经济发展，认为晋升锦标赛已作为一种行政治理的模式，期内涵是指上级政府对多个下级政府部门的行政长官设计的一种晋升竞赛，竞赛优胜者将获得晋升，而竞赛标准由上级政府决定，它可以是 GDP 增长率，也可以是其他可度量的指标。[④]

2. 晋升锦标赛的形成条件

锦标赛激励模式原本是企业管理中的激励方式，如果把这种激励模式应用在政治激励上，则需要满足一些条件，晋升锦标赛不是在任何一种政

---

① NALEBUFF B, STIGLITZ J E. Prizes and Incentives: Towards a General Theory of Compensation and Competition J. Bell Journal of Economics, 1983 (1): 21-43.

② GREEN R J, STOKEY N L. A Comparison of Tournaments and Contracts J. Journal of Political Economy, 1983 (3): 349-364.

③ 刘剑雄：《中国的政治锦标赛竞争研究》，《公共管理学报》，2008 年第 3 期。

④ 周黎安：《中国地方官员的晋升锦标赛模式研究》，《经济研究》，2007 年第 7 期。

治休制下都可以发挥效力的。中国单一制的国家结构形式，天然地具有满足这些条件的内在要素。

锦标赛理论应用到政治激励上，并不是改革开放之后才有的，从历史上看，"大跃进"期间，我国地方政府就已出现过锦标赛式竞争。周飞舟研究了"大跃进"期间，地方政府相互竞争的模式，认为当时地方政府间已形成一种锦标赛式的竞争。这种竞争产生的原因是"锦标赛体制"，在这场锦标赛中，中央是竞赛的发起人和目标、规则的制定者，地方则是参赛的运动员。跑在前面的、胜出的运动员不但会享受到更多的经济政策方面的偏向，更重要的是，地方政府的领导人会由此得到政治荣誉以及晋升。与此同样重要的是，落后的运动员会被批评为执行中央路线不积极甚至执行"右倾"路线，在1959年庐山会议之后更有可能被视为走"反党路线"。[①]

周黎安在研究改革开放后的官员晋升时，认为晋升锦标赛之所以能在中国发挥效力，是因为中国具备晋升锦标赛的各种政治与经济条件，包括六个方面：

第一，中国是中央集权的国家，中央或上级政府有权力决定下级政府官员的任命，即具有集中的人事权。

第二，无论是省与省之间，还是市、地区、县、乡之间都有非常相似的地方。这些地方政府所做的事情很相似，所以他们的绩效比较容易进行相互的比较。

第三，在中国目前的行政体制下，地方官员对地方经济的发展具有巨大的影响力和控制力，一些最重要的资源，如行政审批、土地征用、贷款担保、各项政策优惠等等均掌握在地方政府的手中，这就使得地方政府官员能够在相当程度上控制和影响最终考核的绩效。

第四，跨地区的地方政府官员之间高度竞争是中国晋升体制下的常

---

① 周飞舟：《锦标赛体制》，《社会学研究》，2009年第3期。

态。原因在于，晋升与不晋升存在巨大的利益差异，这不仅表现为行政权力和地位的巨大差异，而且在政治前景上也不可同日而语：不晋升可能意味着永远没有机会或出局，而晋升意味着未来进一步的晋升机会。

第五，锦标赛的激励效果是逐层放大的。中国行政体制由中央、省、市（地区）、县和乡镇五级政府构成，晋升锦标赛可以发生在中央以下的任何一级地方政府之间，而中国"块块"行政管理体制在不同层次上的同构性使得晋升锦标赛得以普遍推行。比如说，在省一级干部之间采取以 GDP 为基础的锦标赛竞争的话，那么省级官员就必须提供较高的 GDP 增长水平。为此，他们可能会在辖区内的市一级推行 GDP 锦标赛竞争，而市又会在县一级推行锦标赛竞争，如此一层一层地往下推进。各级地方政府官员都在不断放大的锦标赛激励下，为了出人头地而努力。

第六，在相当长的时期内，中国政府官员处于一个非常封闭的"内部劳动力市场"，即一旦被上级领导罢免、开除，就很难在组织外部找到其他工作。官员个人也不能随意选择退出已有的职位，仕途内外存在巨大的落差，产生一种很强的"锁住"效应，造成一旦进入官场就必须努力保住职位并争取一切可能的晋升机会。①

总之，高度集权的体制会周期性地产生出锦标赛的内在需求，只要条件成熟，它就会卷土重来。② 大跃进时期各省市竞相就粮食产量大放"卫星"，就是一种晋升锦标赛的现象。改革开放以来，晋升锦标赛最实质性的变化是考核标准的变化，而锦标赛的本质并没有发生实质性的变化。

3. 晋升锦标赛的特点及后果

周飞舟把大跃进期间的"锦标赛体制"概括为三个特点：一是地方政府的"公司化"决定了这场锦标赛的基本走向。在锦标赛期间，地方政府变成了追求指标和效率的巨大公司或厂商，动员其所有能够控制的人力、

---

① 周黎安：《官员晋升锦标赛与竞争冲动》，《人民论坛》，2010 年第 5 期（下）。
② 周飞舟：《锦标赛体制》，《社会学研究》，2009 年第 3 期。

物力和财力来实现高指标。二是"层层加码"是推动这场锦标赛的基本作用机制。追求"锦标"引发的地方政府间的竞争造成了"层层加码"的动员和管理制度。三是"软预算约束"决定了这场锦标赛的失败命运。锦标赛一经发动，往往为了追求高指标而不计成本，将导致严重的经济和社会后果。①

周黎安则把晋升锦标赛的特征概括为两个方面：一是地方官员职务晋升上形成的逐级淘汰的锦标赛结构。进入下一轮的选手必须是上一轮的优胜者，每一轮被淘汰出局的选手就自动失去下一轮参赛的资格。比如说从县长这一级你没有升上去，退休了，或者被罢免了，你不可能再进行下一轮市长的竞争，这就是逐级淘汰。为了进入下一轮，你必须在这一轮获胜才有资格，这样就给地方官员施加了很大的压力，形成一种非常残酷的政治竞争。二是促使官员不惜一切手段去获得经济发展。在晋升锦标赛下，地方官员一方面是地区经济增长的参赛运动员，同时又是辖区内市场竞争的裁判员，这种双重身份使得地方政府急于利用裁判员的身份做运动员的事情，积极推动地方经济发展到了不择手段的地步。②

政治锦标赛会产生非常严重的破坏性后果，周飞舟认为从"大跃进"政治锦标赛的实践中发现，政治锦标赛一经发动，地方官员为了追求高指标和应对上级政府的考核排名，即自己不被这场竞赛所淘汰，他们往往倾向于不计代价盲目扩大投入，直到造成严重的经济和社会后果之后，中央政府力图终止竞赛才为止③。

周黎安则认为晋升锦标赛作为政府治理模式的严重后果是激励扭曲，表现在三个方面，一是偏好替代。晋升锦标赛治理最大的问题是缺乏辖区居民的偏好显示，以 GDP 指标代替居民的偏好。官员对上负责，而不对辖区居民负责；二是多任务下的激励扭曲。这主要表现在晋升激励下的地

---

① 周飞舟：《锦标赛体制》，《社会学研究》，2009 年第 3 期。
② 周黎安：《官员晋升锦标赛与竞争冲动》，《人民论坛》，2010 年第 5 期（下）。
③ 周飞舟：《锦标赛体制》，《社会学研究》，2009 年第 3 期。

方官员只关注那些能够被考核的指标，而对那些不在考核范围或者不易测度的后果不予重视。首先，GDP竞争会导致一些地区的政府官员热衷于搞政绩工程，劳民伤财，甚至编制经济增长数字，这种情况在缺乏经济资源和机会的落后地区尤为明显。其次，高速经济增长同时带来了严重的环境污染和高昂的能源消耗问题，这也是晋升锦标赛导致数量扩张冲动的后果之一。最后，还有资源配置扭曲的现象，如中国区域发展中的政府非合作倾向，包括我国长期存在的地方保护主义和重复建设问题。三是晋升博弈下的软预算约束问题。首先，为了在经济竞争中获得有利地位以增进政治晋升的机会，地方官员会动用一切政策手段（包括财政和金融工具）支持企业和其他商业扩张，这种只重数量而非质量的扩张很容易形成企业经营绩效低下和政府的财政赤字和负债；其次，在晋升锦标赛下，不仅国有企业，甚至一些民营企业的预算约束有可能软化。[①]

总之，晋升锦标赛作为一种地方官员的治理机制提供了中国特色的产权保护和其他有助于企业发展的政府服务，它主要不是通过司法的彻底改革实现的，而是通过改变政府官员的激励实现的。[②] 政治锦标赛理论强调上级政府的行政发包、量化考核、绩效排名等政绩因素在官员晋升中的决定性作用。晋升锦标赛作为中国政府官员的激励模式，是中国经济奇迹的重要根源。通过地方分权、官员竞争和财政分成建构的高度市场化的激励方式是中国地方政府治理最突出的特征，体现了"纵向发包"和"横向竞争"的高度统一。[③] 但同时，晋升锦标赛对经济发展和社会发展都产生了严重的负面效应。

三、政治锦标赛对政绩工程的催生效应

政治锦标赛是中国地方政府竞争的特殊治理模式，由于中国地区发展

[①] 周黎安：《中国地方官员的晋升锦标赛模式研究》，《经济研究》，2007年第7期。
[②] 周黎安：《中国地方官员的晋升锦标赛模式研究》，《经济研究》，2007年第7期。
[③] 周黎安：《转型中的地方政府：官员激励与治理》，上海人民出版社，2008年版，第224—225页。

的差异性,尤其是上级政府对下级政府考核中的信息不对称性,地方政府可以充分利用掌握的信息优势,以政绩工程的形式向上级政府展示"政绩",以期获得锦标赛中较前的排名,并以此获得升迁机会。

1. 政治锦标赛催生政绩工程

政府官员的激励问题是经济增长的关键性制约因素[①],中国是这方面的最好范例。中国利用自身独特的政治经济条件对政府官员实施了一种政治锦标赛的激励模式,为中国经济的迅速崛起创造了重要基础。但是由于官员激励的复杂性和中国自身发展的复杂性,政治晋升锦标赛在推动中国经济增长的同时,却催生了政绩工程现象,其主要有以下几方面的原因:

首先,地方首长负责制和锦标赛的激励机制催生政绩工程。地方首长负责制把地方发展与地方首长的升迁直接联系起来,迫使地方首长把地方发展放在地方工作的首要地位,充分调动了地方政府参与竞赛的积极性。由于锦标赛竞争不是以绝对排名,而是以同级地方政府的相对排名决定其是否升迁,为了在锦标赛中取胜,地方政府必然利用地方拥有的信息优势,企图通过制造政绩工程以获得较前的排名,并由此获得升迁。

其次,追求高指标催生政绩工程。在锦标赛的治理模式中,虽然上级政府给下级政府制定了相应的指标,但完成指标是基本要求,要想在锦标赛中取胜而获得升迁,则必须超越同级政府而实现高指标。在高指标无法完成的情况下,政绩工程成了完成高指标的必然手段。

再次,地方政府指标考核的多维度性催生了政绩工程。地方发展的多维度决定了衡量地方政府发展指标的多维度,为了在锦标赛中胜出,同级地方政府在知道无法在某一方面的指标(如经济)和同级其他地方政府相比时,该地方政府就会转而追求其他指标(如文化),力图在指标的差异

---

① EASTERLY W. *National Policies and Economic Growth:A Reappraisal* [R]. Working Papers,Center for Global Development,2003:27.

化上超越同级地方政府,并美其名曰:地方特色。实质上是在制造另类政绩工程。

最后,锦标赛的政绩型竞争本质催生了政绩工程。晋升锦标赛以政绩作为评判标准,迫使地方政府竞争以追求政绩显性化为目的,为了追求政绩最大化,地方政府直接寻求能够扩大政绩的途径,政绩工程成为必然选择。

由此,从表面看,中国地方政府之间的竞争表现为经济竞争,但我国地方政府间经济竞争的目的不仅是为了获取经济利益也是为了获取政治利益。在我国现行的体制下,地方政府之间的经济竞争也是为了地方政府和官员政绩最大化的竞争,"地方政府通过对经济资源的争夺来获取政治资源"[1],地方政府竞争既是"经济锦标赛"也是"政治锦标赛"。为了在锦标赛中胜出,制造政绩工程成为地方政府参与竞赛的手段。

2. 政治锦标赛催生政绩工程的类型及现实表现

政治锦标赛催生政绩工程重要表现,就是为政绩而不顾地方实际制造政绩工程。上世纪90年代初以来河南省一度流行所谓"富民工程",一些县乡政府官员在考察了江浙一带的发展经验之后认识到乡镇企业的重要性,于是强行让乡村两级兴办企业,最后大都以失败告终。常州铁本事件是一个很好的例子。常州市政府为了实现经济赶超的目标,"强行"将一个中等规模的民营钢铁厂短时间里变成一个超大型企业,为此提供了一系列政策优惠,包括政府信贷担保。一个企业,不管其所有制性质,一旦变成地方政府实现其经济赶超的工具,就不可能在硬预算约束下经营。过去唯有国有企业存在预算软约束问题,现在民营企业也可能染上此病,原因就在于晋升锦标赛改变了地方官员对民营企业的态度。

政治锦标赛催生政绩工程,在具体形式上有可以划分为两大类:一是重复建设,二是地方保护主义。

---

[1] 周业安:《地方政府竞争与经济增长》,《中国人民大学学报》,2003年第1期。

政绩工程的形成机理与治理对策

重复建设是地方政府为了经济增长，不顾区域内各地的经济功能分工，在同一区域内重复重复与相邻地区相同的企业、基础设施等，以防止本地区在区域竞争中某一方面处于劣势。这方面最典型的例子是长三角地区的港口建设。长三角地区，又称长江三角洲都市圈，是指在长江入海处形成的扇形冲击平原上，以上海为龙头，包括浙江和江苏两省14个城市在内的城市带。地处长江沿岸，港口建设是各城市势在必行的。上海是我国的经济、贸易和金融中心，却一直没有深水港。由于上海的长江入海处有大量的铜沙，使得从长江流域出口的货物大部分不得不取道香港，剩下一小部分途径上海长江口。浙江宁波北仑区的北仑港则是天然的深水良港，却限于交通不便，门可罗雀，运力过剩。江苏省各沿江城市为了扩大市区面积，与长江相连，重复建设了大量的集装箱码头，从江阴到南通60公里的距离，却拥有68个万吨级的港口，平均不到一公里一个，港口利用率严重低下。如果仅仅考虑地区因素，上海应该选择张家港，或者太仓港，或者北仑港作为自己的深水港，但是，上海处于本辖区利益的考虑，欲维护国际深水港的地位，最终选择了大小洋山港作为自己的深水港，尽管大小洋山港有一个很大的弊端——台风，它是台风的常年登陆口；另外大小洋山港距离陆地达30公里，必须建成世界上最长的栈桥。而浙江方面则担心大小洋山港建成之后，自己辖区下的北仑港从此沦落至可有可无的地步，不惜投巨资兴建杭州湾跨海大桥，一是为了缩短宁波与上海的距离，二则是使江苏成为宁波港货物来源的直接腹地，三是启动杭甬运河的改造工程之后，还可以吸引更多的来自长江中上游的货物，从而彻底改变北仑港的尴尬局面。同时，浙江为了防止舟山重蹈大小洋山港被划归上海的覆辙，大手笔启动了连接舟山和宁波的"大陆连岛工程"。作为对上海和浙江方面动作的回应，江苏苏州市及属下沿江的三市则是汇聚太仓，提出"三港合一"的方案，将张家港、太仓港和常熟港连接起来，共同打造"苏州港"。由此，不大的长江三角洲却拥有三个大的深水港港口，委实是重复性建设的典型案例。此外,长三角地区的产业结构同构化也非常严重。据有关方面统计,在长三角地区,上海与江苏的产业结构相似系数为0.82,上海与浙江的相似系数为0.76,江苏与浙江的相似系数高达0.97。[1] 这些指数远远超出国际安全底线,成为我国经济建设中的重大隐患。[2] 实质上,类似长三角港口建设的例子相当多,如飞机场建设、开发区建设等,都表现出重复性。

地方保护主义是在晋升压力下,地方政府为了提供地方竞争力,对本地企业与外地企业给予不同待遇,对本地企业进行保护,对外地企业则采取排斥。如80年代市场丝绸的各地方政府,为了保护当地缫丝产业,不顾市场规律,强行规定当地蚕茧一律不得销往外地。这种保护行为还表现在许多行业中。

小结

政府间的博弈与竞争是政绩工程形成的体制性机制。

本章重点探讨上下级政府间的博弈和同级政府间的竞争如何成为政绩工程的制度形成机制。"放权让利"改革形成了上下级政府的压力型体制,政绩考核机制和以政绩为标准的干部选拔机制催生了政绩工程;地方政府间的竞争形成了政治晋升锦标赛模式,晋升竞争转化为政绩竞争,由此形成的政府间挤压效应,促使地方政府以政绩工程获取表面政绩。压力型体制和政治晋升锦标赛是政绩工程形成的体制性原因。

---

[1] 陈艳华、韦素琼:《海峡西岸经济区与长三角、珠三角经济区产业同构化的实证研究》,《热带地理》,2007年第1期。

[2] 周黎安:《转型中的地方政府:官员激励与治理》,上海人民出版社,2008年版,第238—239页。

第四章 政绩工程的治理对策

从上述两章的分析看,政绩工程形成的制度原因在于地方政府自身的自主性和自利性,以及上下级政府间的博弈、同级政府间的竞争。政绩工程的形成是复杂的系统原因,治理政绩工程必须从政绩工程形成的制度逻辑入手,以体系化的对策破解其形成的制度逻辑。采取规范地方政府自主性行为、正确引导地方政府自利性、以制度创新完善政绩考核制度、干部任免制度等体系化对策治理政绩工程。

第一节 规范地方政府自主性行为

地方政府自主性是中国地方经济发展的动力,也是中国30多年保持经济持续增长的重要原因。但是,正如辩证法所指出的一样,任何事物都具有两面性,一方面,地方政府利用自主性推动地方经济发展;另一方面,地方政府利用自主性追求地方利益最大化和地方政府政绩最大化。自主性为地方政府追求政绩最大化提供了客观能力,从而成为政绩工程形成的重要原因。为了消除政绩工程现象,必须依法规范地方政府的自主性行为,限制地方政府自主性的任意扩张,重要限制地方政府在自主决策行为和财政自主使用行为中的自利行为。

一、规范并完善地方政府自主决策行为

政绩工程形成的首要原因是地方政府为了追求政绩最大化,利用自身的自主性自行决策,把公共资源作为作为政绩的成本打造政绩工程。自主

决策成为政绩工程形成的首要前提，为了消除政绩工程，必须对地方政府的自主决策行为进行有效规范，完善地方政府决策的过程机制、监督机制和责任机制。

1. 完善地方政府的决策机制

地方政府自主性意味着地方政府具备了一定的超越上级政府和地方民众而按照自己的意志行动的能力[①]，这种能力首先表现在地方政府能够充分利用地方资源进行决策的能力。在现有体制下，地方政府决策可以绕过地方人大、地方民众，也可以利用拥有的信息优势欺瞒上级政府，把决策导向政绩最大化，特别是政治承包制的"一把手"负总责的制度，使得地方政府决策变为"一把手"拍板。在政绩考核的压力下，"一把手"总是把决策导向政绩最大化，其结果必然造成政绩工程。为此，必须对地方政府现有的决策机制加以完善。

首先，完善地方决策咨询制度。组织相关领域专家、学者组成论证团队，在调查研究材料的基础上，对拟决策事项进行科学论证。要对多种可供选择的决策方案进行鉴别评估，提出专业建议，并将最终的评估意见作为决策的重要依据。以法制的方式严格地把咨询纳入决策的正常程序，要求重大决策，必须进行广泛的、多层次的咨询论证，实行先咨询后决策。政绩工程以貌似科学的形式展现，通过决策咨询，揭示其伪科学的面纱，保证了地方政府决策的科学性，也在决策阶段遏制了政绩工程。

其次，完善地方政府决策的民众参与机制。通过多种方式方法，如民意调查制度、信息公开制度、听证会制度、公众协商制度等等，让社会公众有机会参与政府的决策讨论。对于涉及广大群众利益的重大事项的决策，都必须按照规定举行听证，对听证会上的意见要认真梳理、分析、对照完善决策方案，或采取小范围试点的办法，及时发现存在的问题，修改

---

① 羊许益、刘召：《试论地方政府的自主性及其扩张》，《领导科学》，2001年第4期（中）。

优化决策方案，检验决策方案的科学性、可行性。政绩工程之所以形成，就是因为其偏离了公共利益。通过民众参与决策，就保证了地方政府决策不会偏离地方公众的利益，校正地方政府决策中可能的政绩工程倾向。如在征地拆迁的土地财政运动中，就是因为缺少地方民众参与决策，致使征地拆迁的经营城市运动变成危害命中的政绩工程。如果有民众参与决策的机制，类似的政绩工程就可以得到有效遏制。

2. 加强地方政府的决策监督机制

只有加强对地方政府的决策监督，才能保证地方政府决策的公共性，及时发现和校正偏离公共性的决策，以杜绝政绩工程现象。为此，要健全以下几个方面的监督机制。

首先要加强体制内的监督。体制内的监督包括党内监督、上级政府监督、作为立法机关的地方各级人民代表大会的监督。

加强和完善党内监督。一是健全党内民主机制，实施民主决策。民主决策是对地方政府决策的重要监督。在地方重大决策上，构建多维动议机制，即决策议题不仅来源于书记，还来源于常委会、党委委员、政府、人大、政协、地方民众等多放主体；构建民主决策调查研究机制；构建民主决策科学论证机制，即建立专家论证制度、实行风险评估制度、引入决策听证制度；构建民主决策议事表决机制，健全议事决策规则，即加强监督制约、严密议事表决机制；构建民主决策纠错问责机制，即建立决策执行追踪机制、建立决策失误分析制度、建立决策纠错问责机制。[①] 二是加强对"一把手"的监督。"一把手"是地方权力的核心，在重大项目立项、大额资金等重大决策上按照民主集中制原则进行集体讨论，改变一个人说了算的权力结构。同时定期对地方政府"一把手"作一次全面认真的审计与考核，针对考核中发现的问题，及时向上级和人大反馈并提出整改意

---

① 朱江：《完善地方党委民主决策机制探析》，《中共南京市委党校学报》，2012年第4期。

见，杜绝滥用职权和各种政绩工程类的决策。三是充分发挥纪委的监督作用，以《中国共产党党内监督条例（试行）》提出的一些党内监督新制度，如巡视制度、诫勉制度、质询制度等等为依据，加强对地方政府的监督。

加强上级政府和地方人大的监督。上级政府在下级政府重大工程立项、政府职能履行等方面加强监督。地方各级人民代表大会应成立专门的决策监督机构，加强对地方政府决策的监督审议职责，尤其是对决策项目的可行性以及项目预算进行严格监督。

在加强体制内监督的同时，还要加强体制外的监督，主要是民众的监督和新闻媒体的监督，积极利用报纸、电台、电视台和网络等新闻媒体，让社会各界积极参与到对政府决策的监督和制约机制中来。

加强重大工程项目的监督。一是建立重大工程项目的科学决策机制，健全工程项目建设的咨询顾问、听证制度，保证决策科学化、民主化完善专家咨询顾问制度，充分发挥科技、经济、农业、管理、社会等各方面专家与业内人士的作用，经过充分论证、协商后做出科学决策，避免盲目决策，以科学的态度、按照科学的规律进行决策，以有效避免政府因盲目决策和急功近利而产生的各种"政绩工程"。二是严把政府项目立项关。对各级地方政府提报的项目工程立项申请，尤其是涉及到需要动用大量资金和土地问题时，要以公共利益最大化为依据进行充分论证，并根据地方财政实力和地方民众需求，决定是否立项。三是严格重大项目的资金审查。地方人大和上级政府要成立项目的专门监督小组，负责项目资金的审查。公共项目批准以后，项目承包单位应及时提报项目规划设计图及说明、施工组织方案、工程量计算书和项目预算书等资料。地方政府对项目预算进行严格审查，并根据审查结果下达项目预算，项目单位必须严格按照预算计划收支，定期对项目施工进度情况进行现场跟踪检查，及时掌握项目进展情况。同时，严格监管各银行等金融中介组织，严格审查、控制政府贷款项目。在项目实施过程中，监督小组要随时了解资金的使用情况。四是对重大工程的事后评估，从项目效益、民众效用等方面进行评估，及时改正项目中的政绩工程成分。

3. 强化地方政府决策的责任机制

政绩工程泛滥的重要原因是对地方政府决策缺少追究制度,为此要加强地方政府问责制的制度设计,构建和完善决策者责任制,使地方政府的决策者在决策时不会盲动,不敢滥用决策权,不敢违背公共性以追求自利性,以此防止政绩工程。

一是配套健全投资责任制。国家行政学院教授许耀桐曾撰文指出:"新中国建立以来,在大约2万多亿元的总投资中,因决策失误造成的浪费至少有1万亿元。"[①] 据世界银行估计,"七五"到"九五"期间,我国投资决策失误率在30%左右,浪费资金超过4000亿元。[②] 决策失误的重要原因是缺乏公共项目投资的责任机制,地方政府领导大搞形象工程、政绩工程,为自己捞取政治资本。当政绩工程、形象工程获得了上级青睐,官员如愿以偿得以升官晋爵后,便拍屁股走人,留下烂摊子让继任者来收拾。为此,要完善地方政府公共投资的责任机制,对于地方政府投资项目,要在审批、融资、管理、验收等各个环节进行监督,实行"谁决策、谁负责"的原则,各个相关部门均要明确责任,什么环节出了问题,必须要追究相关部门领导人的责任。

二是推行责任审计制。地方政府领导在离任或调任时必须实行责任审计制,对其在该地的政绩和投资进行全面评价。只有这样,才能使官员评价体系落到实处。要重点检查重大经济和社会发展决策事项、政府财政资金管理,尤其是重大财政支出和工程建设项目管理状况、政府负债等方面的情况。政绩工程的成因及治理审计机关要依法全面履行职责,进一步加强对政府投资项目的审计监督,提高政府投资管理水平和投资效益。完善重大项目稽查制度,建立政府投资项目后评价制度,对政府投资项目进

---

① 参见:《报刊文摘》,2008年2月18日。
② 参见:《上海证券报》,2006年1月17日。

行全过程监督。要扩大审计范围，进行事前、事中、事后的全程审计。对地方政府领导干部经济责任审计工作，不仅要进行离任审计，而且还要开展任期审计。"先审后任后离"，"任离结合，以任为主"，"有离必有审，审对任有用"，把审计关口前移，加大审计力度，变离任审计为主为任期审计为主。对有经济责任的领导干部未经经济责任审计，原则不予以提拔任用；未经经济责任审计的，不办理离任手续。

三是要建立决策失误责任追究制度。地方领导敢于举债或者透支财力上马政绩工程，主要是与政绩工程危害性爆发有一定的滞后性有关。由于在任期内，政绩工程不仅不会爆发，还会作为"显绩"向上邀功，由此获得升迁并调离。由于政绩工程所带来的危害不在地方政府领导任期内爆发，那么现实的行政问责就对这些领导无可奈何。为此，在问责机制的设计上，可以设计重大工程的终身负责制，谁决策，谁就终身负责，不管决策者是否已离任，对于那些已经暴露种种弊病、对地方发展带来严重影响的政绩工程，都依法要追究当初决策者的责任。

四是建立并完善异体问责制度。要遏制"政绩工程"必须建立健全一套科学的、可行的异体问责制度。第一，完善人大审议和责任追究。按照《宪法》和《地方组织法》的规定，地方人大拥有对地方重大事项的决定权。地方政府的重大项目工程、重大决策必须经过地方人大审核，要用制度保证人大对地方重点工程的决定权。同时要对开工的重大工程进行全程监督避免决策失误。对于热衷于"走形式"、"树典型"，弄虚作假搞"形象工程"的政府官员，不论官员职位高低，一律接受人大的质询和调查，并根据具体情况对其罢免和撤职。同时制定相关法律，把搞"形象工程"视为违法，并依法对已经搞起来的政府官员责任追究到底，谁决策谁负责，绝不能让其"一走了之"。第二，加强民主党派的问责。坚持多党合作、政治协商的方针，明确民主党派的问责权限，使民主党问责法制化、程序化。对各种事关广大社会公众利益的决策，如果政协、各民主党派都持反对意见就不能生效，通过多种方式发挥非执政党的监督问责作用。第三,规范和加强媒体问责机制。政府应尽快制定新闻法,规范新闻媒体的问责权限和程序:解除对新闻媒体组织的各种不和理控制,在不违反各种法律和法规、个人隐私的等前提条件下,充分保证媒体的新闻自由权。目前,许多地区电视台开办了很多栏目来为群众办实事,同时也起到了监督问责的作用。第四,保障和维护人民群众问责。在我国,广大人民群众既是国家的主人,又是政府行为的重要利益相关者,他们有权利也有义务对政府行为进行问责。当前,政府应当为人民创造监督条件,并鼓励人民监督政府同时,为了鼓励人民监督的积极性,政府还应当对举报人进行奖励,并坚决保护举报人的人身、家庭、财产等安全,防止打击报复。

二、规范并完善地方政府财政自主行为

政绩工程的形成需要资金支撑,没有资金,政绩工程就成了无源之水、无本之木。政绩工程泛滥的重要原因就是在"放权让利"改革之后,地方政府拥有极大的地方财政自主权,财政资金可以大量投入到政绩工程类的项目中。为了防治政绩工程,必须对地方政府的财政自主行为加以规范,使公共财政创造公共利益,而不是用来制造政绩工程。

1. 完善地方政府硬预算约束机制

本质上,"公共财政"是国家向分散的市场主体提取财政资源,并以社会为中心、以公共服务为主要方向分配财政资源的体制。地方政府财政是一种公共财政,但是在政绩工程中,公共财政的投资不仅未能为地方民众创造福利,而且还极大地损害地方民众的福利。究其原因,是没有建立完善的政府预算约束机制,更没有完整公共预算机制。为此,要建立地方政府的预算约束机制。

一是变传统的政府预算为公共预算。传统的政府预算就是地方政府内部人员依据政府本身需求,适当考虑社会需求,结合地方财政收入情况和上级政府的要求而编制的预算。这种预算具有典型的政府性、封闭性、公

共意见缺失等缺陷,严重丧失公共性。要改变这种预算模式,变政府预算为公共预算,即变为由公众参与编制、接受社会监督、以公共服务为主要方向的财政预算。

二是完善公共预算体制。首先要保证公共预算的主体多元化,改变单纯由地方政府编制预算的状态。建构由地方政府为主体,地方人大、地方利益集团、地方民众和专家共同参与的预算团队,地方各利益主体在公共预算中的利益都能得到有效表达。其次,要充分发挥专家在公共预算中作用,尤其是在重大工程项目的公共财政投资中,需要经专家进行科学化论证。最后,要依法保障地方各利益团体在地方财政预算中的利益,使公共财政预算成为保障地方各利益团体福利的重要途径。

三是建立财政预算公开制度。首先要以法制方式保证财政预算公开,中央政府在这方面为地方政府做了很好的表率。2009年,财政部首次对外公布了预算报告和中央财政预算四张表格。印发了《财政部关于进一步做好预算信息公开工作的指导意见》,明确了地方财政和中央部门预算公开主体,规范了地方财政部门报送同级人大审议的财政预决算报表的格式,大力推进重大民生支出的公开。其次,要规范地方政府财政预算的内容,具体来说,主要包括三个方面:(1)预算的依据亦即预算所依据的背景材料、说明、解释等必须依法公开;(2)预算编制、审批、执行、变更、决算的过程必须公开;(3)预算的内容即批准的预算内容必须公开。① 再次,高度重视门户网站建设,大力推进门户网站升级改造工作,利用网络公开财政预算,听取民众呼声,吸纳民众意见,及时修正、完善预算编制。

四是建立财政监督体制。首先,要强化人大对地方政府财政预算的监督,在人大常委会下设预算委员会,强化人大预算监督。预算审查是一项专业性、技术性、政策性很强的工作,特别是对那些建设性预算执行情况的监督以及政府实施的资本运作行为的监督。② 相对于部门的经常性预算

---

① 田圣斌:《完善我国预算监督机制的建议》,《湖北省社会主义学院学报》,2011年第1期。
② 经忠伟:《如何加强和完善财政预算监督》,《人大研究》,2004年第2期。

来说,建设性预算涉及的资本数额大,项目周期长,其使用和管理的专业要求较高,监控难度比较大。在实践中由于受到管理体制、技术手段、人员配备等因素的影响,人大常委会还难以进行直接的和有效的审查监督。因此可以在人大常委会下设立预算委员会,聘请相关的专家代表担任预算委员,由他们对庞杂的预算信息进行梳理、分类、评估和简化,并在人大审查预算案时提供咨询。同时要赋予预算委员会实质的否决权和修订权。①一方面对预算编制部门报送的预算草案中不合法或不合理的内容在说明理由的前提下建议予以修改②;另一方面对预算草案中不合法或不合理的地方,但预算编制部门拒绝修改的,预算委员会可以对该预算直接否决。其次,建立财政电子政务机制。财政部门通过网络与公众实现双向互动,既能主动向社会公布其财政预算信息,增加财政透明度,接受公众的审查;同时,公众随时可以登陆政府官方网站了解其所需的预算信息,提出反馈意见,提高政府行政效率。

2. 规范预算外资金使用

政绩工程需要大量资金,在地方政府财政预算越来越规范的情况下,地方政府力图依赖预算外资金制造"政绩工程"。所谓预算外收入是国家机关、事业单位和社会团体为履行或代行政府职能,依据国家法律、法规和具有法律效力的规章而收取、提取、募集和安排使用的未纳入国家预算管理的各种财政性资金。③

改革开放以来,预算外收入一直是地方政府的重要收入来源,1982—2006年间,地方政府的预算外收入从 532.04 亿元增长到 5940.77 亿元,增长了10.2倍。以广西南宁为例,2004年后,南宁市的土地出让收入出

---

① 黄河:《深圳,领先了,但还得加油》,《南方周末》,2008年11月6日。
② 刘剑文、熊伟:《中国预算法的发展与完善刍议》,《行政法学研究》,2001年第4期。
③ 王有强、卢大鹏、周绍杰:《地方政府财政行为:地方财力与地方发展》,《中国行政管理》,2009年第2期。

现大幅度增长,由 2004 年的 2.16 亿上升到 2007 年的 63.48 亿,三年增加了 28.4 倍。

为此,2010 年 6 月 1 日财预 201088 号为贯彻落实全国人大和国务院的有关规定,决定从 2011 年 1 月 1 日起,将按预算外资金管理的收入(不含教育收费)全部纳入预算管理。尽管以法律的方式对预算外资金作了规范,但地方政府仍然想方设法逃避管理,常采取隐瞒收入、虚列支出等方式转移资金。转移后的资金被用于政绩工程建设的较多,因此要建立监督检查、监督审核制度。根据有关规定,对预算外资金管理进行经常性检查,发现问题及时纠正或处罚。使预算外资金管理坚持统一收费立项管理、统一票据管理、统一财务管理、统一财政专户管理,理顺收、管、用运行渠道,真正达到规范化、科学化、法制化的管理标准,使预算外资金在地方各项事业发展中发挥效益。

3. 建立政府债务负责制

在地方财政紧张的情况下,"一个官员要在如此短的时间里做出引人注目的成绩,就必须有能力动员足够的资源,突破已有的预算约束"[①]。摊派固然是一种手段,而且不会导致政府债务。但是,这种办法容易对官员的声誉造成负面影响。于是,借债就是一种突破已有预算约束的最佳策略。

地方政府采取了各种变相形式来主动借债,主要有:(1) 拖欠,即地方政府利用权力要求各种政府所有或非政府所有的企业,在政府没有投入任何资金或者只投入一部分资金的情况下承担政府的某些项目,但是,项目完成后政府通常违背自己的支付承诺,从而导致债务;(2) 直接借债,即地方政府以自身的财政收入为担保向上级政府部门或国际机构直接借入贷款,也包括地方政府以自己的财政收入为担保向银行、企业和私人借债

---

① 周雪光:《"逆向软预算约束":一个政府行为的组织分析》,《中国社会科学》,2005 年第 2 期。

（由于这种做法直接触犯《预算法》，所以，一般比较少见）；（3）担保负债，主要是指地方政府变相为自己所管辖的单位或部门，以及自己成立的政府投资公司的借债提供担保而形成的负债，前两种负债是直接负债，最后一种负债是或有负债。① 仅以四川省县级政府债务为例，2003年政府结算统计，四川省县级政府债务高达739.2亿元，平均每个县负债4.11亿元，其中，乡镇负债279.73亿元，平均每个乡镇552万元。②

地方政府债务已成为中国经济发展的隐患，而地方政府大力举债的重要原因就是要投资政绩工程类项目，以此获得政绩。"收益内化，成本外化"是当前地方政府官员的一种普遍心态。为此，要治理政绩工程，必须完善一下制度。

健全地方政府债务管理法律制度。一方面要修改预算法和担保法，允许地方政府发债与完善地方政府预算管理结合起来，建立包括公共预算、国有资本经营预算、政府性基金预算、社保基金预算和政府债务预算在内的地方政府预算体系；明确地方政府债务审批程序和管理权限，严格控制地方政府债务规模、结构和使用方向，允许地方政府直接举债或提供担保。另一方面要制定相关法律法规，以法律形式规范地方政府债务管理的借、用和还行为。如适时研究制定地方政府债务管理条例。对地方政府债务的管理主体、规模控制、举债渠道、使用方向、偿还方式、监测预警、监督管理、法律责任等作出明确规定。③

建立地方政府债务"三位一体"监督管理制度。地方政府债务的监督主体应包括政府、人大及其常委会、舆论与纳税人。（1）政府监督属于内部自我监督。国务院及其相关主管部门，其中国家审计署应对全国地方政府债务实施宏观审计监督，财政部应对全国地方政府债务实施宏观日常监

---

① 马骏、刘亚平：《中国地方政府财政风险研究："逆向软预算约束"理论的视角》，《学术研究》，2005年第11期。

② 梁朋：《地方政府债务：未来中国经济发展之忧》，载王东京主编：《中国经济观察（2004年第1辑）》，中央党校出版社，2004年版。

③ 何小宝：《地方政府债务管理中存在的问题及对策思考》，《三江论坛》，2012年第5期。

督；地方政府及其相关主管部门，其中地方审计厅（局）应对本级地方政府债务实施具体全面审计监督，财政厅（局）应对本级地方政府债务实施具体全面日常监督。（2）人大及其常委会监督。全国人大及其常委会主要对全国地方政府债务实施总量控制和总体用途审查监督；地方人大及其常委会主要对本级地方政府债务实施规模控制和具体用途审查监督。（3）完善舆论监督与纳税人监督制度。舆论监督和纳税人监督主要是通过电视、广播、报纸、杂志和网络等公共媒体发挥监督作用，必须确保这些渠道的畅通。纳税人是地方政府债务责任的最终最大承担者，必须给纳税人最大的监督管理权，并提供充分实现监督管理权的条件。其中最关键的条件是债务发行、使用、偿还等信息全程完全公开，让纳税人能便利地获得全部信息，目前最理想的信息公开渠道是网络公开，应规定为必须的公开方式。

加强地方政府债务的管理。通过适当的制度安排，明确地方政府债务归口管理单位，建立地方政府债务的监测和预警体系，改进政府预算管理和预算会计制度。一是尽快建立统一的债务管理机构。在地方政府债务管理法律法规尚未建立和完善期间，应由省级以上政府制定专门的具有指导性的政府债务管理办法，明确债务管理机构和债务责任主体。建立以财政部门为主的地方债务管理体制，明确财政在地方政府债务管理中的主体地位，加强财政对地方债务集中、统一管理的力度，从根本上改变当前地方政府债务分散管理的弊端。二是建立防范债务风险的预警体系。

建立地方政府债务责任终身追究管理制度。明确规定地方政府债务的责任主体、责任内容和责任追究制度。地方政府及相关主管部门和分管领导对债务发行、使用和偿还承担主要责任，债务建设使用单位和直接责任人主要承担使用责任。另外，还要建立严格的责任追究制度，严格落实"谁举债、谁偿还"的偿债机制，对各级地方政府债务分管领导和直接责任人视其情节、后果轻重，可依法终身追究行政和刑事责任。只有建立严格的责任终身追究制度，才能有效抑制"政绩工程"、"短命工程"，才能从根本上克服地方政府债务管理的"弱动力"问题。^①在债务责任追究上，可以借鉴国外的经验。如丹麦彼得·布里克斯托夫提曾任法鲁姆市市长16年，2002年卸任。任职期间，布里克斯托夫提在福利工程和健身场所建设方面多有惊人之举，最受关注的两项政策是为全市67岁以上老人提供两周假期和为中小学生提供家用电脑，而相关费用都由市政府买单。这些福利项目让布里克斯托夫提在市民中广获赞誉。但警方近期调查发现，布里克斯托夫提的福利工程掏空了市政财政，而且许多项目没有得到市政委员会允许。为掩盖财政亏空现状，布里克斯托夫提制造了可疑的财务报表，而且非法批准贷款。丹麦希莱勒市法院10日判决，布里克斯托夫滥用职权罪成立，判处2年监禁。[②]

第二节 建立激励与约束均衡的地方政府自利性机制

不管承认与否，地方政府自利性都真实地存在着，政绩工程工程既是地方政府自利性的结果，又从另一方面折射出地方政府的自利性。正如欧文·E.休斯指出："虽然公务员可能受到公共利益的奖励，但现在看来政治游戏者有他们自身的利益这一点也是无可争辩的。他们也可能是为了自身的进步或所在部门的发展而工作，而不再是原来想像的那样时刻都是出于纯洁和无私的动机。"[③]消除政绩工程必须客观承认地方政府自利性存在的现实，理性对待地方政府自利性，建立激励与约束均衡的自利性机制。有学者则认为，解决地方政府自利性的关键，是建立并健全一个激励兼容

---

① 黄春蕾：《中国地方政府债务管理"弱动力"问题研究》，《经济与管理》，2006年第6期，第14—17页。
② 《新华每日电讯》1版，2007年4月12日。
③ ［澳］欧文·E.休斯：《新公共管理的现状》，《中国人民大学学报》，2002年第6期，第8—16页。

和约束高效的协作机制。①

一、完善地方政府自利性的激励机制

在承认地方政府自利性真实存在的前提下，政绩工程就可以被看作是地方政府自利性在没有得到满足的情况下，以一种扭曲的方式向上级政府传递政绩信息，希望获得自身利益最大化。与其回避、无视甚至单方面打压地方政府自利性，倒不如充分利用地方政府自利性，调动地方政府的工作积极性。

1. 尊重并合理界定政府正当利益诉求

正如马克思指出："在现实世界中，个人有许多需要"②，"人以其需要的无限性和广泛性区别于其他动物"③，利益是个人和组织活动的根本动因之一。政府组织及其成员除了公共性之外，在一定范围内追求自身需要的满足和自我利益的实现也是合理的。不尊重地方政府的自利性，并不意味着自利性会消失。相反，地方政府自利性会变相表达，以至于畸形表达，政绩工程就是地方政府畸形表达自身利益的方式。为此，在制度设计时，不是要堵住地方政府的自利性，而是要尊重并引导地方政府自利性，合理界定地方政府自利性界限，建立地方政府自利性的法制化表达渠道。

首先要尊重并保护地方政府的合理利益。随着"放权让利"的改革，地方政府的利益主体意识和利益表达意识逐渐觉醒，政治承包制和财政包干制等政策的实施，更是强化了地方政府的利益意识。地方管理的责任下移使地方政府成为地方利益的代言人，地方政府逐渐成为相对独立的利益主体。尊重并保护地方政府的合理利益，一方面，可以调动地方政府推动

---

① 陈国权、李院林：《政府自利性：问题与对策》，《浙江大学学报》（人文社会科学版），2004年第1期。
② 《马克思恩格斯全集》（第3卷），人民出版社，1972年版，第326页。
③ 《马克思恩格斯全集》（第49卷），人民出版社，1972年版，第130页。

地方发展的积极性，另一方面，可以避免地方政府因正当利益无法满足而产生的创租、设租、寻租等行为，避免在追求自利性时制造政绩工程。

其次，要依法界定地方政府自利性的合理范围。尊重地方政府自利性并不意味着允许地方政府自利性无限扩张。事实上，政绩工程正是地方政府自利性扩张的表现，是地方政府寻求自身利益最大化的现实样态。为此，要依法界定地方政府自利性的合理范围。从三个方面加以界定：一是从中央政府与地方政府关系上界定政府利益的合理范围。在"放权让利"的改革中，地方政府承担的责任越来越多，从经济发展、政治稳定到民生建设等，但中央下放的权力和利益与地方政府承担的责任却不对称，地方政府的权、责、利不统一。中央与地方利益分割缺乏法制化的规范，在与中央博弈无果的情况下，地方政府选择"土地财政"类政绩工程追求自身利益成为必然。要建立地方政府权、责、利相统一的法制化规范，界定地方政府相对于中央政府的合理利益范围。二是从政府与企业的关系上界定政府利益的合理范围。由于历史和利益原因，地方政府与企业往往"合谋"制造政绩工程，在制造政绩工程中，地方政府与企业各取所需，如铁本事件中，地方政府与企业合谋，企业获得土地、贷款等政府支持，地方政府获得政绩。为此，要依法界定政府对企业的管理权限，对地方政府依赖企业谋取政府利益的行为加以限制。三是从地方政府与民众的关系界定地方政府的利益范围。政绩工程的本质就是地方政府不顾及地方民众的利益，追求政府自身利益。如在征地拆迁中，地方政府考虑的主要是自身利益，较少或完全不考虑地方民众的利益。为此，要通过依法建立地方产权制度等法规，依法界定地方政府自身利益的界限。

最后，要建立地方政府自利性的合法表达渠道。当地方政府自利性不能得到合法、合理表达时，就会以政绩工程等不正常渠道表达。为此，要建立地方政府自利性合法合理的表达渠道，以畅通地方政府的自利性。

2. 合法合理满足地方政府的自利性需求

在尊重地方政府自利性的同时，要满足地方政府的自利性需求，建立适当满足地方政府自利性的激励机制。否则，缺乏自利性的激励，地方政府就会表现出效率低下、不思进取、公共服务职能下降等行为。为此，要合法合理满足地方政府的自利性需求。

首先要满足地方政府作为一级组织的自利需求。地方政府承担着地方经济发展、社会稳定、医疗教育等公共服务职责。完成这些职责既需要一定的行政权力，又需要一定的财政支撑。要通过法律的方式赋予地方政府相应的处理地方事务的权力，同时，在中央政府（上级）政府与地方政府的税收分成中，要给予地方政府与地方事务向配套的财政支持。这样，地方政府在财政和权力获得适当满足的激励下，会尽力完成地方责任。事实上，中央的政治分权与财政分权的实质，就是在分权中满足地方政府的自利性，以此来调动地方政府发展地方经济的积极性。以查找分权为例，戴慕珍认为，自负盈亏的财政体制为地方政府营造了一个强有力的逐利动机。以财政收益最大化目标为目标指引，地方政府主动而且积极参与到有利于推进经济发展、增加地方财政盈余的活动中。[①] 30多年的改革开放表明，地方政府在追求自身利益的同时，推动了地方的发展，而地方的发展又推动了整个中国的发展。满足地方政府的自利性成为推动地方政府发展地方的重要手段。

其次，要建立适当满足地方政府组织中个人自利性的机制。一是建立完善的地方行政首长晋升制。按照马斯洛关于需求的理论，地方行政首长主要是要满足自我实现的需求，晋升是他们实现这一需求的主要途径。完善地方行政首长的晋升制度，满足他们自我实现的需求，避免他们为追求自我实现而在决策中制造政绩工程。其次，建立满足一般公务员自利性的机制。一般公务员的自利性主要表现为薪金收入高低，要建立量力而行的积极薪金制，改革原有的消极薪金制。消极薪金制以低货币收入、不可变现的高福利待遇为基本特征，力求实现"以德养廉"和"低薪保廉"。事

[①] Jean C. Oi, Fiscal Reform and the Economic Foundations of Localstatecorporatismin China, *world politics*, Vol. 45, no. 1(Oct. 1992), pp. 99—126.

实证明消极薪金制是不成功的。相反，积极薪金制以"适薪养廉"为着眼点，即以适当的薪酬满足公务员的需求，但在薪酬发放的设计上，要以公务员的价值实现为出发点，要以公共利益的最大增进为根本点和落脚点。避免过去"以德养廉"的软约束尴尬，又摆脱置国情国力于不顾的"高薪养廉"的困境。① 避免在政策执行过程中，公务员因自利性无法满足而采取寻租等方式的政绩工程。

最后，建立与自利性相对应的激励机制。有学者建议以功绩制取代政绩制，功绩制即以公共利益最大化并得到社会和公众认同为前提，同时实现地方政府自身利益；而政绩制则是依靠权力占有的大量资源为自身谋求各种利益，以数字、工程、项目等为形式，只考虑官员的仕途而忽视当地民众的长远利益和根本利益。② 显然，政绩制因地方政府自利性而容易引发政绩工程，功绩制既符合公共利益，又能满足地方政府自身利益，从而把地方政府自利性转化为有效的激励机制。

二、完善地方政府自利性的约束机制

政绩工程是地方政府自利性无限扩张的结果，组织和人的欲望是无限的，对地方政府自利性永远不可能完全满足，必须加以限制，建立有效的约束机制，消除地方政府以政绩工程获取自身利益的内在机制。

1. 建立政府组织自利性的约束机制

地方政府作为利益主体的角色凸显之后，地方政府的自利性行为就不断扩张，自利性行为表现在地方政府的各种看似公共的行为之中，尤其是选择性执行中央的各种决策中。有学者研究了湖州市养老保险扩面和重庆

---

① 陈国权、李院林：《政府自利性：问题与对策》，《浙江大学学报》（人文社会科学版），2004年第1期。
② 陈国权、李院林：《政府自利性：问题与对策》，《浙江大学学报》（人文社会科学版），2004年第1期。

市户籍制度改革的具体过程及其背景，得出的结论是，在这些看似公共服务的社会政策创新中，隐含了一种政府自利性的"发展"逻辑，即财政收益最大化在地方政府行为中处于支配地位。①足见地方政府在推动地方发展时，总是将自身的自利性作为隐含目标投射到所有的政府行为中。为此，必须建立政府自利性的约束机制。

首先，要建立地方政府自利性的识别机制。以法律规范、上级政府文件规定为标准，对地方政府利益进行识别，判明哪些属合理合法范围，哪些属不合理不合法范围。要定期对地方政府的公共决策、公共服务项目等进行检查，识别并及时防治地方政府在公共事务中的自利性行为。

其次，要完善纵向问责制。上级政府要对下级政府的自利性行为进行监督，并依法进行问责。及时提醒、校正地方政府的自利性行为，依法对已发生的地方政府自利性事件或行为进行查处，对于政绩工程类的项目或行为更要严肃处理。

最后，建设法制政府。地方政府的行为必须在法律的框架内，依法限制地方政府的行为，要求地方政府依法行政，避免地方政府自利性行为的扩张，防止地方政府超越法律而追求政绩工程类的自利动机。

2. 建立政府个人自利性的约束机制

政绩工程的形成与地方政府行政首长的自利性直接有关，由于横向问责机制不健全，纵向问责机制存在信息不全等局限性，地方政府缺乏外在约束，行为自主空间不断扩大，为了政绩，地方行政领导会通过政绩工程追求政绩。正如王怀忠所说："只要你能搞出政绩，就算你能，能上，但关键不是让百姓看到政绩，要让领导看到政绩。"②王怀忠利用公共权力打造政绩工程，超支阜阳10年财政。在制度设计上，必须对地方官员的权力

---

① 郁建兴、高翔：《地方发展型政府的制度基础及行为逻辑》，《中国社会科学》，2012年第5期。

② 《南方周末》，2002年8月22日。

加以限制。

首先,要建立权力约束机制。要建立地方政府权力依法在透明状态下运行的机制,避免"行政权力部门化、部门权力个人化、个人权力利益化"的局面,要全面推行依法行政,把《公务员法》等法律法规真正落到实处,强化公共权力的外部监督,实行政府行为责任追究制度,完善政府自我约束机制。要建立规范公共权力运行制度,从根本上限制政府的自利性。对涉及经济社会发展全局的重大事项,要广泛征询意见,充分进行协商和协调,完善重大事项集体决策制度;对专业性、技术性较强的重大事项,要认真开展专家论证、技术咨询、决策评估,健全重大事项专家咨询制度;对同群众利益密切相关的重大事项,要扩大人民群众的参与度,推行重大决策事项公示、听证制度;在明确界定决策责任主体和责任界限的基础上,要推行决策失误引咎辞职、经济赔偿和刑事处罚制度,严厉惩戒决策失误行为,建立健全决策失误追究制度。

其次,要建立官员的内在约束机制。要通过教育,让官员明确自身的改革角色,理解公共角色的使命,在内心里建立不应用公共权力谋求个人利益的心理机制。

3. 建立社会监督政府自利性的约束机制

对于地方政府自利性,仅靠政府自身的内部约束是有限的,必须建立有效的外部约束机制,加强对地方政府自利性的约束。

首先,切实推行政务公开,接受群众监督。政绩工程作为政府自利性行为,受害者就是公众,社会公众缺乏监督政府的有效手段,大多数情况下明知自身利益受损却无法保护,或者即使是保护了自己的利益,付出的相应成本也很高。民众无法监督是因为地方政府政务不公开,或者公开对政府有利的信息,在信息不对称的情况下,公民和社会就很难对政府不合理的自利行为进行有效的监督。为此,要依法建立政务公开制度,保障人民享有对政府公共行政活动拥有知情权,包括公开机关工作计划、工作总结、人员管理和经费开支等情况。政府行政机关应通过向社会公开明示自己的职责范围、行政内容、行政标准、行政程序、行政时限和惩戒办法的方式，增强公共行政过程的透明度。

其次，要形成社会监督网络，加强对政府自利性的监督。要形成民众、媒体、中介组织、司法系统等多种主体构成的监督网络，利用审计、听证会等方式，发挥网络、电视、微博等现代工具的作用，构成对地方政府自利性行为的立体监督体系，把政绩工程扼杀在萌芽状态。

第三节 加强制度创新，完善地方政府治理模式

压力型体制下的政绩考核和晋升锦标赛是地方政府官员制造政绩工程的重要原因，要破解政绩工程，必须完善政绩考核机制，完善干部管理制度，加强制度创新，转变政府职能，规范政府与市场的界限，以多中心协同治理改善地方政府治理。

一、完善政绩考核机制

压力型体制下的政绩考核是催生政绩工程的重要原因，就现有的政绩考核而言，存在着政绩评价主体不完善、政绩评价内容片面、政绩评价信息不全等弊端，地方政府正是利用这些弊端，以机会主义的心理和行为制造政绩工程。只有充分完善地方政府的政绩考核机制，以完善的政绩考核机制和正确的政绩观引导地方政府，才能消除地方政府制造政绩工程的机会主义倾向。

1. 建立地方政府政绩评估的多元主体机制

在压力型体制下，地方政府的政绩评估只注重上级政府的评估，缺少自下而上的民众评估，评估主体显得过于单一化、片面化。追求政绩的地

方政府就会采取机会主义的态度对待评估主体,以对上级政府负责而不对民众负责的态度取得政绩,王怀忠一语道破天机:"只要你能搞出政绩,就算你能,能上,但关键不是让百姓看到政绩,要让领导看到政绩。"① 说明了政绩评价主体不仅严重单一化,而且出现严重错位,政绩的评价者仅仅局限于上级部门和上级领导,民众并没有真正成为政绩评价的主体;干部政绩的大小和干部的升迁实际上由上级领导说了算,甚至是主要领导说了算,民众没有评价和表达意愿的机会。学者吴江认为:我们现在对干部政绩的考核,说到底是没有解决以谁为本的问题,各级干部的所有工作都是围绕着领导人的注意力,往往是上级领导重视什么就在什么问题上下功夫,而对老百姓的注意力无动于衷。② 为此,要建立地方政府政绩评估的多元主体机制。

首先,建立民众参与地方政府政绩评价的机制。民众参与评价,既是政府政绩的本质要求,也是政府政绩的本质回归。政府是为民众服务的,政府政绩要为民众创造福利,民众以自身的切身体会参与政绩评价,才能体现出政绩是否真正为民众带来福利。在政府部门进行的项目工程和公共管理活动中,真正把人民赞成不赞成、拥护不拥护、高兴不高兴、答应不答应作为评价干部政绩的根本尺度。建立民众参与地方政府政绩评价的机制,运用民主推荐、民主测评、民意调查、实绩分析、个别谈话和综合评价等具体方法对干部政绩进行综合考核评价,把群众的满意度作为地方政府政绩的重要评价标准。

其次,建立专家等中介组织参与地方政府政绩评价的机制。在地方政府政绩评估中,建立和发展专业评估组织,让社会各界精英、业内人士、专家学者参与进来,发挥各自的优势,对政府官员的政绩评估更加科学化、专业化。上级政府应适当下放评估权力,制定相关政策支持社会各种

---

① 《南方周末》,2002年8月22日。
② 《政绩该由谁评说?中国官员考核新标准现端倪》,《新民周刊》,2004年1月10日,http://www.sina.com.cn。

非政府及非营利组织参与地方政府政绩评估，允许各种协会、社区组织、利益团体和公民等自发组织起来对地方政府进行政绩评估。这样，既能识别政绩工程，又能保证政府政绩评估的客观性、科学性。①

最后，建立媒体评价政府政绩的机制。建立、健全媒体对政府政绩评价的相关法律制度，让大众传播媒介参与到政府政绩的评价中。政府应当减少对媒体的管制，上级政府更应该支持媒体对下级政府的评价和监督，在不违反法律和相关法规的前提下，让媒体拥有较多的相对独立权，准确、客观、公正地报道和评价政府政绩，以其特有的公信力和影响力评价政府政绩、监督政府创造政绩的行为，使政绩在媒体的监督下不至于滑向政绩工程。

2. 完善地方政府绩效指标体系

在压力型体制下，地方政府的政绩考核是以一系列的指标体系为标准进行的，指标体系是地方政府行为的指挥棒，为了完成上级政府制定的绩效指标体系，地方政府调动一切资源超额完成指标而不顾地方民众的实际需求。指标体系的导向作用异常明显，在现有的行政体制背景下，地方民众的需求无法直接反映到指标体系中，必须建立反映地方民众需求的绩效指标体系，才能防治地方政府单纯追求指标政绩而引发的政绩工程。

总的来说，现有的政绩评价机制主要存在两个方面的问题：一是评价政绩的标准不科学，标准比较单一，没有形成一个较为全面科学的指标体系；二是重经济指标，轻社会发展指标、人文指标和环境指标，经济指标一般又以 GDP 增长为核心。政绩评价标准犹如一个"方向标"，直接决定干部的努力方向。倘若"方向标"含混不清甚至指向错误，干部努力的方向也必然含混不清甚至出现错误，即所谓错误的政绩评价观必然导致错误的政绩观。

---

① 王爱冬：《政府绩效评估主体多元化及其在中国的构建》，《河北学刊》，2006 年第 6 期。

首先，建立以民为本的政绩指标评价体系。在科学发展提出之前，对地方政府绩效评价指标主要是以 GDP 为标准，几乎以经济指标作为衡量地方政府政绩的唯一指标，这是一种以物为本的指标评价体系。这种指标评价体系的缺陷很明显，就是只见经济数字的增长，民众在经济增长中福利不见增长，却不得不承担环境恶化等负面效应。科学发展观提出之后，改变了这种评价指标体系。如浙江省湖州市率先从 2004 年开始，对所属县区年度综合考核中取消了 GDP 指标，强化了对经济综合实力增强、群众生活水平提高、经济社会协调发展、政府职能转变等方面的考核，具体指标包括：一、财政总收入；二、城镇居民人均可支配收入；三、农民人均纯收入；四、招商引资；五、外贸和外经工作；六、工业经济；七、农业经济；八、第三产业；九、科技教育；十、城乡建设和基础设施建设；十一、环境保护和可持续发展；十二、就业和社会保障；十三、民主政治建设；十四、精神文明建设；十五、党的建设；十六、社会稳定。这是一个重大进步，但笔者认为，应该建立以民为本的政绩评价指标体系，把地方民众的需求作为政绩考核主要指标，包括民众收入增长、CPI、社会保障、人均消费水平等指标。此类政绩是由政府提供的、民众所需要的公共产品和公共服务，而政绩工程是因为政府根据自己的需要向民众提供的、民众不需要的公共产品和公共服务，把民众的需求化为政府指挥棒的政绩指标体系，地方政府就会围绕民众提供公共产品，就会大力建设民心工程，也就不可能制造政绩工程了。

其次，建立全面系统的综合政绩评价体系。单一的以经济增长作为指标的政绩评价体系，会使地方政府调动一切地方资源，甚至不惜损害地方民众利益，建造各类政绩工程实现经济增长。如在招商引资过程中，地方政府往往不顾及地方环境影响，以及环境恶化对地方民众的福利损害，引进大型污染项目，以增加 GDP 数字。近几年被长三角、珠三角淘汰的污染企业，都被中西部奉若神明般地引进了。要建立地方政府全面系统的政绩评价指标体系，防治过分强调单一指标造成的政绩工程现象。有学者提出综合评价指标体系,包括以下四个方面①:一是国民经济指标。它包括:(1) GDP 总量、人均值及其增长率、绿色 GDP 指标(所谓绿色 GDP 就是要从 GDP 中挤出水分——环境污染负债、生态赤字和资源损耗等)。(2) 产业结构。(3) 劳动生产率。(4) 就业与失业率。二是社会发展指标。它包括:(1) 人均收入及其增长率、恩格尔系数。(2) 基尼系数。(3) 社会保障实施情况。(4) 科技进步。(5) 教育发展。(6) 文化事业。(7) 卫生和防疫。(8) 计划生育。三是政府廉洁状况。它包括腐败行为主体的行政层级分布、数量分布、发案率,腐败案件涉案人数占行政人员比率等客观指标和机关工作作风、公民对政府廉洁状况的主观感觉等主观指标。四是行政效能。它包括:(1) 行政成本。(2) 产出指标。(3) 行政效率。(4) 结果指标。(5) 行政经费占财政支出的比重,其中包括行政人员占总人口的比例。(6) 公众满意度。要把"人民群众满意不满意"作为政府工作的出发点和落脚点,把公众满意作为政府绩效评估的终极标准。中组部在 2006 年和 2009 年分别出台了关于地方政府综合考评的文件,给出了领导干部综合考评的指标体系。②

3. 建立指标实施的监督体系

政绩工程是一种政绩腐败,必须建立对地方政府评价指标体系在实施中的监督。加快立法,应用法律手段来惩治"政绩工程"类的腐败,使热衷于搞"政绩工程"的领导者不敢腐败。如 2004 年 3 月 1 日,成都市正式颁布实施了《成都市国家公务员行政过错行为行政处分暂行规定》,要求对七种过错进行行政处分,其中第 1 条即为:公务员若决策失误,盲目上项目或引进项目,造成了重大损失,情节严重者将被给予撤职或开除处分。2006 年 1 月 1 日起施行的《中华人民共和国公务员法》对公务员的考核作了法律规定。

---

① 战旭英:《和谐社会与政府绩效评估》,《理论学刊》,2007 年第 7 期。
② 参见中组发 200913 号《地方党政领导班子和领导干部综合考核评价办法》(试行)。

二、完善干部管理制度

干部管理制度与政绩工程的产生有直接关系，干部的任期制让部分领导产生短期思想和行为，干部"论功行赏"的晋升制是干部产生政绩冲动的内在原因，这些都是政绩工程产生的原因。为此，在制度设计上，要完善干部管理制度，杜绝引发政绩工程形成的干部管理制度。

1. 完善干部人事任免制度

改革开放以来，我国的干部选拔任用制度在不断完善。经历了单项突破阶段、整体推进阶段重点突破阶段。十二大前后是单项突破阶段，围绕提出和贯彻干部队伍建设"四化"方针，党中央于1982年首次建立了干部退休制度，废除了实际存在的领导职务终身制；十三大前后，重点改革干部管理体制。1984年，中央决定干部管理体制，由过去的下管两级改为下管一级。十五大前后是整体阶段，提出了改革的重点对象和重点内容。党的十四届四中全会决定党政领导干部选拔任用制度改革的方向是：扩大民主，完善考核，推进交流，加强监督。十六大之后是重点突破阶段，重点是建立健全选拔任用和管理监督机制，目标是科学化、民主化、制度化。尽管从现行党政主要领导干部（选举类）选拔任用存在的问题看，主要有：一是决定的"主体"还掌握在少数人甚至个别人手中，少数人说了算的机制还未发生明显变化；二是党政主要领导干部的选任方式基本上是变相的任命制。[①] 为此，在制度设计上要完善干部人事任免制度。

首先，完善政府领导干部选任关。一是完善公开选拔领导干部制度。政府部门将要选拔的领导职位、数量，选拔范围、条件以及其他事项要求利以政府公示或通知的方式向社会公开发布。根据法律法规和具体情况采取考试等方式进行选拔，并将考试结果、选拔的程序、任用名单完全公布

[①] 梁妍慧：《干部人事制度改革三十年》，《学习时报》，2008年6月29日。

于众。二是完善民主推荐制度。民主推荐必须公开进行；必须严格审查领导个人推荐者；必须当场公布结果；不能以票多论英雄，片面定性，以票取人；另外，对结果与群众意见不一致的，必须给与人民合理的解释使人民信服。三是完善择优竞争上岗制度。遵循优胜劣汰，择优录取的原则。通过理论和实际调查考察公务员实际工作情况，科学合理、辩证全面分析其工作期间的工作成绩，择优上岗。这样，通过严格把握选任关，选拔出政治上靠得住、作风过硬、领导能力突出、人民群众认可的高素质领导干部。

其次，严格落实任期制。完善党章等规定，对各级官员的任期做出明确规定，使之制度化并作为硬任务实施。无论是委任的、还是选举产生的政府官员在任期内不得随意调动职位，若遇特殊情况需调整职位的，必须依据相关法律规定出具书面相关材料说明理由，经过组织委员会集体讨论协商决策并将结果向社会公众公布。同时，建立完善的官员任期目标责任制度。地方政府官员在任期内必须制定相应目标和履行的义务责任，对于任期内没有完成目标任务的没有履行职责的坚决不予提升。另外，地方政府官员任期结束后，无论年龄大下，职位高低必须按照规定撤离岗位。

最后，坚持依法办事，依法任免，严惩违规者。我国政府组织法规都有明确规定每届政府领导的任期限制，各地方政府必须严格遵循法律规定，大力推进任期制，对任期未满调任的干部必须依法严格审查，必要的时候，有关负责人应当到会回答询问，对其出示不了任何理由的干部，按照法律有关规定予以严惩，维护法律的权威与尊严。

总之，在干部选拔任用上，要旗帜鲜明地鼓励开拓，支持实干，反对搞虚假政绩，坚持用好的作风选人，选作风好的人，使勤政为民、求真务实、政绩突出的干部得到褒奖和重用，使无所作为、好大喜功、弄虚作假的干部受到批评和惩戒。要历史地看待干部的政绩，对于当时成效尚未显现，以后经实践检验确属突出的政绩，也要作为提拔任用干部的重要依据；对于当时被认为是政绩，经实践检验是虚假政绩、造成严重损失的，要追究责任,因搞虚假政绩被提拔的,要坚决撤下来。

2. 以理性的政绩观塑造领导干部

所谓政绩观就是对政绩的根本观点和看法,其要解决的核心问题有三个:一是什么是政绩?真正的政绩,应该是"为官一任、造福一方"的政绩,是促进全面、协调和可持续发展的政绩,是经得起群众、实践和历史检验的政绩。二是怎样树政绩?树政绩的根本途径是将人民群众的眼前利益和长远利益结合起来,尊重客观规律,脚踏实地工作,俯首为民办事。三是为谁树政绩?我们党是马克思主义执政党,党的全部任务和责任就是为人民谋利益。领导干部树政绩,说到底,就是要忠实实践党的宗旨,把实现好、维护好、发展好人民群众的根本利益作为自己思考问题和开展工作的根本出发点和落脚点,真正做到权为民所用、情为民所系、利为民所谋。因此,树政绩的根本目的是为人民谋利益,而决不是为了个人升官发财。① 政绩观直接反映领导干部从政的价值取向,决定着领导干部的行为模式和成效。思想是行动的先导,政绩工程是政绩观异化的产物,治理政绩工程要在领导干部内心树立正确的理性政绩观。

首先,培育领导干部理性政绩观的心智模式。政绩观从功能上可以分为理性政绩观和非理性政绩观,理性的政绩观是领导干部对政绩的正确认识,在行为上表现为正确的工作和决策方式;而非理性的政绩观是领导干部对政绩的错误认识,在行为上表现为对社会资源的浪费和无效配置,导致社会发展的不可持续,阻碍社会向前发展的步伐。作为一种思想,政绩观是可以通过教育、反思等手段内化为领导干部的思维方式,并以此指导外在的行为模式。长期的内化会在领导干部内心形成一种理性政绩观的心智模式,能够有效遏制领导干部内心的政绩冲动,把政绩工程扼杀在思想萌芽状态。

---

① 闫相国:《"政绩工程"及其治理》,《理论探讨》,2005年第4期。

其次，加强领导干部自身的修养。领导干部的内在修养是一种内在约束，通过这种责任机制的内在约束，领导干部就能认识到政绩工程是一种追求个人利益最大化的可耻行为，领导干部会主动放弃制造政绩工程。因此，要充分认识到道德等内在修养对治理政绩工程的价值和意义。通过党校、行政学院等教育机构加强对领导干部的教育，提高领导干部的道德素养。

最后，要完善和加强对政府公务员的"政德"的考评工作。制定详细、具体、操作性强的考评标准，把干部的"政德"状况列入各级政府机关公务员年度考评的内容，．作为干部晋升、任免的依据之一。政绩工程是领导干部"政德"缺失的表现，通过加强政府职业道德规范教育，为政府公务员的行政行为提供正确的导向，调节和控制政府公务员的行为方式，激励政府公务员塑造和形成健康、完善的行政道德人格，才能从观念意识上、行政人格上规范各级政府公务员的行政行为，使政府行为规范化建设通过各"个体"达到对政府整体行为的规范和调整，约束政府的自利行为，减少政绩工程现象。

三、完善地方政府治理模式

从整体上看，政绩工程反映了现有地方政府治理模式的弊端。破解政绩工程必须完善地方政府治理结构，转变地方政府职能，建构多中心协同治理的地方治理模式。

1. 转变地方政府职能

从应然的角度看，地方政府是地方民众的代理人，应该为地方民众服务，但在现实中地方政府却围绕上级提供服务，政府职能发生错位，这种错位导致地方政府提供的公共产品偏离公共轨道，从而造成政绩工程。为此，必须改变代理结构，转变地方政府职能，才能达到治理政绩工程的目的。

首先要改变地方政府的委托—代理结构。在我国原有的政治制度设计中，地方人大代表人民行使委托权，地方政府是地方民众的代理人，为地方民众提供公共服务。但在现实中地方政府又有上级政府的委托，由于人大权力的弱化，在现有的权力配置上，上级政府的委托更具权威性，直接决定地方的许多方面。地方政府为了向上级政府显示政绩，往往打着服务民众的旗号制造政绩工程，虽然地方民众利益受损，却无权约束地方政府。防治政绩工程必须改变这种委托—代理结构，加强地方人大权力，强化地方民众的委托权，改变地方政府向上服务为向民众提供服务。这样，就能防止地方政府行为偏离公共性，杜绝政绩工程。

其次，从政绩合法性转变为服务合法性政府。在改革开放之初，赶超化的现代化战略背景下，地方政府的合法性是"政绩合法性"，即地方政府推动地方发展、提高民众的生活水平等"政绩"是衡量地方政府合法性的依据。随着我国的发展，民众在摆脱贫困、获得丰富的物质基础之后，地方政府的职能就应该及时转移到提供公共服务上，包括建构医疗、养老保障体系，改善地方基础设施，增加基础教育投入等。只有这些真实的公共服务才能说明地方政府的合法性，也才能控制地方政府的行为偏离公共性而制造政绩工程。

再次，从经济发展型政府转变为公共服务型政府。在改革开放之初，我国经济极其落后的情况下，地方政府以发展地方经济为主要目标。随着经济的快速发展和民众财富的不断增加，地方政府应及时从从经济发展型政府转变为公共服务型政府。地方政府的决策和公共财政的投入都应该在公共服务领域，这既是地方发展对地方政府的要求，也是避免政绩工程的重要措施。限制了地方政府把政府投入到经济发展中，防止政府投偏离公共性而滑向政绩工程。

从市场管理型政府转变为市场服务型政府。在由计划经济向市场经济转轨过程中，由于市场不成熟，我国政府承担了培育市场的责任，政府自身也作为市场的一极参与到市场当中。形成了政府既是裁判员又是运动员的政府主导型经济模式，在招商引资、建设开发区、推动产业发展等经济获得中，地方政府发挥了重要作用，也造成了大量政绩工程的创新。随着市场经济的成熟，地方政府应该退出市场，从管理市场的角色转变为服务市场的角色。这既是经济发展的内在要求，也是避免政绩工程的重要措施，防止政府与市场主体结合或者市场主体俘获地方政府公共制造政绩工程。

2. 建立多中心协同治理的地方治理结构

传统单一的仅有地方政府管理地方公共事务的管理模式，极易造成地方政府的专断而成为政绩工程产生的原因。改变现有的地方政府治理模式，以多中心协同治理模式取代地方政府的单一治理模式。

所谓多中心协同治理模式，所谓多中心协同治理模式，就是指面对国家、区域间或区域内的普遍公共困境问题或棘手公共事务难题，多元治理主体通过对话、协商、谈判、妥协等集体选择和集体行动，取得共识达成共同的治理目标，并形成资源共享、彼此依赖、互惠合作的治理机制、组织结构和社会网络，建立一种高度弹性化的协作性治理网络。多元治理主体包括了政党组织、政府组织、商业组织、利益团体、社会组织、媒体组织和家庭及个人等。[①] 这一治理模式至少具有四个明显性的特征：（1）治理主体的多元性；（2）治理权威的多样性；（3）强调各主体之间的自愿平等与协作；（4）治理的直接目的是提高社会公共事务的治理效能，最终目的是最大限度地维护和增进公共利益。[②]

首先，要积极培育社区和非政府组织，实行责任分担的开放式管理模式，建立起多中心治理的公共管理框架，把少数人的举措变成大多数人的共同努力；其二，要建立健全公民参与的制度保障体系。建立健全政务公

---

① 杨志军：《内涵挖掘与外延拓展：多中心协同治理模式研究》，《甘肃行政学院学报》，2012年第4期。
② 杨志军：《多中心协同治理模式的内涵阐析》，《四川行政学院学报》，2010年第4期。

开制度、民主评议制度、社区代表制、完善信访制度,充分保障公众参与社会管理的民主权利;其三,要提升公众参与社会管理的意识与能力。公众普遍缺乏参与意识和技能使得目前我国公众参与社会管理呈现出精英化趋向,而这种精英化倾向本身就隐含着对社会民主的威胁。因而,加强公民教育,各级政府应通过各种形式和途径,向公民灌输现代公民意识。再者,要提高公众的科学文化素质,并提供各种参与技能的培训,缺乏一定知识基础的公众参与是不可能的。要使公众既有参与的意识,又有参与的能力。最后通过开放政府机构、公共机构为公众营造参与氛围、创造参与条件。

总之,多中心治理理论为新时期创新地方政府的社会管理模式提供了很好的启示和借鉴,这种治理模式可以有效地发挥政府、市场、社会三个主体的作用,避免由地方政府单一管理地方事务而引发政绩工程现象,提升社会管理绩效,推动整个经济社会和谐稳步地发展。

小结

政绩工程治理的体系化对策。

本章主要探讨治理政绩工程的对策。鉴于政绩工程形成原因的复杂性,治理政绩工程必须采用体系化的对策,首先要规范地方政府自主性行为,主要是地方政府的自主决策行为和财政自主行为;其次,是建立激励与约束均衡的地方政府自利性机制,一方面适当满足地方政府的合理自利性,另一方面,严格约束地方政府自利性的扩张;最后,加强制度创新,完善地方政府治理模式,主要是完善政绩考核制度、干部管理制度、推动地方政府向服务型政府转变、建立多中心协同治理的地方治理结构。

参考文献

一、参考的国外著作

1. [美]汉密尔顿、杰伊、麦迪逊:《联邦党人文集》,商务印书馆,1997年版。

2. [英]洛克:《政府论》,商务印书馆,1997年版。

3. [英]阿克顿:《自由与权力》,商务印书馆,2001年版。

4. [法]孟德斯鸠:《论法的精神》,商务印书馆,1961年版。

5. [法]卢梭:《社会契约论》,商务印书馆,1980年版。

6. [英]休谟:《人性论》,商务印书馆,1997年版。

7. [英]密尔:《代议制政府》,商务印书馆,1982年版。

8. [英]霍布斯:《利维坦》,商务印书馆,1985年版。

9. [德]黑格尔:《法哲学原理》,商务印书馆,1962年版。

10. [美]科尔曼:《社会理论的基础》,社会科学文献出版社,1990年版。

11. [美]D. 布迪、C. 莫里斯:《中华帝国的法律》,江苏人民出版社,2003年版。

12. [法]埃哈尔·费埃德伯格:《权力与规则——组织行动的动力》,上海人民出版社,2005年版。

13. [美]安德鲁·瓦尔德:《共产党社会的新传统主义——中国工业中的工作环境和权力结构》,香港:牛津大学出版社,1996年版。

14. [英]安东尼·吉登斯:《社会的构成》,生活·读书·新知三联书店,1998年版。

15. [英]安东尼·吉登斯：《现代性的后果》，译林出版社，2000年版。

16. [美]奥斯特罗姆、帕克斯、特克：《公共服务的制度建构》，上海三联书店，2000年版。

17. [美]保罗·萨巴蒂尔主编：《政策过程理论》，生活·读书·新知三联书店，2004年版。

18. [美]杜赞奇：《文化、权力与国家：1900—1942年的华北农村》，江苏人民出版社，1995年版。

19. [美]吉尔伯特·罗兹曼主编：《中国的现代化》，江苏人民出版社，1998年版。

20. [美]罗伯特·帕特南：《使民主运转起来》，江西人民出版社，2001年版。

21. [德]罗伯特·米歇尔斯：《寡头统治铁律——现代民主制度中的政党社会学》，天津人民出版社，2003年版。

22. [德]马克斯·韦伯：《经济与社会》（上下册），商务印书馆，1997年版。

23. [英]米切尔·黑尧：《现代国家的政策过程》，中国青年出版社，2004年版。

24. [英]尼古拉斯·亨利：《公共行政与公共事务》，中国人民大学出版社，2002年版。

25. [美]罗伯特·诺齐克：《无政府、国家与乌托邦》，中国社会科学出版社，1991年版。

26. [英]哈耶克：《个人主义与经济秩序》，北京经济学院出版社，1991年版。

27. [英]哈耶克：《自由秩序原理》（上下卷），生活·读书·新知三联书店，1997年版。

28. [英]哈耶克：《法律、立法与自由》（第1卷），中国大百科全书出版社，2000年版。

29. ［英］卡尔·波普尔：《开放社会及其敌人》，中国社会科学出版社，1999年版。

30. ［美］罗尔斯：《正义论》，中国社会科学出版社，1997年版。

31. ［美］达尔：《现代政治分析》，上海译文出版社，1987年版。

32. ［美］马丁·李普塞特：《政治人》，上海人民出版社，1997年版。

33. ［美］乔尔·阿伯巴奇等：《两种人：官僚与政客》，求实出版社，1990年版。

34. ［美］威尔逊：《美国官僚政治》，中国社会科学出版社，1995年版。

35. ［美］古德诺：《政治与行政》，华夏出版社，1987年版。

36. ［美］沃拉斯：《政治中的人性》，浙江人民出版社，1998年版。

37. ［美］文森特澳斯特罗姆：《美国公共行政思想危机》，上海三联书店，1999年版。

38. ［美］埃莉诺·奥斯特罗姆：《公共事物的治理之道》，上海三联书店，2000年版。

39. ［美］埃莉诺·奥斯特罗姆等：《制度激励与可持续发展》，上海三联书店，2000年版。

40. ［美］布鲁斯：《社会主义的所有制和政治体制》，华夏出版社，1989年版。

41. ［美］布劳：《社会生活中的交换与权力》，华夏出版社，1988年版。

42. ［美］曼库尔·奥尔森：《国家兴衰探源》，商务印书馆，1993年版。

43. ［美］恩格尔：《意识形态与现代政治》，桂冠图书股份有限公司，1986年版。

44. ［美］戴维·伊斯顿：《政治生活的系统分析》，华夏出版社，1999

197

年版。

45. ［美］安东尼·奥罗姆：《政治社会学》，上海人民出版社，1989年版。

46. ［美］戴维·杜鲁门：《政治过程——政治利益与舆论》（上、下），台湾：桂冠图书股份有限公司，1998年版。

47. ［美］阿尔蒙德等：《比较政治学：体系、过程和政策》，上海译文出版社，1997年版。

48. ［美］尼科斯·波朗查斯：《政治权力与社会阶级》，中国社会科学出版社，1982年版。

49. ［美］塞缪尔·亨廷顿：《变化社会中的政治秩序》，生活·读书·新知三联书店出版社，1989年版。

50. ［美］詹姆斯·罗西瑙：《没有政府的治理》，江西人民出版社，2001年版。

51. ［美］詹姆斯·汤森、布兰特利·沃马克：《中国政治》，江苏人民出版社，1995年版。

52. ［美］弗兰克·古德诺：《政治与行政》，华夏出版社，1987年版。

53. ［美］赫伯特·西蒙：《管理决策新科学》，中国社会科学出版社，1982年版。

54. ［美］赫伯特·西蒙：《管理行为》，北京经济学院出版社，1988年版。

55. ［美］丹尼尔·雷恩：《管理思想的演变》，中国社会科学出版社，1986年版。

56. ［美］戴维·奥斯本、特德·盖布勒：《改革政府》，上海译文出版社，1996年版。

57. ［美］詹姆斯·安德森：《公共决策》，华夏出版社，1990年版。

58. ［美］B.盖伊·彼得斯：《政府未来的治理模式》，中国人民大学出版，2001年版。

59. [美] 查尔斯·沃尔夫:《市场或政府》,中国发展出版社,1994年版。

60. [美] 戴维·罗森布鲁姆:《公共行政学:管理、政治和法律的途径》,中国人民大学出版社,2002年版。

61. [澳] 欧文·休斯:《公共管理导论》,中国人民大学出版社,2001年版。

62. [美] 尼古拉斯·亨利:《公共行政与公共事务》,中国人民大学出版社,2002年版。

63. [美] 麦克尔·巴泽雷:《突破官僚制:政府管理的新愿景》,中国人民大学出版社,2002年版。

64. [美] 弗雷德里克森:《公共行政的精神》,中国人民大学出版社,2003年版。

65. [美] 托马斯·戴伊:《自上而下的政策制定》,中国人民大学出版社,2002年版。

66. [美] 威廉·邓恩:《公共政策分析导论》,中国人民大学出版社,2002年版。

67. [美] 詹姆斯·费斯勒、唐纳德·凯特尔:《行政过程中的政治:公共行政学新论》,中国人民大学出版社,2002年版。

68. [美] 林德布罗姆:《政策制定过程》,上海译文出版社,1988年版。

69. [美] 迈克尔·麦金尼斯主编:《多中心治道与发展》,上海三联书店,2000年版。

70. 戴维·米勒、韦农·波格丹诺、邓正来主编:《布莱克维尔政治学百科全书》,中国政法大学出版社,2002年版。

71. [美] 安德鲁·肖特:《社会制度的经济理论》,上海财经大学出版社,2003年版。

72. [美] 查尔斯·林德布洛姆:《政治与市场:世界的政治—经济制

度》,上海三联书店、上海人民出版社,1994年版。

73. [美]道格拉斯·诺斯:《制度、制度变迁和经济绩效》,上海三联书店,1994年版。

74. [美]道格拉斯·诺斯:《经济史中的结构与变迁》,上海三联书店、上海人民出版社,1994年版。

75. [美]道格拉斯·诺思:《西方世界的兴起》,华夏出版社,1989年版。

76. [美]曼瑟尔·奥尔森:《权力与繁荣》,上海世纪出版集团,2005年版。

77. [美]曼瑟尔·奥尔森:《集体行动的逻辑》,生活·读书·新知三联书店,1995年版。

78. [美]罗纳德·哈里·科斯:《论生产的制度结构》,上海三联书店,1993年版。

79. [美]D. H. 帕金斯等:《走向21世纪:中国经济的现状、问题和前景》,江苏人民出版社,1992年版。

80. [美]R. 科斯、A. 阿尔钦、D. 诺斯等:《财产权利与制度变迁——产权学派与新制度学派译文集》,上海三联书店、上海人民出版社,1994年版。

81. [美]阿瑟·刘易斯:《经济增长理论》,上海三联书店、上海人民出版社,1994年版。

82. [德]柯武刚、史漫飞:《制度经济学——社会秩序与公共政策》,商务印书馆,2000年版。

83. [美]丹尼尔·布罗姆利:《经济利益与经济制度——公共政策的理论基础》,上海三联书店、上海人民出版社,1996年版。

84. [美]布坎南:《自由、市场和国家》,北京经济学院出版社,1988年版。

85. [美]斯蒂格利茨:《政府为什么干预经济:政府在市场经济中的

角色》,中国物资出版社,1998年版。

86. [澳]休·史卓顿、莱昂内尔·奥查德:《公共物品、公有企业和公共选择》,经济科学出版社,2000年版。

87. [美]查尔斯·沃尔夫:《市场或政府:权衡两种不完善的选择》,中国发展出版社,1994年版。

88. [美]熊彼特:《资本主义、社会主义与民主》,商务印书馆,1999年版。

89. [美]赫伯特·西蒙:《现代决策理论的基石》,北京经济学院出版社,1989年版。

90. [美]丹尼斯·缪勒等:《公共选择理论》,中国社会科学出版社,1999年版。

91. [美]康芒斯:《制度经济学》,商务印书馆,1962年版。

92. [美]科斯、哈特、斯蒂格利茨等:《契约经济学》,经济科学出版社,1999年版。

93. [美]乔·史蒂文斯:《集体选择经济学》,上海人民出版社,1999年版。

94. [美]勒帕日:《美国新自由主义经济学》,北京大学出版社,1985年版。

95. [美]布坎南、塔洛克:《同意的计算》,中国社会科学出版社,2000年版。

96. [美]布罗姆利:《经济利益与经济制度——公共政策的理论基础》,上海三联书店,1996年版。

97. [英]马尔科姆·卢瑟福:《经济学中的制度》,中国社会科学出版社,1999年版。

98. [美]米尔顿·弗里德曼等:《自由选择》,商务印书馆,1998年版。

99. [美]贝克尔:《人类行为的经济分析》,上海三联书店,1995

年版。

100. ［美］塔洛克：《寻租：对寻租活动的经济学分析》，西南财经大学出版，1999年版。

101. ［英］马尔科姆·卢瑟福：《经济学中的制度》，中国社会科学出版社，1999年版。

102. ［美］约瑟夫·熊彼特：《经济学分析史》，商务印书馆，1996年版。

103. ［美］迈克尔·迪屈奇：《交易成本经济学》，经济科学出版社，1999年版。

104. ［美］爱伦·斯密德：《财产、权力和公共选择》，上海三联书店，1999年版。

105. ［美］林德布罗姆：《政治与市场：世界的政治—经济制度》，上海三联书店，1994年版。

106. ［美］奥斯特罗姆等编：《制度分析与发展的反思》，商务印书馆，1996年版。

107. ［日］青木昌彦：《比较制度分析》，上海远东出版社，2001年版。

108. ［美］埃瑞克·菲吕博顿等：《新制度经济学》，上海财经大学出版社，1998年版。

109. ［美］斯蒂格里茨：《政府经济学》，春秋出版社，1988年版。

110. 世界银行：《1997年世界发展报告——变革世界中的政府》，中国财政经济出版社，1997年版。

111. 世界银行：《东亚奇迹——经济增长与公共政策》，中国财政金融出版社，1995年版。

112. ［日］青木昌彦：《政府在东亚经济发展中的作用》，中国经济出版社，1998年版。

113. ［美］彼得·杰克逊：《公共部门经济学前沿问题》，中国税务出版社，2000年版。

114. ［德］何梦笔：《政府竞争：大国体制转型理论的分析范式》，《天则内部文稿系列》，2001 年第 1 期。

115. ［美］阿里·哈拉契米：《政府业绩与质量测评》，中山大学出版社，2003 年版。

116. ［美］毕意文、孙永铃：《平衡计分卡中国战略实践》，机械工业出版社，2003 年版。

117. ［美］迈克尔·麦金尼斯主编：《多中心体制与地方公共经济》，毛寿龙、李梅译，上海三联书店，2000 年版。

二、参考的国内著作

1. 何显明：《市场化进程中的地方政府行为逻辑》，人民出版社，2008 年版。

2. 周黎安著：《转型中的地方政府：官员激励与治理》，上海人民出版社，2008 年版。

3. 边燕杰主编：《市场转型与社会分层——美国社会学者分析中国》，生活·读书·新知三联书店，2002 年版。

4. 周志忍：《当代国外行政改革比较研究》，国家行政学院出版社，1996 年版。

5. 国家行政学院国际合作交流部编译：《西方国家行政改革述评》，国家行政学院出版社，1998 年版。

6. 彭和平、竹立家等编译：《国外公共行政理论精选》，中共中央党校出版社，1997 年版。

7. 陈明明主编：《革命后社会的政治与现代化》（复旦政治学评论第一辑），上海辞书出版社，2002 年版。

8. 陈明明主编：《制度建设与国家成长》（复旦政治学评论第二辑），上海辞书出版社，2003 年版。

9. 丁煌：《政策执行阻滞机制及其防治对策》，人民出版社，2002

年版。

10. 胡鞍钢、王绍光、周建明主编：《第二次转型：国家制度建设》，清华大学出版社，2003年版。

11. 胡伟：《政府过程》，浙江人民出版社，1998年版。

12. 黄小勇：《现代化进程中的官僚制——韦伯官僚制理论研究》，黑龙江人民出版社，2003年版。

13. 黄宗智主编：《中国研究的范式问题讨论》，社会科学文献出版社，2003年版。

14. 李汉林：《中国单位社会：议论、思考与研究》，上海人民出版社，2004年版。

15. 钱穆：《中国历代政治得失》，生活·读书·新知三联书店，2001年版。

16. 强世功：《法制与治理——国家转型中的法律》，中国政法大学出版社，2003年版。

17. 杨雪冬：《市场发育、社会成长和公共权力构建——以县为微观分析单位》，河南人民出版社，2002年版。

18. 王邦佐等：《中国政党制度的社会生态分析》，上海人民出版社，2000年版。

19. 张静：《法团主义》，中国社会科学出版社，1998年版。

20. 张静：《基层政权——乡村制度诸问题》，浙江人民出版社，2000年版。

21. 张静编：《国家与社会》，浙江人民出版社，1998年版。

22. 毛寿龙、李梅：《有限政府的经济分析》，上海三联书店，2000年版。

23. 赵旭东：《权力与公正——乡土社会的纠纷解决与权威多元》，天津古籍出版社，2003年版。

24. 朱德米：《经济特区与中国政治发展》，重庆出版社，2005年版。

25. 朱光磊：《当代中国政府过程》，天津人民出版社，2002年版。
26. 彭和平等：《国外公共行政理论精选》，中共中央党校出版社，1997年版。
27. 江美塘：《制度变迁与行政发展》，天津人民出版社，2004年版。
28. 沈德理：《非均衡格局中的地方自主性——对海南经济特区（1998－2002）发展的实证研究》，中国社会科学出版社，2004年版。
29. 时和兴：《关系、限度、制度：政治发展过程中的国家与社会》，北京大学出版社，1996年版。
30. 薄贵利：《中央与地方关系研究》，吉林大学出版社，1991年版。
31. 王沪宁：《比较政治分析》，上海人民出版社，1987年版。
32. 曹沛霖：《政府与市场》，浙江人民出版社，1998年版。
33. 林尚立：《国内政府间关系分析》，浙江人民出版社，1998年版。
34. 林尚立：《当代中国政治形态研究》，天津人民出版社，2000年版。
35. 竺乾威：《西方行政学说史》，高等教育出版社，2001年版。
36. 竺乾威：《公共行政：管理中的角色模拟与案例分析》，上海财经大学出版社，2003年版。
37. 刘伯龙、竺乾威：《当代中国农村公共政策研究》，复旦大学出版社，2005年版。
38. 王沪宁、林尚立、孙关宏：《政治的逻辑》，上海人民出版社，2004年版。
39. 孙关宏、胡雨春、陈周旺：《政府与企业——政治学视野中的中国政企关系改革》，江西人民出版社，2002年版。
40. 浦兴祖：《当代中国政治制度》，复旦大学出版社，1999年版。
41. 陶东明、陈明明：《当代中国政治参与》，浙江人民出版社，1998年版。

42. 谢庆奎：《当代中国政府》，辽宁人民出版社，1991年版。

43. 朱光磊：《当代中国政府过程》天津人民出版社，1997年版。

44. 王浦劬、徐湘林：《经济体制转型中的政府作用》，新华出版社，2000年版。

45. 郭定平：《政党与政府》，浙江人民出版社，1998年版。

46. 施雪华：《政府权能理论》，浙江人民出版社，1998年版。

47. 汪玉凯：《中国行政体制改革20年》，中州古籍出版社，1998年版。

48. 康晓光：《权力的转移——转型时期中国权力格局的变迁》，浙江人民出版社，1999年版。

49. 陈红太：《当代中国政府体系》，华文出版社，2002年版。

50. 任晓：《中国行政改革》，浙江人民出版社，1998年版。

51. 傅小随：《中国行政体制改革的制度分析》，国家行政学院出版社，1999年版。

52. 金耀基：《行政吸纳政治——复兴有政治模式》，《中国政治与文化》，香港：牛津大学出版社，1997年版。

53. 费孝通：《乡土中国》，生活·读书·新知三联书店，1985年版。

54. 杨光斌：《中国经济转型中的国家权力》，当代世界出版社，2003年版。

55. 谢庆奎等：《中国地方政府体制概论》，中国广播电视出版社，1998年版。

56. 徐勇：《非均衡的中国政治：城市与乡村比较》，中国广播电视出版社，1992年版。

57. 陆学艺等：《当代中国社会阶层研究报告》，社会科学文献出版社，2001年版。

58. 黄光国：《中国人的权力游戏》，台湾：巨流图书公司，1998年版。

59. 瞿同祖：《中国法律与中国社会》，中华书局，1981年版。

60. 王亚南：《中国官僚政治研究》，中国社会科学出版社，1981年版。

61. 毛寿龙等：《西方政治的治道变革》，中国人民大学出版社，1998年版。

62. 毛寿龙：《中国政府功能的经济分析》，中国广播电视出版社，1996年版。

63. 俞可平：《治理与善治》，社会科学文献出版社，2000年版。

64. 俞可平：《中国公民社会的兴起与治理的变迁》，社会科学文献出版社，2002年版。

65. 张康之：《公共行政中的哲学与伦理》，中国人民大学出版社，2004年版。

66. 董克用主编：《公共治理与制度创新》，中国人民大学出版社，2004年版。

67. 孙立平：《转型与断裂：改革以来中国社会结构的变迁》，清华大学出版社，2004年版。

68. 张国庆：《当代中国行政管理体制改革论》，吉林大学出版社，1994年版。

69. 毛寿龙、李梅、陈幽泓：《西方政府治道变革》，中国人民大学出版社，1998年版。

70. 刘军宁、王众、贺卫方编：《公共论丛：市场逻辑与国家观念》，生活·读书·新知三联书店，1996年版。

71. 董辅礽：《集权与分权——中央与地方关系的构建》，经济科学出版社，1996年版。

72. 何清涟：《现代化的陷井——当代中国的经济社会问题》，今日中国出版社，1998年版。

73. 胡鞍钢、王绍光：《中国地区差距报告》，辽宁人民出版社，

1997年版。

74. 张宇：《过渡之路：中国渐进式改革的政治经济分析》，中国社会科学出版社，1997年版。

75. 盛洪主编：《中国的过渡经济学》，上海三联书店、上海人民出版社，1994年版。

76. 汪丁丁、韦森、姚洋：《制度经济学三人谈》，北京大学出版社，2005年版。

77. 杨龙：《西方新政治经济学的政治观》，天津人民出版社，2004年版。

78. 张军：《双轨制经济学：中国的经济改革（1978—1992）》，上海人民出版社，1997年版。

79. 周其仁：《产权与制度变迁——中国改革的经验研究》，社会科学文献出版社，2002年版。

80. 樊纲：《渐进式改革的政治经济学分析》，上海远东出版社，1995年版。

81. 樊纲：《市场机制与经济效率》，上海三联书店，1995年版。

82. 张军：《现代产权经济学》，上海三联书店，1996年版。

83. 张军：《特权与优惠的经济学分析》，立信会计出版社，1995年版。

84. 汪丁丁：《经济发展与制度创新》，上海人民出版社，1995年版。

85. 张宇燕：《经济发展与制度选择》，中国人民大学出版社，1992年版。

86. 贺卫：《寻租经济学》，中国发展出版社，1999年版。

87. 韦森：《社会制序的经济分析导论》，上海三联书店，2001年版。

88. 陈昕：《社会主义经济中的公共选择问题》，上海人民出版社，1994年版。

89. 方福前：《公共选择理论》，中国人民大学出版社，2000年版。

90. 杨春学：《经济人与社会秩序分析》，上海三联书店，1998年版。
91. 张宇燕：《经济发展与制度选择》，中国人民大学出版社，1992年版。
92. 周振华：《体制变革与经济增长：中国经验与范式分析》，上海三联书店、上海人民出版社年，1999年版。
93. 胡书东：《经济发展中的中央与地方关系——中国财政制度变迁研究》，上海人民出版社，2001年版。
94. 刘锡田：《中国地方政府竞争的制度基础与创新》，经济科学出版社，2004年版。
95. 范柏乃：《政府绩效评估与管理》，复旦大学出版社，2007年版。
96. 谢庆奎、徐家良著：《政府评价论》，中国社会科学出版社，2006年版。
97. 俞可平等：《政府创新的理论与实践》，浙江人民出版社，2005年版。
98. 金太军：《行政腐败解读与治理》，广东人民出版社，2002年版。
99. 颜如春：《现代政府形象管理》，四川大学版社，2004年版。
100. 张泰峰、[美] Eric Reader：《公共部门绩效管理》，郑州大学出版社，2004年版。
101. 胡宁生：《中国政府形象战略》，中共中央党校出版社，1998年版。
102. 张德信，薄贵利，李军鹏：《中国政府改革的方向》，人民出版社，2003年版。
103. 李习彬等：《政府管理创新与系统思维》，北京大学出版社，2002年版。
104. 彭国甫：《地方政府公共事业管理绩效评价研究》，湖南人民出版社，2004年版。
105. 彭国甫等：《县级政府管理模式创新研究》，湖南人民出版社，

2005 年版。

106. 杜钢建：《政府职能转变攻坚》，中国水利水电出版社，2005 年版。

107. 曹闻民：《政府职能论》，人民出版社，2008 年版。

108. 荣敬本等编：《从压力型体制向民主合作型体制的转变》，中央编译出版社，1998 年版。

109. 徐颂陶、徐理明主编：《走向卓越的中国公共行政》，中国人事出版社，1996 年版。

三、参考的期刊论文

1. [美]詹姆斯·马奇、约翰·奥尔森：《新制度主义：政治生活中的组织因素》，《经济社会体制比较》，1995 年第 5 期。

2. [美]彼得·豪尔、罗斯玛丽·泰勒：《政治科学与三个新制度主义》，《经济社会体制比较》，2003 年第 5 期。

3. [美]凯尔布尔：《政治学和社会学中的"新制度学派"》，《现代外国哲学社会科学文摘》，1996 年第 3 期。

4. [美]埃伦·伊梅古特：《新制度主义的基本理论问题》，《马克思主义与现实》，2003 年第 6 期。

5. [美]托马斯·海贝勒：《关于中国模式若干问题的研究》，《当代世界与社会主义》，2005 年第 5 期。

6. [美]托尼·塞奇：《中国地方政府分析》，《经济社会体制比较》，2006 年第 4 期。

7. 曹沛霖：《新世纪中国政治学的"三个走向"》，《天津社会科学》，2002 年第 4 期。

8. 曹沛霖：《政府与民间组织的关系："管"与"不管"》，《探索与争鸣》，2006 年第 4 期。

9. 曹沛霖：《社会资本：一种解释社会的理论工具》，《探索与争鸣》，

2003 年第 8 期。

10. 竺乾威：《从行政到管理》，《公共行政与人力资源》，2000 年第 1 期。

11. 竺乾威：《美国的公共行政论理研究》，《公共行政与人力资源》，2001 年第 3 期。

12. 浦兴祖：《以人大民主为重点继续推进中国民主政治的发展》，《复旦学报》，2005 年第 5 期。

13. 浦兴祖、李春成：《人大制度是一种代议民主共和制政体》，《人大研究》，1999 年第 10 期。

14. 马德普：《渐进性、自主性与强政府——分析中国改革模式的政治视角》，《当代世界社会主义》，2005 年第 5 期。

15. 荣敬本、高新军、何增科、杨雪冬：《县乡两级的政治体制改革：如何建立民主的合作新体制》，《经济社会体制比较》，1997 年第 4 期。

16. 孙立平：《"关系"、社会关系与社会结构》，《社会学研究》，1996 年第 5 期。

17. 孙立平：《社会转型：发展社会学的新议题》，《社会学研究》，2005 年第 1 期。

18. 孙立平：《向市场经济过渡过程中的国家自主性问题》，《战略与管理》，1996 年第 4 期。

19. 孙立平等：《改革以来中国社会结构的变迁》，《中国社会科学》，1994 年第 2 期。

20. 孙立平：《"过程—事件分析"与当代中国国家——农民关系的实践形态》，《清华社会学评论》，2000 年特辑。

21. 孙立平、郭于华：《"软硬兼施"：正式权力非正式运作的过程分析》，《清华社会学评论》，2000 年特辑。

22. 应星、晋军：《集体上访中的"问题化"过程——西南一个水电站的移民的故事》,《清华社会学评论》,2000年特辑。

23. 马明洁:《权力经营与经营式动员——一个"逼民致富"的案例分析》,《清华社会学评论》,2000年特辑。

24. 王沪宁:《社会资源总量与社会调控:中国意义》,《复旦学报》,1990年第4期。

25. 萧功秦:《中国社会各阶层的政治态势与前景展望》,《战略与管理》,1998年第5期。

26. 周雪光:《"逆向软预算约束":一个政府行为的组织分析》,《中国社会科学》,2005年第2期。

27. 周雪光:《西方社会学关于中国组织与制度变迁研究状况述评》,《社会学研究》,1999年第4期。

28. 李南雄:《法团主义与中国改革》,香港中文大学《二十一世纪》,1991年10月号。

29. 沈荣华、朱德米:《社会主义市场经济条件下的行政改革》,《中国行政管理》,1998年第11期。

30. 胡伟、王世雄:《构建面向现代化的政府权力——中国行政体制改革理论研究》,《政治学研究》,1999年第3期。

31. 沈荣华:《关于转变政府职能的若干思考》,《政治学研究》,1999年第4期。

32. 刘熙瑞、宋世明:《转变地方政府职能的三个基本方面》,《云南行政学院学报》,2000年第2期。

33. 张康之:《政府职能的历史变迁》,《学术界》,1999年第3期。

34. 张康之:《建立引导型政府职能模式》,《新视野》,2000年第1期。

35. 彭向刚、王邪强:《服务型政府:当代中国政府改革的目标模式》,《吉林大学社会科学学报》,2004年第4期。

36. 毛寿龙:《中国政府体制改革的过去与未来》,《江苏行政学院学报》,2004年第2期。

37. 迟福林、方栓喜：《加快建设公共服务型政府的若干建议》，《中国（海南）改革发展研究院简报》，2003年第478期。

38. 张成福：《责任政府论》，《中国人民大学学报》，2000年第2期。

39. 文勇：《有限行政：对市场经济中政府行为的限度分析》，《学术界》，1998年第6期。

40. 郭宝平：《行政改革理论和实践的特点与误区》，《中国行政管理》，1999年第1期。

41. 汪永成：《社会转型时期中国行政发展的动力系统分析》，《行政论坛》，1997年第7期。

42. 齐明山：《试论行政体制的结构与政府机构改革的动力》，《云南行政学院学报》，1999年第2期。

43. 乔耀章、苗国强：《政府创新与政府自觉》，《学术界》，2002年第4期。

44. 蔡立辉：《政府部门的自我扩张行为分析》，《人文杂志》，1999年第6期。

45. 工江：《国家与经济》，《比较》，2006年第18辑。

46. 陆德泉：《"铲关系"——当代中国社会的交换形态》，《社会学与社会调查》，1991年第5期。

47. 李强：《后全能体制下现代国家的构建》，《战略与管理》，2001年第6期。

48. 戴长征：《国家权威碎裂化：成因、影响及对策分析》，《中国行政管理》，2004年第6期。

49. 丘海雄、徐建牛：《市场转型过程中地方政府角色研究述评》，《社会学研究》，2004年第4期。

50. 郭小聪：《中国地方政府制度创新的理论：作用与地位》，《政治学研究》，2000年第2期。

51. 陈天祥：《中国地方政府制度创新的角色及方式》，《中山大学学报》，2002年第3期。

52. 刘亚平：《对地方政府间竞争的理念反思》，《人文杂志》，2006年第2期。

53. 李军鹏：《论新制度经济学的政区竞争理论》，《中国行政管理》，2001年第5期。

54. 王乐夫、唐兴霖：《珠江三角洲：地方政府在经济发展中的地位和作用》，《中山大学学报》，1997年第4期。

55. 杨善华、苏红：《从"代理型政权经营者"到"谋利型政权经营者"》，《社会学研究》，2002年第1期。

56. 陈振明：《当代西方政治学的新知识图景——学科、流派与主题》，《教学与研究》，2004年第1期。

57. 何俊志：《新制度主义政治学的流派划分与分析走向》，《国外社会科学》，2004年第2期。

58. 何俊志、杨季星：《社会中心论、国家中心论与制度中心论——当代西方政治科学的视角转换》，《天津社会科学》，2003年第2期。

59. 朱德米：《新制度主义政治学的兴起》，《复旦学报》，2001年第3期。

60. 周长焕：《制度与行为者之间的关系——印第安纳学派的新制度主义》，《北京行政学院学报》，2003年第3期。

61. 丘海雄、张应祥：《理性选择理论述评》，《中山大学学报》，1998年第1期。

62. 谢庆奎：《中国政府与政治研究的现状、主题及未来发展》，《北京行政学院学报》，2000年第4期。

63. 杨光飞：《"地方合作主义"中的权力"越位"——对转型期地方"经顶商人"现象的反思》，《二十一世纪》网络版，2004年第27期。

64. 袁瑞军：《官僚自主性及其矫治——公共选择学派有关论点评介》，

《经济社会体制比较》，1999 年第 6 期。

65. 李春成：《信息不对称下政治代理人的问题行为分析》，《学术界》，2000 年第 3 期。

66. 赵成根：《转型期的中央和地方》，《战略与管理》，2000 年第 3 期。

67. 萧功秦：《软政权与分利集团化：现代化的两重陷阱》，《战略与管理》，1994 年第 2 期。

68. 叶娟、马骏：《公共行政中的街头官僚理论》，2002 年第 2 期；《武汉大学学报》，2003 年第 5 期。

69. 魏建：《制度环境约束下的特殊制度变迁——中国股份合作制的变迁研究》，《中国农村观察》，2001 年第 1 期。

70. 张千帆：《宪政、法治与经济发展：一个初步的理论框架》，《同济大学学报》，2005 年第 2 期。

71. 王绍光：《中国政府汲取能力下降的体制根源》，《战略与管理》，1997 年第 4 期。

72. 杨雪冬：《论意识形态与经济增长》，《经济社会体制比较》，1996 年第 2 期。

73. 王沪宁：《中国变化中的中央和地方政府的关系：政治的含义》，《复旦学报》，1998 年第 5 期。

74. 丁煌、定明捷：《"上有政策、下有对策"——案例分析与博弈启示》，《武汉大学学报》，2004 年第 6 期。

75. 唐兴霖、李东辉：《论中央与地方关系调整的制度化取向》，《学术研究》，1999 年第 2 期。

76. 李芝兰、吴理财：《"倒逼"还是"反倒逼"——农村税费改革前后中央与地方之间的互动》，《社会学研究》，2005 年第 4 期。

77. 陈天祥：《对中国地方政府制度创新作用的一种阐释》，《中山大学学报》，2004 年第 4 期。

78. 倪星、余凯：《试论中国政府绩效评估制度的创新》，《政治学研究》，2004 年第 3 期。

79. 张建君：《政府权力、精英关系和乡镇企业改制——比较苏南和温州的不同实践》，《社会学研究》，2005 年第 5 期。

80. 张建君、张志学：《中国民营企业家的政治战略》，《管理世界》，2005 年第 7 期。

81. 张建君：《两种不同的发展模式及其社会政治后果——苏南和温州的调查》，《温州论坛》，2006 年第 2 期。

82. 薄贵利：《中央与地方权限划分的理论误区》，《政治学研究》，1999 年第 2 期。

83. 薄贵利、金相文：《市场经济条件下中央与地方权限调整的基本趋势》，《政治学研究》，1997 年第 3 期。

84. 李路路：《社会资本与私营企业家》，《社会学研究》，1995 年第 6 期。

85. 陈剩勇、魏仲庆：《民间商会与私营企业主阶层的政治参与——浙江温州民间商会的个案研究》，《浙江社会科学》，2003 年第 5 期。

86. 谢岳：《市场转型、精英政治化与地方政治秩序》，《二十一世纪》（网络版），2004 年 4 月号，总第 25 期。

87. 胡伟：《中国体制改革的政府整合取向：一项政治—经济探讨》，《政治与法律》，1995 年第 2 期。

88. 刘吉瑞：《论行政性分权和经济性分权》，《经济社会体制比较》，1988 年第 6 期。

89. 陈天祥：《中国地方政府与制度创新》，《中山大学学报》，2000 年第 6 期。

90. 林尚立：《权力与体制：中国政治发展的现实逻辑》，《学术月刊》，2001 年第 5 期。

91. 土乐夫、唐兴霖：《珠江三角洲：地方政府在经济发展中的地位和作用》，《中山大学学报》，1997 年第 4 期。

92. 潘小娟:《中央政府与地方政府关系的若干思考》,《政治学研究》,1997年第3期。

93. 苏力:《当代中国的中央与地方分权——重读毛泽东〈论十大关系〉第五节》,《中国社会科学》,2004年第2期。

94. 杨瑞龙:《我国制度变迁方式转换的三阶段论——兼论地方政府的制度创新行为》,《经济研究》,1998年第1期。

95. 杨瑞龙、杨其静:《阶梯式的渐进制度变迁模型——再论地方政府在我国制度变迁中的作用》,《经济研究》,2000年第3期。

96. 杨瑞龙:《论制度供给》,《经济研究》,1993年第8期。

97. 洪银兴、曹勇:《经济体制转轨时期的地方政府功能》,《经济研究》,1996年第5期。

98. 周业安:《地方政府竞争与经济增长》,《中国人民大学学报》,2003年第1期。

99. 洪银兴:《地方政府行为和中国市场经济的发展》,《经济学家》,1997年第1期。

100. 李军杰、钟君:《中国地方政府经济行为分析——基于公共选择视角》,《中国工业经济》,2004年第4期。

101. 周振华:《经济发展中的政府选择》,《上海经济研究》,2004年第7期。

102. 张维迎、栗树和:《地区间竞争与中国国有企业民营化》,《经济研究》,1998年第12期。

103. 刘汉屏、刘锡田:《地方政府竞争:分权、公共物品与制度创新》,《改革》,2003年第6期。

104. 周业安、冯兴元、赵坚毅:《地方政府竞争与市场秩序的重构》,《中国社会科学》,2004年第1期。

105. 周业安:《地方政府竞争与经济增长》,《中国人民大学学报》,2003年第1期。

106. 张军、漫长：《中央与地方的关系：一个演进的理论》，《学习与探索》，1996 年第 3 期。

107. 方福前：《"经济人"范式在公共选择理论中的得失》，《经济学家》，2001 年第 1 期。

108. 周冰、谭庆刚：《中国市场经济产生的内在逻辑》，《南开经济研究》，2004 年第 5 期。

109. 盛斌：《中国经济改革的政治经济学分析》，《开放时代》，2001 年第 12 期。

110. 邓宏图：《转轨期中国制度变迁的演进论解释——以民营经济的演化过程为例》，《中国社会科学》，2004 年第 5 期。

111. 王世勇：《1989—1991 年我国个体私营经济发展变化的政策性因素探析》，《河南社会科学》，2003 年第 6 期。

112. 林毅夫、刘志强：《中国的财政分权与经济增长》，《北京大学学报》，2000 年第 4 期。

113. 钱颖一：《地方分权与财政激励：中国式的财政联邦制》，《北京大学中国经济研究中心简报》，2001 年第 34 期。

114. 伍柏麟、王小卫：《市场经济政府行为的宪政维度探索》，《上海行政学院学报》，2005 年第 2 期。

115. 王绍光：《中国政府汲取能力下降的体制根源》，《战略与管理》，1997 年第 4 期。

116. 孙宁华：《经济转型时期中央政府与地方政府的经济博弈》，《管理世界》，2001 年第 3 期。

117. 张维迎：《从中国改革看制度变革的演进特征》，《中国改革》，2003 年第 11 期。

118. 樊纲：《两种改革成本与两种改革方式》，《经济研究》，1993 年第 1 期。

119. 伍装：《西方经济学中制度变迁理论的演变》，《经济学动态》，

1999 年第 8 期。

120. 周业安：《中国制度变迁的演进论解释》，《经济研究》，2000 年第 5 期。

121. 周黎安：《晋升博弈中政府官员的激励与合作》，《经济研究》，2004 年第 6 期。

122. 冯兴元、刘会荪：《中国的市场整合与地方政府竞争——地方保护与地方市场分割问题及其对策研究》，北京天则经济研究所工作论文 2002 年。

123. 王正明：《苏南模式中的政府行为探析》，《调研世界》，1997 年第 4 期。

124. 冯兴元：《市场化——地方模式的演进道路》，《中国农村观察》，2001 年第 1 期。

125. 胡汝银：《中国改革的政治经济学》，《经济发展研究》，1992 年第 4 期。

126. 米运生、龙柏林：《试论政治企业家主导型制度变迁——中国经济体制改革的一种理论假说》，《宁夏党校学报》，2000 年第 5 期。

127. 朱光华、魏风春：《就业、产业结构调整与所有制改革——一个财政压力周期变动下的基本框架》，《财经研究》，2003 年第 9 期。

128. 徐斌：《财政联邦主义理论与地方政府竞争：一个综述》，《当代财经》，2003 年第 12 期。

129. 洪银兴：《经济体制转轨时期的地方政府功能》，《经济研究》，1996 年第 6 期。

130. 蔡立辉：《西方国家政府绩效评估理念及其启示》，《清华大学学报》，2003 年第 1 期。

131. 卓越、杨浙闽：《公共部门绩效评价的过程控制》，《天津行政学院学报》，2003 年第 8 期。

132. 臧乃康：《政府绩效评估及其系统分析》，《江苏社会科学》，2004

年第 2 期。

133. 唐任伍：《2002 年中国省级地方政府效率测度》，《中国行政管理》，2004 年第 6 期。

134. 周志忍：《公共性与行政效率研究》，《中国行政管理》，2000 年第 4 期。

135. 陈振明：《政府再造》，《东南学术》，2002 年第 4 期。

136. 彭国甫：《价值取向是地方政府绩效评估的深层结构》，《中国行政管理》，2004 年第 7 期。

137. 彭国甫：《什么是行政效率》，《中国行政管理》，1986 年第 7 期。

138. 彭国甫：《评价行政效益标准》，《中国行政管理》，1987 年第 11 期。

139. 彭国甫、李树丞、盛明科：《应用层次分析法确定政府绩效评估指标权重》，《管理科学》（人大复印资料），2004 年第 10 期。

140. 张伟：《政绩工程现象的法理思考》，《人大研究》，2006 年第 2 期。

141. 闫相国：《"政绩工程"及其治理》，《理论探索》，2005 年第 4 期。

142. 王加金：《"政绩工程"是这样产生的》，《领导科学》，2006 年第 1 期。

143. 叶燕：《广角镜·剖析"政绩工程"》，http://www.luckup.net/mag1/n3/colart3576.htm。

144. 肖雁：《内生约束与外生机制共同构建理性的政绩观》，《学术探索》，2005 年第 2 期。

145. 赵宇峰：《新时期构建政府形象工程的政治意义》，《中国行政管理》，2004 年第 2 期。

146. 甄沃南：《如何塑造良好的政府形象》，《中国行政管理》，2001 年第 12 期。

147. 安世民：《诚信政府：政府形象的核心要素》，《中国行政管理》，

2000 年第 8 期。

148. 黄禹康：《杜绝形象工程的几点思考》，《理论前沿》，2005 年第 5 期。

149. 莫勇波：《论地方政府"形象工程"的蜕变及其治理》，《理论导刊》，2006 年第 12 期。

150. 张峰：《论政治浮躁——"政府形象"工程现象分析》，《求实》，2005 年第 6 期。

151. 刘莉荔：《形象工程为何屡禁不止》，《求是》，2003 年第 7 期。

152. 严相国：《"政绩工程"及其治理》，《理论探索》，2005 年第 4 期。

153. 丁煌：《政府形象建设：提高政策执行效率的重要途径》，《国家行政学院学报》，2002 年第 6 期。

154. 于潇：《政府形象于廉价政府》，《南京政治学院学报》，2002 年第 2 期。

155. 黎祖交：《政府形象刍议》，《浙江大学学报》，1992 年第 3 期。

156. 曾国平、周家明、增庆双：《政府形象策划及其思维度向度分析》，《四川大学学报》（哲学社会科学版），2005 年第 1 期。

157. 司马龙：《透视政绩工程》，《中国监察》，2002 年第 15 期。

158. 于娜：《树立诚信的政府形象》，《政法论坛》，2007 年第 9 期。

159. 郑永兰：《政府形象建设的若干对策思考》，《南京理工大学学报》（社会科学版），2005 年第 3 期。

160. 马玮：《"形象工程"、"政绩工程"的成因及治理对策》，《徐州教育学院学报》，2004 年第 3 期。

161. 张伟：《政绩工程现象的法理思考》，《人大研究》，2006 年第 2 期。

162. 吴建南、庄秋爽：《自上而下"评议政府绩效探索公民评议政府"的得失分析》，《公共行政》，2005 年第 1 期。

163. 段盛淮：《牢固树立和落实正确政绩观》，《中共云南省委党校学报》,2008 年第 2 期。

164. 何宇青:《政府部门绩效考核科学化与政绩观的改进》,《兰州学刊》,2005 年第 1 期。

165. 张伟:《政绩工程现象的法理思考》,《人大研究》,2006 年第 2 期。

166. 陶建群:《政绩饥渴异化招商引资》,《人民论坛》,2006 年第 19 期。

167. 张桂兰:《政绩评价指标体系初探》,《统计科学与实践》,2005 年第 4 期。

168. 翟永桢:《科学发展观引出政绩考核新机制》,《昆山日报》,2005 年 2 月 25 日。

169. 袁方:《政绩的多维视角及其矫正——关于领导干部政绩考核的思考》,《公共行政与人力资源》,2005 年第 3 期。

170. 王骏:《对政绩考核工作的若干思考》,《党建研究内参》,2004 年第 6 期。

171. 陈辉:《科学政绩观下领导干部的评价与使用》,《理论探讨》,2004 年第 4 期。

172. 闫相国:《"政绩工程"及其治理》,《理论探索》,2005 年第 4 期。

173. 逯进:《论公共品政治性诱致的供给效应——"形象工程"的一个制度分析框架》,《郑州大学学报》,2005 年第 3 期。

174. 谷谏:《"政绩工程"当休》,《民主与科学》,1995 年第 4 期。

175. 叶燕:《谨防"政绩工程"泛滥》,《党建与人才》,2000 年第 9 期。

176. 晓理:《"也说政绩工程"》,《支部建设》,2000 年第 10 期。

177. 袁志冲:《"政绩工程"不是政绩》,《解放日报》,2006 年 4 月 16 日。

178. 饶岩生:《乡镇政绩工程的成因及治理》,硕士学位论文,中国期刊网。

179. 童大焕：《"政绩工程"乃社会之癌》，《南方都市报》，2002年8月27日。

180. 童大焕：《腐败的境界》，未发表，http://www.tecn.cn/data/detail.php id＝8786。

181. 建纪：《"政绩工程"、"形象工程"问题透视》，《中国监察》，2004年第7期。

182. 程延：《"圈地运动"败家子式的"发展"》，《当代经济》，2004年第6期。

183. 龙明姬：《政绩工程的体制性根源及其治理》，《组织人事学研究》，2004年第5期。

184. 房建、房成：《浅析"政绩"》，《宿州教育学院学报》，第5卷第4期。

185. 王岳平：《从钢铁行业的产业关联特征看当前经济形势》，《宏观经济管理》，2004年第6期。

186. 张桂文、刘太忠：《从近年来我国物价走势特点看经济结构调整》，《中国物价》，2004年第6期。

187. 齐庆民：《贪官落马，谁是赢家》，《领导科学》，2004年第15期。

188. 冯小俊：《地方财政风险及其防范》，《财会月刊》，2004年第6期。

189. 孙坷：《地方政府负债三大诱因》，《新西部》，2004年第10期。

190. 张旋、金鑫、徐雪英：《探析我国政府或有负债问题》，《农场经济管理》，2004年第5期。

191. 程怀儒：《小城镇建设要走出"政绩工程"的误区》，《农村经济》，2002年第8期。

192. 周忠明：《城建贷款经营管理中存在的问题及对策》，《银行业监管》，2004年第15期。

193. 王建兵：《反对"诸侯经济"》，《经营与管理》，2004年第7期。

194. 张桂文、刘太忠：《从近年来我国物价走势特点看经济结构调整》,《中国物价》,2004 年第 6 期。

195. 段科锋、杨武的:《从文化视角探析中国信用缺失的成因》,《中国金融》,2004 年第 16 期。

196. 李夏:《中国市场经济的通道——构筑信用体系》,《求实》,2004 年第 6 期。

197. 曹桂华、刘锡寿:《以诚实守信为准则努力建设信用政府》,《中国行政管理》,2004 年第 9 期。

198. 吕绳振:《树立正确的政绩观是提高执政能力的前提》,《求是》,2004 年第 19 期。

199. 余为:《"形象工程"败坏形象》,《理论与实践》,2001 年第 3 期。

200. 李倩:《"政绩工程"与干部晋升之路》,《党政干部学刊》,2004 年第 10 期。

201. 杨群红:《政绩工程的症结与处方》,《决策探索》,2004 年第 4 期。

202. 李倩:《"政绩工程"与干部晋升之路》,《党政干部学刊》,2004 年第 10 期。

203. 史文清:《树立正确政绩观应注意克服三种偏向》,《中国党政干部论坛》,2004 年第 8 期。

204. 陈抗:《财政联邦制与地方政府行为》,《北京大学中国经济研究中心简报》,2001 年第 14 期。

205. 鲁宁:《斩断"政绩工程"的资金链》,《发展》,2003 年第 7 期。

206.《全国 97% 评比达标表彰项目有望撤销》,《中国青年报》,2007 年 9 月 21 日。

207.《中国政绩工程比比皆是,政府投资浪费达 5000 亿元》,《每日经济新闻》,2005 年 9 月 15 日。

208. 汉文:《一届"政绩债"竟需白牛还》,《人民日报》,2002 年 4 月 11 日。

209. 李琳：《透视铁本事件》，《中国国情国力》，2004 年第 7 期。
210. 周飞舟：《分税制十年：制度及其影响》，《中国社会科学》，2006 年第 6 期。
211. 《形象工程政绩工程加剧地方政府间竞争》，《中国青年报》，2004 年 8 月 2 日。
212. 王晨波：《剖析江苏铁本事件内幕：求解中央与"诸侯"之结》，《中国新闻周刊》，2004 年 12 月 27 日，（总第 210 期）。
213. 常琪：《问责政绩工程》，《中国审计》，2005 年第 1 期。
214. 陈大寨：《政绩工程面面观》，《理论与实践》，2002 年第 2 期。
215. 吴国干：《干部政绩观的缺失与治理》，《新东方》，2005 年第 1 期。

四、参考的硕博论文

1. 刘寿明：《政绩工程的原因探析与治理对策—委托代理理论的视角》，中山大学博士论文 2008 年，中国知网。
2. 李强：《关于我国地方政府"形象工程"问题研究》，山东大学硕士论文 2010 年，中国知网。
3. 饶岩生：《乡镇政绩工程的成因及治理》，厦门大学硕士论文 2006 年，中国知网。
4. 郭峰：《"政绩工程"：一个政府行为的组织分析》，山西大学硕士论文 2009 年，中国知网。
5. 王礼：《政府绩效管理中的"逆向选择"及其规避对策》，湘潭大学硕士论文 2007 年，中国知网。

后 记

本书是在我的博士后出站报告的基础上修订而成的。硕士和博士期间主要从事管理哲学的相关研究，2010年博士毕业后，进入复旦大学公共管理博士后流动站，有幸师从复旦大学唐亚林教授研究公共管理。从管理哲学到公共管理，不仅是学科范式的转变，更是问题意识的重大转型。

为了确定博士后研究的问题，在唐亚林老师的指导下，结合自己已有的学术基础，面对公共管理的实践问题，最终确定了以"政绩工程"作为研究对象。"政绩工程"作为中国现代化和地方政府转型中出现的一种负面现象，党中央和中央政府一再强调，坚决制止劳民伤财、脱离实际的"政绩工程"，老百姓对"政绩工程"更是怒目而视，然而"政绩工程"却屡禁不止。深入挖掘"政绩工程"形成的内在机理，无疑对推动国家治理体系和治理能力现代化、转变政府职能等具有重大理论意义和现实意义。在研究问题确定之后，我在综合学界已有的研究成果基础上，力图建构一个关于"政绩工程"形成的完整逻辑框架，并依此提出有效的治理对策。由于本人初涉公共管理研究，研究能力有限，外加时间约束，研究成果并没有完全达到预期效果。尤其是，十八大之后，加大了对"政绩工程"的治理力度，十八届三中全会则明确指出，改革政绩考核机制，着力解决"形象工程"、"政绩工程"。各地开展了整治"政绩工程"的专项行动，在党的群众路线教育实践活动结束之际，中央首次大规模叫停"政绩工程""形象工程"：全国叫停663个"形象工程""政绩工程"，418个人被查处。这些关于"政绩工程"治理的发展新态势还没有概括进研究成果中，只能留待以后作进一步研究。

在复旦大学流动站学习期间，唐亚林教授严谨的学风、教风，缜密的逻辑思维，渊博的学识，这一切都教育和启发了我，出站后，每遇到重大疑难问题时，总忘不了向唐老师请教，感谢唐老师的关心和教诲。感谢复旦大学竺乾威教授、浦兴祖等老师的教诲。感谢赵宬斐、邹建锋、伍洪杏等同学的关心和帮助。

在本研究过程中，借鉴和吸收了许多学者的相关研究成果，在此表示感谢。本研究还得到了教育部 2011 年度人文社会科学研究规划基金项目（编号：11YJA630133）的支持，在此一并表示感谢。